社区心理健康服务丛书

黄希庭 顾问 | 陈 红 总主编

本书受西南大学国家级一流本科专业建设点（社会工作、行政管理）、西南大学"全国民政政策理论研究基地"、西南大学2035先导计划"基层治理共同体"的资助

公职人员社区心理健康服务

主　编　张永红　任志林

副主编　李婷婷　叶怀凡　刘英慧　邓　娅

西南大学出版社

图书在版编目(CIP)数据

公职人员社区心理健康服务 / 张永红, 任志林主编. 重庆：西南大学出版社, 2025.5. --（社区心理健康服务丛书）. -- ISBN 978-7-5697-2225-3

Ⅰ. D630.3-62

中国国家版本馆CIP数据核字第20258N0J41号

公职人员社区心理健康服务

GONGZHI RENYUAN SHEQU XINLI JIANKANG FUWU

主　编：张永红　任志林
副主编：李婷婷　叶怀凡　刘英慧　邓　娅

策划组稿：王玉菊　刘　露
责任编辑：鲁　欣　李　勇
责任校对：李　君
装帧设计：殳十堂_未氓
排　　版：夏　洁
出版发行：西南大学出版社（原西南师范大学出版社）
地址：重庆市北碚区天生路2号
邮编：400715　市场营销部电话：023-68868624
经　　销：全国新华书店
印　　刷：重庆正文印务有限公司
成品尺寸：170 mm×240 mm
印　　张：18.5
字　　数：312千字
版　　次：2025年5月第1版
印　　次：2025年5月第1次印刷
书　　号：ISBN 978-7-5697-2225-3
定　　价：68.00元

总 序

社区是社会的基本单元,社区是基层基础,只有基础坚固,国家大厦才能稳固。党的十八大以来,随着社会经济的发展和人民生活水平的提高,民众的心理健康问题越来越受到社会各界的广泛重视。党中央、国务院相继出台了一系列相关文件、政策和通知,如2016年由中共中央、国务院印发的《"健康中国2030"规划纲要》,由国家卫生计生委、中宣部等22部门联合印发的《关于加强心理健康服务的指导意见》,均强调了加强心理健康服务的重要意义。

习近平总书记在党的十九大报告中明确提出"加强社会心理服务体系建设,培育自尊自信、理性平和、积极向上的社会心态"的要求。为了认真落实党中央、国务院关于社会心理服务体系建设的决策部署,打造共建共治共享的社会治理格局,推动社会治理重心向基层下移,实现政府治理和社会调节、居民自治良性互动,国家卫生健康委、中央政法委等10部门联合印发了《全国社会心理服务体系建设试点工作方案》,该方案是为了通过试点工作探索社会心理服务模式和工作机制而制定的,强调建立健全社会心理服务网络,加强重点人群心理健康服务,探索社会心理服务疏导和危机干预规范管理措施,为全国社会心理服务体系建设积累经验。该工作方案的目标是,到2021年底,逐步建立健全社会心理服务体系,将心理健康服务融入社会治理体系、精神文明建设,融入平安中国、健康中国建设。建立健全党政领导、部门协同、社会参与的工作机制,搭建社会心理服务平台,将心理健康服务纳入健康城市评价指标体系,作为健康细胞工程(健康社区、健康学校、健康企业、健康家庭)和基层平安建设的重要内容。

可见,社会心理服务体系建设已成为国家重大需求和战略选择,也是满足人民日益增长的美好生活需要的必然要求。但是,我国的社会心理服务体系建设尚存在不少问题和难题,主要表现为:(1)心理服务体系构建不健全,如基层心理服务平台、教育系统心理服务网络、机关和企事业单位心理服务网络等方面;(2)心理服务人才队伍建设亟待加强,如心理健康领域社会工作专业队伍、心理咨询人员队伍、心理健康服务志愿者队伍等方面;(3)心理健康服务不够优化,如心理健康科普宣传网络、社会心理服务机构发展规范性、医疗机构心理健康服务能力和心理援助服务平台等方面。

为了响应党中央、国务院对社会心理服务体系的战略要求和决策部署,并为解决上述问题尽一份心力,西南大学心理学部、中国社区心理学服务与研究中心组织国内相关领域专家,撰写了这一套符合我国国情的"社区心理健康服务丛书",旨在更好地为相关工作人员提供通俗易懂、简易可得的开展社会心理服务的基本理论和实践指导。概括来看,本套丛书具有如下特点:

第一,鲜明的中国特色。"社区心理健康服务丛书"是我国第一套成体系、有特色的社会心理服务指南丛书,根植于中华优秀传统文化,涵盖残障人士、空巢老人、公职人员、失能老人、留守儿童、婴幼儿、社区老人、军人以及党政干部等人群。众所周知,中国社区与西方社区截然不同,中国文化与西方文化差异巨大。中华优秀传统文化是中华民族的精神命脉,是最深厚的文化软实力,是涵养社会主义核心价值观的重要源泉。社会心理服务是实施中华优秀传统文化教育的重要抓手,本丛书充分挖掘中国传统文化中的社区和社会心理服务素材,培育社会居民深厚的民族情感、社区氛围素养和人文素养,充分发挥社会心理服务的综合育人效应。本丛书以心理学理论指导社会心理服务体系建设,切实提升广大居民的幸福感、获得感和生活质量。

第二,注重实用性。本丛书通俗易懂,具有突出的实用性和科普性特点,坚持预防为主、突出重点、问题导向、注重实效的原则,强调重点人群心理健康服务,注重探索社会心理服务疏导和危机干预规范管理措施。书中设置常见的社会生活情境,从社会居民的生活实例出发,引导他们自己动手和实践探索,从身边的小事做起,主动养成健全人格塑造和健全行为培育的生活习惯,从而达到培育自尊自信、理性平和、积极向上的社会心态的最终要求,为我国社会治理能力的提升和现代化提供切实可用的心理学知识和技巧。社会心理服务体系的核心内容包括建立健全社会心理服务网络、加强心理服务人才队伍建设、提供保障措施等。本丛书的出版，能够为实现上述目标提供理论素材和理论保障，能够为社会心理服务人才队伍建设和培训提供通俗易懂、切实可用的各类资料素材，也有助于宣传社会心理服务体系建设的方针政策和提高社会居民的心理健康科学知识水平。

第三，彰显国家治理能力现代化。社会心理服务体系建设不仅是新时代国家治理体系的重要内容，也是新时代社会治理能力创新的重要手段。国家治理体系和治理能力现代化的三个维度体现为：一是国家权力机关掌握资源及对其进行合理配置和有效使用的能力；二是国家治理的组织架构解决政治经济社会面临的突出问题的能力；三是社会组织和个体的自治能力。一个现代化的国家治理体系必须具有具备自治能力的社会和个体，体现为社会具有良好的自我组织和自我管理能力，社会公众个体具有较强的自主性和自律性，是具有较高公共理性和法治精神的好公民。本丛书力图为推进国家治理体系和治理能力现代化，努力建设更高水平的平安中国，促进公民身心健康，维护社会和谐稳定提供理论保障。

希望本丛书能为我国社会心理服务体系建设、相关政策的制定和社会实践提供心理学思路和科学依据，助力解决宏观社会心理问题，建设强大的国民心理，运用心理学规律和手段实现社会的"柔性治理"，使每位社会公民成为自尊自信、理性平和、积极向上的幸福进取者。

是为序。

陈红

2022年4月25日

前 言

随着社会的发展,心理健康已经成为不同职业群体所关注的一项重要问题。公职人员群体是推动国家方针政策实施的基础力量,直接关系到人民的生活质量。因此,公职人员的心理健康状况不仅仅是他们个人的事情,也关系组织效能、地区发展乃至整个社会的稳定与进步。近年来,我国公职人员队伍在政府职能转变、组织机构调整和业务过程重整中,受到的影响较大,呈现出亚健康心理状态的人数逐渐增多。掌握科学的心理学知识,积极应对心理困惑,建立积极价值观,培养获取幸福人生的能力,已成为每一位公职人员的必修课。

本书旨在以通俗易懂的方式将抽象的知识具体简单化,使相关专业知识更贴近生活实际和行为表现,易于公职人员阅读与理解。每章按照理论阐述和方法策略相结合的方式展开,包括案例分析、心理解读、知识讲解、心灵小结及心理自测等环节。每章从案例导入出发,解读公职人员常见的心理行为及问题表现,使读者产生共鸣,通过心理解读清晰呈现公职人员在职场压力、人际关系和家庭关系等方面常见的问题,以期能给予公职人员群体一些启发和感悟。

全书共分为八章,第一章主要概述公职人员常见的心理特征及基本常识;第二章至第六章主要从公职人员的认知健康、情绪与压力、心理问题及干预、职业心理健康、婚姻与家庭等方面介绍公职人员的心理特征倾向及引导策略;第七章主要介绍公职人员的社会交往;第八章主要阐述公职人员的幸福养成计划,围绕幸福的特征、心理资本的开发、自我实现以及提升幸福感的策略技巧展开介绍。

本书的出版是集体智慧的结晶,西南大学的张永红和任志林负责全书总体框架的设计,大连海事大学的李婷婷、西南大学附属中学校的刘英慧、西华师范大学的叶怀凡、达州中医药职业学院的邓娅参与了部分内容的创作。其他参与编写的人员有陈梦妍、马晓蓉、王怀梅、宁洪帅、文代云、肖选东。书稿撰写完成后,由张永红、刘英慧负责统稿一至四章,任志林、李婷婷负责统稿五至八章,张永红和任志林最终审定。

在编写本书的过程中,我们参考了国内外优秀文献和著作资料,虽然我们尽力标明了各资料的来源和出处,由于资料收集繁杂广泛,难免有所偏漏,因此我们对所有引用的参考文献资料的作者表示由衷的感谢。同时,感谢西南大学出版社对本书的编写、出版提供的无私帮助和大力支持。

在编写本书的过程中,尽管我们已经做出了巨大努力,但是受个人能力和水平所限,本书仍然有疏漏和不足之处,恳请广大读者不吝赐教,督促我们在今后的修订过程中加以完善和改正。

编写组
2025年2月

目 录

第一章　公职人员心理健康概述 … 1
一、心理健康解读 … 2
二、认识自己——与自己成为朋友 … 13
三、营造健康的工作生活方式和外部环境 … 15
四、积极面对——调节不良情绪 … 17

第二章　公职人员的认知健康 … 19
一、案例分析 … 20
二、心理解读 … 22
三、理性情绪行为疗法与认知失调理论 … 29
四、树立健康认知 … 32
五、改变思维方式 … 38
六、培养积极情绪 … 45
七、提升积极人格 … 50

第三章　公职人员的情绪与压力 … 56
一、案例分析 … 57
二、心理解读 … 61
三、掌控情绪——避免陷入"情绪陷阱" … 67
四、建立"洋葱式"心理健康机制 … 72
五、正向解决负面情绪 … 76
六、学会排解压力 … 80

七、增强社会支持度——职场沟通 ································ 84
　　八、多管齐下：走出压力下的健康危机 ···························· 87

第四章　公职人员心理问题及干预 ································ 92
　　一、案例分析 ·· 93
　　二、心理解读 ·· 94
　　三、培养心理调适能力 ·· 102
　　四、提升职业自我效能感 ·· 106
　　五、合理宣泄不良情绪 ·· 112
　　六、寻求社会支持 ·· 115
　　七、在工作中寻求创新 ·· 120

第五章　公职人员的职业心理健康 ······························ 126
　　一、案例分析 ·· 127
　　二、心理解读 ·· 129
　　三、心理防卫、心理支持与心理休闲 ···························· 133
　　四、重燃工作热情 ·· 139
　　五、工作家庭平衡计划 ·· 144
　　六、提升职业认同感 ·· 150
　　七、心理危机自我调适 ·· 156

第六章　公职人员的婚姻与家庭 ································ 163
　　一、案例分析 ·· 163
　　二、心理解读 ·· 165
　　三、培养正确的恋爱观念 ·· 173
　　四、婚姻家庭的幸福秘诀 ·· 180
　　五、促进子女的健康成长 ·· 187

第七章　公职人员的社会交往 ················ 197
  一、案例分析 ······································· 198
  二、心理解读 ······································· 200
  三、理论阐释：沟通行动理论 ·············· 204
  四、正确解读社会交往的重要性 ·········· 206
  五、如何给职场人际关系"锦上添花" ·· 208
  六、应对人际关系 ······························· 212
  七、预防人际冲突的途径 ····················· 217
  八、提高公职人员的人际交往能力 ······ 222

第八章　公职人员的幸福养成计划 ············ 232
  一、案例分析 ······································· 232
  二、心理解读 ······································· 234
  三、清除通往幸福道路上的障碍 ·········· 241
  四、开发心理资本 ······························· 247
  五、追求自我实现 ······························· 255
  六、坚持健康的行为方式 ····················· 260
  七、掌握提升幸福的小技巧 ·················· 266

主要参考文献 ·· 276

第一章 公职人员心理健康概述

内容简介

在我国,公职人员是指依法履行公共职务的国家立法机关、司法机关、行政机关、中国共产党和各个民主党派的党务机关、各人民团体、国有企业、事业单位的工作人员;或者是具有国家公职身份或其他从事公职事务的人员。《2016年度人力资源和社会保障事业发展统计公报》显示,截至2016年底,全国共有公务员719万人。此外还对近90万名群团机关事业单位的工作人员参照公务员法管理,这个群体中有相当一部分人是公职人员。

长期以来公众对公职人员形成了其工作轻松和幸福感强等刻板印象,殊不知公职人员一直以来都承受着非常大的心理压力。事实上,公职人员常常面临多重矛盾,如重大公共责任与有限个人能力的矛盾、理性制度与个性发展的矛盾。这些矛盾作用于具体的情境,常常成为压力源。公众对公职人员的要求是一种期待,也是一种压力。再加上烦琐的工作任务、复杂的人际关系、家庭生活的压力和缺乏有效的心理疏导,其心理、身体各个方面压力积聚,加剧了一系列心理健康问题的产生,如常见的职业倦怠、焦虑和抑郁情绪、人际关系敏感、人格冲突等。如果这些问题长期得不到积极应对,将会对其工作和生活造成严重影响。长期以来,公职人员接受的管理和教育更多侧重政治素质、道德素质和业务素质,缺乏对心理层面的积极关注。因此,了解更多关于公职人员心理健康方面的知识,帮助公职人员树立正确的心理健康观念,构建有利于身心健康的认知和行为方式尤为重要。本章主要介绍了公职人员心理健康的含义、标准、内涵、现状、表现、成因和影响等内容,帮助读者对公职人员心理健康有一个初步的了解和认识。

一、心理健康解读

(一)心理健康的含义与标准

心理健康是指一种持续的心理状态。在这种状态下,个人具有生命的活力、积极的内心体验、良好的社会适应,能够有效发挥自己的身心潜力与积极的社会功能。心理健康的标准是心理健康概念的具体化。目前,国内外学者提出的心理健康标准不尽相同,学界比较公认的标准也不少。

比如,美国心理学家亚伯拉罕·马斯洛(Abraham H.Maslow)和米特尔曼(Mittelman)提出心理健康的十条标准:一是充分的安全感;二是充分了解自己,并对自己的能力进行适当的评估;三是生活的目标切合实际;四是与现实环境保持接触;五是能保持人格的完整与和谐;六是具有从经验中学习的能力;七是能保持良好的人际关系;八是适度的情绪表达与控制;九是在不违背社会规范的条件下,对个人的基本需要进行恰当的满足;十是在不违背社会规范的条件下,能有限度地发挥个性。

美国杰何达(Jahoda)认为应从六个方面建立心理健康的标准,分别是:①对自己的态度;②成长、发展或者自我实现的方式和程度;③主要心理机能的整合程度;④自主性或对于各种社会影响的独立程度;⑤对现实知觉的适当性;⑥对环境的控制能力。

众多国内学者指出心理健康的标准包括认知功能正常、情绪反应适度、意志品质健全、自我意识客观、个性结构完善、人际关系协调、社会适应良好、人生态度积极、行为表现规范、活动效能与年龄匹配。由这个界定可以看出,应全面提高个体的心理素质,充分发挥个体的潜能和创造性,培养美好的品德,塑造完善的个性,使人生价值在一定时代和环境下能够完全得到体现,这对于维护个体心理健康非常重要。还有一些学者主张从其他的角度来诠释个体的心理健康。例如,俞国良从幸福感的视角诠释了心理健康,认为在心理学意义上作为幸福感主要成分的主观幸福感、心理幸福感和社会幸福感与人们的学习生活、情绪情感、自我意识、人际关系和社会适应等心理健康要素紧密相关,而心理健康本身就是一种幸福状态,这又使它与幸福感直接发生关联。从内涵上审视,心理健康与幸福感相互依存;从溯源上考察,心理健康需要幸福感的支撑;从目标上解析,心理健康的价值追求就是幸福感;从结果上考察,心理健康应是幸福感的产物之一。一句话概括:幸福感是心理健康的本质特征和核心所在。

阳泽认为心理健康的本质是心理系统的和谐,通过分析标准的特性提出心理健康的标准是心理和谐的整体性、积极性、动态性和持续性。心理健康包括个体内部心理系统的和谐和外部心理系统的和谐,其中前者包括意识层次的和谐、心理过程的和谐、个性心理的和谐,后者包括个体与他人的和谐、个体与社会的和谐以及个体与自然的和谐。(1)心理和谐的整体性:人的心理是一个有机的整体,是由各成分及对象之间的关联形成的完整系统,因此心理健康必定表现为心理整体或系统的健康。(2)心理和谐的积极性:健康的心理是有生机和活力的积极和谐,既不会为了维持表面的一致或协调而害怕矛盾、妥协退让,它尊重和谐双方的主体性,并使和谐朝着有利于和谐双方的方向发展,对差异采取包容态度,而不刻意追求整齐划一;也不回避矛盾,而是直面矛盾并想办法转化矛盾,使矛盾成为一种积极的促进力量;也不害怕冲突,而是迎着冲突想办法去克服它,最大限度地消除冲突的负面影响。(3)心理和谐的动态性:人的心理发展并不是静态稳定或直线前进的过程,而是由平衡到不平衡再到平衡的过程。因此,心理并不是处于平衡时就健康,或处于不平衡时就不健康。判断心理是否健康,要看心理的总体发展方向是否走向和谐或者迈向更高水平的和谐,以及当心理的平衡或和谐状态被打破时,是否能快速地恢复到心理的和谐状态。(4)心理和谐的持续性:心理健康既是一种心理状态又是一种稳定的人格特质,也就是说心理健康是个体心理长期一贯的表现,不是短时间的存在状态。

人事部中国高级公务员培训中心、中国国家人事人才培训网组织编写的"国家公务员九项能力培训教程"丛书,其中《心理调适能力》一册提出了"最具代表性的"心理健康七条标准:(1)心理行为符合年龄特征;(2)良好的人际关系;(3)情绪积极稳定,能恰当地调控自己的情绪;(4)意志品质健全;(5)积极的自我观念,对现实有着正确的知觉能力;(6)人格和个性结构完整;(7)环境适应良好。

王文祥与徐岫茹认为公职人员心理健康的标准包括三个方面的内容:

(1)良好的心理素质。公职人员要有坚韧的意志力,还要有智力和体力方面的提高与练习,才能得以全面发展。(2)对自身基本情况的深入了解。公职人员需要高度重视培养临危不乱、安然处之的心理素质,还要进一步了解自身心理情况,进行驾驭心理方面的探究,构建健康的认知方式。(3)对心理健康方面的评价要求的准确了解。

中国台湾学者黄坚厚提出了心理健康的4项标准:乐于工作、能与他人建立和谐关系、对自身具有适当的了解和与现实环境有良好的接触。

(二)公职人员心理健康的内涵

公职人员作为一个特殊的职业群体,面临许多特殊的问题情境。例如,处理职场人际关系的压力、职业能力恐慌、家庭工作平衡问题以及个人的职业发展前景等。因此,对公职人员来说,心理健康的标准既包含一般心理健康标准的共性,同时也要体现出公职人员这一职业的特殊性。胡月星认为作为公职人员,既与普通人一样具有共同的心理健康需要,又因为职业角色的特殊性和职责的重要性,其心理健康还有特殊内涵。

1.清醒的自我意识

充分了解自己,并对自己的所学能做出适当的评价是成熟自我意识的标准之一。公职人员要想具备清醒的自我意识,应在三个环节上下功夫:(1)在自我认识上加强训练,包括自我观察、自我评价、自我审视等,即搞清楚自己是怎样一个人。(2)自我体验要深刻,包括自我感受、自我珍惜、自我尊重以及责任感、义务感、使命感等,即搞清楚人生的价值、意义何在和公职人员的荣誉感体现在何处等。(3)自我调节控制力要强,包括自我约束、自我监督、自我勉励、自我矫正等,即清楚理解怎样才会获得积极愉快的人生,怎样才能达到自我完善的境地。

2.良好的人际环境适应

心理学研究认为,任何人都具有普遍的社会安全感需要。这种安全感的本质是人与人之间真诚的情感联系。在日常工作中,看重同他人的交往,注重别人对自己的印象和评价,珍惜别人对自己的接纳和帮助,希望尽快建立起良好的人际关系,获得积极的心理体验。这种真诚的、亲密的人际关系一旦确定下来，不仅会增强工作自信心，还会极大满足社会安全感的基本需要。需要指出的是，要拥有充实的情感体验，就必须把握真诚待人、勤政为民的要旨，真心实意地替他人着想，替百姓分忧，为群众动真情、办实事。这是获得社会安全感、得到"群众公认"的秘诀所在。

3.稳定的情绪情感状态

不同的情绪情感状态对人的心理有着不同的影响。积极的情绪情感给人以轻松愉快的心理感受，使人减轻身心负荷，消除紧张恐惧，增强机体抵抗疾病的能力。作为公职人员，自身肩负着繁重的工作任务，面临着各种错综复杂的工作局面，需要一个健康稳定的情绪情感状态，使自己始终充满热情地投入工作。但有的公职人员不善于做情绪情感的主人，常常被情绪左右。这种不健康、不稳定的心态往往导致部门之间或上下级之间产生连锁的不良情绪反应。因此，公职人员要学会控制自己的情绪，积极进行情绪调节，从而获得积极愉快的情绪体验。

4.健全的性格结构

健全的性格结构指的是性格在态度上、情绪上、理智上和意志特征上表现出的稳定性和完整性。从性格的态度特征上讲，有的公职人员为人正直，刚正不阿；有的热爱集体，一心为民；有的关心他人，富有同情心；有的虚怀若谷，勤奋朴实，工作责任心强。从性格的情绪特征上讲，有的公职人员容易控制情绪，对身心和工作影响较少；有的精神饱满，心境平稳，不以升降论荣辱，不以职位品高低。从性格的理智特征上讲，有的公职人员观察敏锐，善于发现问题和解决问题；有的在工作上雷厉风行，果断刚强；有的善于思考、判断，作风细腻，章法清楚。从性格的意志特征上讲，有的公职人员信念坚定，意志顽强，目标明确，工作扎实；有的果断积极，行动敏捷。性格不同，常常导致思想作风、认识水平、工作效果也不一样。在性格方面存在缺陷的公职人员，必须加强培养和锻炼。

5.同情心和社会责任感

同情心源于一个人对社会和他人真诚的关切和爱护。心理学上把一个人的同情心和社会责任感从情感和理智两方面进行统一的评价称之为"良心"。当一个人从这两方面来审视自己的心灵，并感觉到自己的追求和准则时，就会产生一种"无愧于心"的感受。反之,则会产生良心上的不安与冲突,体验到羞愧和内疚的情感。

6.宽容、尊重和理解

宽容的标志是善于尊重、理解他人,能够用欣赏的目光看待事物。在日常工作中,我们可以看到,许多公职人员以身作则,严以律己,宽以待人,干群之间关系融洽,上下级之间团结和睦。大家在这种氛围中工作和学习,群体凝聚力和向心力将大幅提高。多一点尊重和理解,少一点冷漠和偏见;多一点宽容和公正,少一点自私和猜忌,必然会产生积极正向的效果。

(三)公职人员心理健康现状

与其他人群一样,公职人员群体中也有一定比例的人存在心理健康方面的问题。需要说明的是,存在心理健康问题不意味着有精神障碍,心理健康测查得分比较低不意味着心理健康状况一直差或永远差。心理健康是反映个体心理活动和社会适应良好的一种状态,即心理世界和客观世界统一性、心理活动协调一致性、人格相对稳定性。长期以来,"公职人员就是铁饭碗"的观念在社会上普遍存在,因此当提到一些公职人员有抑郁症或者其他心理问题时,很多人第一反应或许会是不相信,并认为这只不过是一种托词。

然而,许多调查发现我国公职人员确实存在心理失衡、压力过大、心理疲惫、抑郁焦虑等方面的心理健康问题。其中孤独感与缺乏安全感表现得尤为强烈。例如,2016年底至2017年底,中国科学院心理研究所在金融系统公务员和没有注明类别的普通公务员群体中开展了调查,样本共9721份,其中男性5781人,约占59.5%;女性3940人,约占40.5%。对这个群体的工作压力源、心理健康状况、工作满意度和生活满意度的调研结果显示,公务员群体整体上心理健康水平良好。但是,有5%的人焦虑水平比较高,5.5%的人抑郁水平比较高,10.2%的人压力水平比较高。用五个指标考察心理压力源,分别是职业发展前景压力、工作任务压力、角色定位压力、人际关系压力和生活问题压力。总体来看,被调查者中男性在工作任务、角色定位、人际关系和生活问题上体验到的压力都高于女性,而生活满意度低于女性。在抑郁、压力等心理健康指标上,男性高于女性。此外,不同年龄段的公务员在五个心理压力源指标上的得分不同,

26~40岁年龄段的公务员在各个指标上体验到的压力是最大的,这个年龄段公务员的工作满意度也是最低的。也就是说,在生活满意度上,年纪越小,生活满意度越低。

2012年,国务院发展研究中心人力资源研究培训中心组织实施了"公务员工作压力与心理健康专题调查",样本覆盖30个省(自治区、直辖市),包括从中央到乡镇的2015名各级别公务员。调查显示,关于"对自己心理健康的总体评价",表示"不满意"或"很不满意"的占12.3%。其中,东北地区的公务员的心理健康水平显著高于其他地区;省级单位公务员的总体心理健康水平显著高于中央、地市、县和乡镇公务员。有48.8%的公务员认为工作压力大,43.6%的公务员认为压力一般。另外,东部地区的总体压力感显著高于其他地区;任职16~25年、年龄在40岁左右的中青年公务员队伍压力最大。县级单位和乡镇单位的公务员的工作倦怠水平显著高于地市级、省属和中央部属单位的公务员。

梁海萍通过对不同年龄、性别、婚姻状况、级别、工作年限的上海公务员心理健康水平的调查发现:30岁以下公务员的心理健康状况比其他年龄较差,女性公务员心理健康状况较男性公务员略差,未婚公务员心理健康状况明显差于已婚公务员,科员的心理健康状况差于其他级别;工作6~10年的公务员心理健康状况比其他工作年限者略差。牟艳娟等人的研究表明,30.3%的基层公职人员觉得自己的工作压力过大,28.7%的基层公务员感觉社会对自身的期望过高,18.1%的基层公职人员为自己的升职机会感到十分担忧,15.1%的基层公职人员认为自身的情感问题是自己心理压力的主要来源。上述数据都表明,公职人员的心理压力远比人们想象得更为普遍。事实上,已经有研究表明,如果工作压力长期得不到有效纾解,容易产生身心疲倦、职业倦怠、能力恐慌等心理健康问题。李春波等通过对上海市某区警察心理健康状况的研究发现,调查人群中强迫症状、睡眠饮食症状、躯体化症状和敌对症状比较突出,偏执症状、抑郁症状和焦虑症状也占有一定比例。除此以外,对医务人员和教师心理健康状况的调查显示,医务人员和中学教师的心理健康状况较差,大学教师心理健康状况好于中小学教师,女性教师心理健康状况好于男性教师,城市地区教师的心理健康状况好于县城地区教师。

总体来看,公职人员心理健康问题呈现普遍化、隐蔽化、多元化的特征。

(1)公职人员心理健康问题呈现普遍化趋势。中国科学院心理研究所国家公务员心理健康应用研究中心于2015年至2017年调查了32436名公务员的压力与心理健康状况。调查发现,公务员群体整体上大约有10%的人焦虑水平比较高,8.4%的人抑郁水平比较高,15.2%的人压力水平比较高。中国科学院心理研究所组织编写的《中国国民心理健康发展报告(2017—2018)》指出,我国公务员群体中,处于中高等焦虑、抑郁和压力水平的人员比例分别达到35.2%、33.2%和52.2%。从这些数据可以看出,公职人员已经成为心理健康问题的高发、易发群体。(2)公职人员心理健康问题具有隐蔽性特征。一些公职人员往往隐藏自己的心理问题,进而造成小问题变成大问题,情况不断恶化。调查发现,很多公职人员的羞耻感很强,遇到心理问题就自己憋着,不愿意倾诉。特别是一些男性公职人员,即便工作很体面,他们依然处于焦虑和紧张中,他们在社会中扮演公职人员的角色,在家里扮演丈夫的角色,遇到心理问题总是想着大事化小、小事化了,不愿意暴露出自己脆弱的那一面。受到这种不良应对方式的影响,公职人员心理健康问题更加具有敏感性和隐蔽性特征。(3)公职人员心理健康问题表征日趋多元化。公职人员的自身特点导致其心理健康问题表征呈现多元化态势。一是工作强度与个人承载能力之间的不适配,多数公职人员认为加班已成为"自觉行为",无论警察、教师、医生还是机关工作人员,"白加黑""5+2"的工作模式早已经成为常态。面对工作的高负荷,公职人员很容易出现"工作过载"现象。二是个人发展与人际关系之间的不和谐,有一些公职人员反映,只有晋升才是个人工作成就的唯一体现,而晋升的机会少之又少,只有少数人能够有这样的幸运,大多数人仍然要面对长期位居基层的现实。这就让无法看见职业上升空间的基层公职人员没有成就感,长此以往甚至引起职业倦怠乃至精神抑郁。并且,因为晋升机会"天花板"的存在,同事之间难免存在竞争,这让工作中的人际关系变得比较微妙,同事之间缺少必要的情感支持,进一步导致公职人员产生"情感孤独"现象。三是个人自我预期与工作岗位之间的落差,由于对自我认知和定位不够清晰,当工作实际与自身预期不相符时,公职人员很可能出现较大的心理落差,心理健康问题也随之产生。

(四)公职人员心理不健康的表现

公职人员心理不健康的成因复杂多样,其心理行为问题形成的途径也各异,因此,公职人员心理不健康的表现也是多种多样的。

1.生理——心理症状

从个人的主观心理体验上看,公职人员心理不健康主要表现为:①抑郁,通常表现为情绪的衰竭、长期的精神不振或者疲乏、对外界事物失去兴趣、对服务对象漠然等;②焦虑,主要有三种表现,一是持续的忧虑和高度警觉,如过分担心自己的人身安全问题,二是弥散性的、非特异性的焦虑,如说不出具体原因的不安感、无法入睡等,三是预期焦虑,如不太关心现在正在发生的事,而是担心以后可能会发生的事;③更常见的症状是在抑郁和焦虑之间变动,当一种心理状态变得不能忍受时,另一种心理状态便占据了主导地位。这些心理行为问题通常伴随着身体上的症状,如失眠、食欲缺乏、咽喉肿痛、恶心、心动过速、呼吸困难、头疼、晕厥等。若公职人员不及时疏导或者宣泄自己的不良情绪,或情绪归因不当,则很可能会产生更深层次的心理行为问题,如有的公职人员开始失去自信和控制感,成就动机和自我效能感降低,从而产生了内疚感并开始自责。有些公职人员将自己的不良情绪及工作上的失败归因于领导、群众等外部人员,变得易激惹,好发脾气,对外界持敌视、抱怨的态度。通常这些心理行为问题都是交叠在一起的,而且不断发生变化,如有的公职人员时而感到愧疚,时而感到愤怒。

2.人际关系问题

公职人员心理不健康的身心症状不仅限于个人的主观体验,还可能会渗透到公职人员的人际关系网络中,影响到公职人员与家人、朋友、群众的关系。研究表明,一个人在沉重的心理压力和失调的情绪状态下往往会发生认知偏差,这时,个体倾向于对他人的意图做出消极判断,从而相应地做出消极的反应。因此,一个人在工作中产生不良情绪后一般都需要经过一段时间的心理调节才能与家人、朋友正常交流。对于公职人员这一特殊群体而言,不仅其劳动的特点导致其比其他人更易在工作中产生焦虑、抑郁等不良情绪,而且其角色的多重性(公职人员在工作中,可能既是上级又是下级还是平级,在生活中既是父母又是子女)也使得公职人员几乎没有时间和精力做出种种心理调节行为。因此,公职人员容易在人际关系中表现出适应不良。如与他人交流时沉溺于倾诉自己的不满,没有耐心听取他人的劝说或建议,拒绝从另一个角度去看问题;或表现出攻击性行为,无法用一种理智的、没有伤害性的、对后果负责的方式表达自己的想法或对他人做出反应,如冲家人发脾气、打骂孩子、出口伤人等;或表现出交往退缩,避免与他人接触,对家庭事务缺少热情。

3.职业行为问题

公职人员心理不健康在职业活动中的表现主要有:①精神懈怠,对工作压力感到难以应对,在工作进度上有所怠慢,或出现不愿承担责任的态度;②办事拖拉,面对群众的问题时缺乏耐心,不愿意真心实意、全心全意为群众解决问题;③功利心态,看到有的人暴富或工作升迁,无法调整心态,认为自己职位低、工资低、工作多,当公职人员吃亏,于是工作消极,出工不出力;④违背初心,不踏实为人民服务,总想急于求成,投机钻营,阿谀奉承,背离了公职人员的职业道德;⑤感到焦虑烦躁,由于工作完成不了、做不好,上级又批评、催促,于是感到焦虑烦躁,甚至忧郁、失眠、头痛等,使工作无法正常开展。

4.职业倦怠问题

职业倦怠是一种与职业有关的综合症状。它源自个体对付出和回报之间显著不平衡的知觉,这种知觉受个体、组织和社会因素的影响。职业倦怠常发生于从事服务行业和教育行业的群体之中。职业倦怠的主要表现是对服务对象的退缩和不负责任,出现情感和身体的衰竭,以及各种各样的心理特征,例如易激惹、焦虑、悲伤和自尊心降低。这种状态根本上是由一种不平衡感引起的,即觉得帮助别人的种种努力已经无效,任务永远不会结束,而且总是不能从工作中得到回报(回报的形式可以是成功、进步、他人的承诺或欣赏)。克里斯蒂娜·马斯拉奇(Christina Maslach)等人认为职业倦怠包含三种成分:情绪衰竭(表现为疲劳、烦躁、易怒、过敏、紧张等)、去个性化(指对服务对象做出冷淡和没有感情的反应)、降低的个人成就感。从公职人员职业倦怠的特点上看,它与前述的种种表现存在诸多交叠之处。

(五)公职人员心理不健康的成因

1.自然人本性和公职人员职业公共性的冲突

公职人员在职业生活中是公共利益的维护者,同时在非职业生活中又是自身利益的捍卫者。这就使得他们在行使公共权力的时候,与其他职业的从业人员有别,需要以一个特殊群体的姿态出现在公众面前,这就对公职人员提出了更高的要求。为了保证公职人员公正、民主地行使公共权力,维护和实现公共利益,公职人员需要做到摒弃私心,保持公共性。但是,这种职业准则与公职人员的另一个角色——自然人的本性相冲突。"每个人过去和现在始终是从自己出发的",现实中的一个人不可能脱离他的个人利益而存在,自利性是人的自然本性。西格蒙德·弗洛伊德(Sigmund Freud)把人格分为三部分,即自我、本我和超我,其中本我属于潜意识范畴,由人的本性所决定,而超我是后天习得的,是价值观范畴。本我和超我总是相互交错、博弈,使人们的行为表现为自我。公职人员的价值观要求公职人员的行为必须在超我的范围内进行,而本我会受到限制。这种进退两难的局面经常摆在公职人员的面前,导致公职人员个体极度焦虑、不安、不满,甚至弃职而去。

2.公共责任重大与公职人员个人能力有限的冲突

公职人员作为社会公共事务的管理者和执行者,必须严格遵守公共事务的原则。公共事务大多关系到国家和人民的重大利益,只有具备强烈责任感、很强的个人能力且勇于维护公共利益的公职人员才能担此重任。这就给公职人员带来很大的挑战,公共责任重大,而个人能力有限,导致现实困境重重,使其很容易感到苦闷、悲观、失望甚至产生心理疾病。

3.超负荷和高强度的工作与相对偏低的工资福利待遇的冲突

一方面,工作挑战性强、执行难度大,公职人员常感能力不足、水平有限,还可能出现心理恐慌、心理负荷重。熬夜、节假日不能休息是常事,照顾家庭少,两线作战,疲于应对,导致工作兴趣减弱、疲劳感增强、工作效率下降。另一方面,当前效率、公平的价值理念与公职人员的实际付出和收入形成了强烈的对比。部分公职人员在经济层面与自己的同学、朋友相比时,常常感到不平衡。面对社会转型期商品经济浪潮下一些简单劳动换取高额经济收入的现象,以及社会现实中其他暴利致富现象,公职人员容易对原有的价值观产生怀疑,产生不公平感,从而心态失衡。

4.人际沟通压力

公职人员一般比较谨慎、含蓄,有想法不说,有委屈忍着。同事之间"上班面对面,下班各顾各",思想、情感交流少。有的公职人员一心扑在工作上,忽略了与领导、同事的沟通。有的公职人员与其他同志产生隔阂后,常常辗转反侧、夜不成寐。人际关系长期紧张常导致身体和心理出现异常。

5.职务升迁压力

公职人员学历高、素质高、自我期望高,一般都把升职作为成功的标准。而机关职位稀缺,升迁便成了有形或无形的压力。有的公职人员看到别人升迁,自己原地不动,情绪波动便很大,从而心理出现异常。

6.社会负面心理的影响

随着经济的快速发展,人们的价值观也更加多元,一些小概率事件通过网络放大传播,使主流价值观受到不小挑战,奢侈消费、互相攀比有时成为风气、受到推崇。公职人员不是生活在社会的孤岛中,固有的信念、道德、人格、角色期待与现实生活难免发生冲突和纠结,一些消极、负面的信息,对公职人员的负作用很大。

(六)心理不健康对公职人员的影响

具体来讲,不健康的心理对公职人员个人的消极影响主要体现在:①导致"情感耗竭"状态。公职人员常常会感觉自身情感处于焦虑和疲倦状态,其负面溢出效应还会影响到公职人员的身体健康,使其进入疲惫、困乏、身心俱疲等亚健康状态,严重影响公职人员的工作状态。②产生"去人格化"特征。公职人员以一种消极的、悲观的态度去对待自己身边的人和工作,进而影响组织团队的和谐。③产生"低成就感"心理。心理不健康的公职人员习惯消极评价自己,并伴有工作能力体验和成就体验下降等现象,这种负向心理一旦被带入公共管理和公共权力的行使之中,会直接影响公职人员行为,甚至衍生出职业道德问题。因此,心理不健康带来的负面影响不容小觑。

心理健康问题对于公职人员的社会公众形象的负面影响,主要体现在:作为行政事务执行者和国家政策落实者,公职人员长期与社会民众或企事业单位发生互动,直接面对社会矛盾和民众不满,而心理健康问题不可避免地引发公职人员责任心缺失、服务意识减弱等职业问题。这些问题直接影响公职人员社会公众形象,影响社会公众对公职人员队伍的整体预期和评价。

心理健康问题对于公共事业执行效能的负面影响,主要体现在:公职人员的工作态度、行为方式及情绪高低关系到公共事业执行效能高低。心理健康问题使公职人员缺乏工作动力和奋斗激情,全局观念和协作意识不强,这种个体负向情感通过团队中介作用对团队效能产生消极影响,对组织决策产生阻碍作用,必然会影响公共事业的整体执行效能,出现个体目标和组织目标的非一致性,进而影响公共事业既定目标的实现。

二、认识自己——与自己成为朋友

古希腊哲学家苏格拉底(Socrates)在2000多年前留给世人一句箴言"认识你自己"。心理学在很大程度上就是帮助人们认识自己,从古至今,不外如是。当面对心理上的困惑时,我们更应该主动认识自己的积极力量,改变自身"不健康"的认知,转变以往对待心理问题的消极观念,更好地与自己共处,成为自己贴心的朋友。

(一)学会使用自身的积极力量

积极心理学之父马丁·赛利格曼(Martin E.P.Seligman)提出幸福2.0的概念,包括情绪、投入、意义、成就和人际关系。他倡导使用积极的心态挖掘自己的潜能从而创造幸福的生活,享受完满人生。在公职人员心理健康教育中倡导使用积极心态来改变消极的心态,发现自身的优势,挖掘自身的潜力,更好地为人民服务。

(二)改变"不健康"的认知

1.提升对心理健康的认知

一直以来公职人员比较重视身体健康,却忽视了心理健康。工作单位一般会定期组织健康体检,但是很少会对公职人员的心理健康状况进行评估。这主要是因为人们对心理健康的认识程度还不够,因此我们呼吁在关心公职人员身体健康的同时也要注重心理健康。

2.转变以往对心理问题的错误观念

当前有些公职人员对心理疾病存在着误解,认为心理有问题就是"精神病",对此颇为忌讳,避之不及。因此当公职人员出现心理问题时,可能觉得很丢脸,害怕自己的问题被别人发现,影响自己的发展。然而,正是受到这种观念的影响,有些心理问题才日积月累,最后发展到无可挽回的局面。所以,加大心理健康宣传的力度,改变公职人员对心理疾病的错误观念,才能让其走出认识误区,遇到问题学会自救和寻求专业帮助。

(三)把压力当作朋友

对于公职人员来说,工作的超负荷、人际关系的紧张以及多种角色的切换都会让他们觉得身心俱疲,压力很大,总是希望压力少一点,加班少一点,复杂的人情世故少一点,各种角色的切换少一点。但是从现实情况来看,这样的期望似乎不太容易实现。但这并不意味着公职人员不能对这样的现状进行调整和改善。关于压力研究的最新发现表明,真正带给我们不良反应的,并不是压力本身,而是我们怎样看待压力,这对我们的健康有着非常重要的启示意义。

斯坦福大学健康心理学家凯利·麦格尼格尔(Kelly McGonigal)指出,面对压力,我们的身体会有一系列的反应,例如心跳加速、呼吸急促、大汗淋漓,通常我们会称这样的反应为焦虑,但是如果把这样的反应看作是身体做好准备迎接挑战的状态,那么结果就会大不相同了。最典型的是,当把压力看作是助力时,我们的心血管就会放松,我们的心脏更像是感到起飞和鼓起勇气时的样子。因此,面对压力,我们需要做的不是一味地摆脱压力,而是学会如何处理压力。除此以外,压力也能促使我们做出积极的反应——主动社交。这是因为当我们感到压力时,身体会分泌催产素。而催产素是由下丘脑分泌的一种压力激素,能够微调人的社交能力,让人为增进密切关系所需的努力做好准备,让人渴望去帮助他们关爱的人,变得更有同理心和爱心。

> **拓展阅读**
>
> ### 如何使用自身的积极力量
>
> 积极力量也称作性格优势(character strength),是积极心理学的倡导者马丁·塞利格曼(Martin E.P.Seligman)提出的概念。性格优势是个体的认知、情绪以及行为反映出来的一组积极的人格特质,其基本特征包括可识别性、异质性、可塑性。对于个体来说,性格优势相比于能力优势具有更大的发展潜能,对学业成就、心理健康和主观幸福感具有显著的影响。性格优势的积极功能不仅来自描绘和识别性格优势,也来自发展和使用性格优势。换句话说,明确定义和识别我们自身的性格优势有助于我们定义自己的优势。例如,通过回忆过往经验,撰写成就故事,并分析和总结成就故事中所反映出来的性格优势,唤醒个体的积极情绪,强化对自身美好人性的认可,让性格优势显现出来。此外,要明确"哪些优势可以运用及如何运用",把使用性格优势发展为一种习惯,例如,如果目标是培养感恩之情,就可以设置完成记录感恩的作业,在一个星期内每天描述五件值得感恩的事情,培养出优势使用习惯,并明确何时、何地、何种情境下运用优势,这时候就会体验到某种特定优势心智所带来的幸福感受。

三、营造健康的工作生活方式和外部环境

个体的心理健康离不开自身健康的工作、生活方式,更离不开外部环境的支持。当我们秉持健康的工作、生活理念时,能够感受到外部环境的人文关怀,及时与心理咨询师沟通自己的困惑,并且拥有和谐的工作环境,那么我们心理上遇到的问题也就迎刃而解了。

(一)倡导健康的工作生活理念

要树立健康第一、快乐至上的理念,工作上要"知之、好之、爱之、乐之",坚持快乐的标准、成长的标准和安全的标准。要养成健康的工作、生活方式,劳逸结合、张弛有度,通过丰富多彩、健康有益的生活将每天的不满和压力释放,不断增强情绪的积极信号。要学会积极有效的沟通,常怀感恩之心,用书和友谊滋养心灵,克服人性弱点,积极面对挫折、遗憾,在助人为乐、知足常乐中接纳自我、超越自我。

(二)为公职人员营造良好的心理健康环境

1.加强对公职人员的人文关怀

要加强对公职人员的人文关怀,关注公职人员的成就动机和评价导向。特别是在遭遇压力和挫折的时候,要更注重沟通交流、心理疏导,增强公职人员对繁重任务和压力的心理承受力。要树立理性的责任观念,坚持解决问题比追究责任重要、追究责任不应伤害人格的原则。要坚持解决心理问题与解决实际问题相结合,建立公职人员困难帮扶机制,力所能及地为公职人员解决实际困难。

2.开展心理教育和疏导工作

要将心理健康教育纳入公职人员教育培训范畴,定期开展心理健康知识讲座,提高公职人员的情商、逆商指数,提高他们管理和掌控情绪的能力。要定期组织开展问卷调查和心理测试,使公职人员自觉掌握自身的心理健康状况,对自己的能力做出恰当的判断,树立切合实际的生活理想和目标。

3.建设和谐的机关文化

要加强社会主义核心价值体系教育,引导公职人员树立正确的事业观、工作观、政绩观,正确对待自己、他人和社会,正确对待困难、挫折和荣誉。要大力倡导和谐理念,建设和谐文化,引导公职人员培育乐观、豁达、宽容的精神,提升人生境界、情趣和品位,用和谐的思想认识事物,用和谐的态度对待问题,用和谐的方式处理矛盾。要广泛开展健康、丰富的文化生活,严格落实休假、体检制度,引导公职人员充实精神世界、提高生活质量、舒缓心理压力,始终保持自尊自信、理性平和、积极向上的心态。

4.建立公开透明的激励机制

要坚持以人为本,重视公职人员的价值、权益,充分关注公职人员自身成长与发展的需要,关注他们的理想、信念、情感和期待,努力创造条件提升公职人员的工作、生活满意度。要加强制度建设,以业绩、能力为评价标准,建立和完善公正透明的机关管理制度,不断提高职务升迁、表彰奖励、福利待遇等方面的认可度,让公职人员感受公平、憧憬未来。要发扬党内民主,加强党务、政务公开,通过充分有效的信息反馈和分享,使公职人员消除胸中块垒,解开思想疙瘩。

四、积极面对——调节不良情绪

公职人员肩负重任,在工作中会不同程度地感受到各种压力,要注意及时调节和排解。

1.运用理智思维

首先,要认识到自己存在某种不良情绪;其次,分析不良情绪产生的原因。如果确实遇到可忧可怒之事,切不可陷入困扰之中不能自拔,而应该面对现实,正确对待,积极寻求解决办法。

2.懂得情绪宣泄

宣泄情绪的方式有很多,如倾诉、高喊、哭泣等。不过,情绪的宣泄也要有节制,要注意方式方法、时间和场合,尽量不影响别人、不伤害自己,否则会带来新的情绪困扰。

3.学会换位思考

有些公职人员的不良情绪,是由于自己抱怨别人而引发的。抱怨同事处理问题不当,抱怨下级办事不力,抱怨领导不支持……其实这是没有经过换位思考所致的不良情绪。遇事应该多站在对方的立场、角度和位置,仔细考虑对方的想法、处境和难处,这样就会给予对方理解、同情和谅解。

4.转移调节注意

在不良情绪特别是愤怒情绪爆发之前,要设法转移自己的注意力,比如运动、阅读、听音乐等。

5.缓解冷化问题

如果事先已经预料到接触某人、某事会引起自己极大不快,且又不能解决问题时,那就暂时回避一下,等条件成熟后再予以处理。

6.积极暗示自己

在产生不良情绪时,可积极暗示自己,从而排解不良情绪。比如盛怒时对自己说"发火是解决不了问题的";忧虑时提醒自己"忧虑无济于事,还是要面对现实";烦恼时对自己说"静下心来,想一想,别着急";冲动时劝自己"退一步海阔天空,让三分风平浪静"。

❋ 心灵小结

1.面对压力时,需要积极主动地认识自己的积极力量,改变自身"不健康"的认知,学会"与压力共处"。

2.个体的心理健康离不开良好的工作生活方式,更离不开外部环境的支持。当我们拥有健康的工作、生活理念,感受到外部环境的人文关怀,及时与心理咨询师沟通自己的困惑,并且有着和谐的工作环境时,我们心理上遇到的问题也就迎刃而解了。

3.遇到可忧可怒之事,切不可陷入困扰之中不能自拔,应该面对现实,正确对待,积极寻求解决办法。

第二章　公职人员的认知健康

内容简介

诸多研究表明,认知是影响个体心理健康水平和幸福感的重要因素。面对相同的情境,不同的个体会反映出不一样的情绪体验和行为反应,这很大程度上跟个体的认知习惯有关。认知习惯的形成通常受家庭环境、教育程度、先天遗传等因素影响。健康积极的认知习惯通常会帮助个体快速调适自我,保持良好的心态,而消极的、非理性的认知方式,往往是产生抑郁、自卑、焦虑、恐惧等不良情绪的重要因素。

本章主要介绍了常见的公职人员认知健康问题的认知相关理论,并且聚焦在五个主题上,分别是:理性情绪行为疗法与认知失调、树立健康认知、改变思维方式、培养积极情绪和提升积极人格。本章运用心理科学来解释公职人员在工作、生活中常见的认知亚健康现象,并且提供了具有可操作性的应对方式,一方面提高公职人员认知的调适能力,另一方面帮助公职人员加深对心理学科的理解,学会采用积极的方式来应对消极的认知、情绪等问题,自觉运用科学的心理学知识来增强心理韧性,提高工作效率,收获健康幸福的职场生活。

一、案例分析

李某,性格比较内向、文静,在熟悉的人面前言语较多。李某从儿时便感觉她与姐姐相比,较少得到家人的关注。这是因为李某认为姐姐各方面非常优秀,长得也漂亮,总觉得父母更爱姐姐,并且她和姐姐的关系也不太好。入学后,李某希望通过努力学习获得优异的成绩,成为一名公职人员以赢得家人的关注。大学毕业后,李某按照家人的意愿报考了公安局,原以为上班后可以有好的发展,让父母因她而骄傲和自豪。但上班后,李某发现很多现实情况,不能用自己所学的专业知识来解决,很多同事们参加的行动自己都不能参加。领导安排她与老民警工作一段时间后,她感到不愉快,经常紧张焦虑,对自己的能力不自信,怀疑自己经过锻炼也不会有老民警那样的能力、水平。这也让她后面的工作更难开展,到居民家里做入户核查不敢张嘴,面对犯罪嫌疑人不敢讯问,话说不明白,笔录也做不完整。

工作一年下来的考核结果更让她彻底灰心丧气,觉得自己不适合在这个部门工作,认为"选择这个工作就是个错误""其他女同事都多才多艺,我和她们不一样""无论我怎么做都不如别人,我就这样了""小时候我妈说我笨得要死,现在的工作情况证明真是这样的""我不想去上班,感觉他们都在背后议论我""我有时觉得我来到这个世界就是个错误""同龄人陆续都有了情感的归宿,我觉得我就不如她们,我是剩下的",也对前途没有任何信心。

通过上述案例,可以看出李某由于职场工作不顺利已经出现了心理健康问题。公职人员出现心理问题的原因比较复杂,不同岗位、不同领域的公职人员所遇到的心理问题也不尽相同,单就案例中李某产生的心理问题而言,具体包括以下三个方面的原因。

(一)过高的职业期待导致的心理压力

李某对职业发展的过高期待体现为,她在学生阶段对公职人员的工作充满期待,单纯地认为成为公职人员就可以有好的发展,没有充分了解公职人员的职业特征和职业定位。原本顺利地获得心仪的工作是非常幸福的事,可以促使个体在工作中充分发挥积极性。但如果个体在没有客观、全面地了解现实情况下做出期待,必然会造成理想与现实的巨大反差,导致心理矛盾和认知失调,进而产生压抑、焦虑的情绪,影响身心健康及工作效率。

(二)职场人际关系的压力

由于李某是新人,在工作中分配到的任务自然与前辈有所差别,并且刚刚入职还需要学习的知识、技能很多,同事间遇到工作意见不同,应坦诚沟通、相互体谅,保持信任和尊重,寻求相互的理解和支持,如果总是因为一些小小的失误和想法不同、观点不一致而产生自我否定、妄自菲薄,个体就容易变得焦躁、抑郁,长此以往就会导致对工作失去热情、使投入降低,还会产生躯体症状,影响生活质量。李某现阶段出现的身心疲劳与耗竭的状态,明显是已经产生了心理问题,并最终表现为情绪和行为等方面的机能失调。

(三)不合理认知习惯

不合理认知是认知心理学所提出的一个概念,认知心理学认为,心理困扰并非都是外部因素导致的,有的是由于我们对外界因素的不合理认知所产生的。因此,当我们调整好心态,将不合理认知转变为合理认知,心理的困扰就会随之减弱或消失。

案例中的李某,由于她从儿时便认为父母对姐姐的关注较多,因此她从小就产生了自卑心理,认为自己不如姐姐。这颗种子一直深埋在心底,使李某无论是在工作或是在学习发展方面对自己的要求都很高,想取得优异成绩证明自己存在的价值,赢得家人的重视。李某在毕业后如愿成为公职人员,但参加工作后发现,现实与理想的状态有着很大的差异,认识到想象中光鲜体面的工作并不适合自己,处处充满了压力与挑战,认为自己在工作方面和同事们比起来没有任何天赋和特长,从而产生更强烈的自卑心。李某的表现体现出她在认知上存在错误观念,当遇到困难或者出现问题时,她的第一反应就是"自己生来就不如别人",认为自己很笨,不管身边人如何肯定她,她都改变不了自己的看法,仍会情不自禁地过分夸大自己的缺点,甚至毫无根据地臆造出许多自己的弱点,将自己看得一无是处。显然,李某已经产生了认知失调,以及严重的心理问题。

良好的职业认知是保证工作质量的前提,同时也是个人追求自我价值的基础。认知心理学认为,保持心理健康的首要方法就是保持健康的认知,如对自我的认知、对他人的认知以及对社会的认知。就公职人员来说,健康的认知标准具体应体现在:对工作环境有正确、客观的认识判断,对自身的工作能力有正确的认知评估,对人际关系有健康的认知理解。公职人员隶属于国家行政系统,其职业性质具有服从性高、规定性强的特点。因此,对于成就动机较强、职业期待较高的人来说,更容易产生职业认知偏差,进而发展为职业倦怠。此外,随着国家行政职能的转变,政府机关改革的深入,工作压力以及就业竞争压力的不断增强,对公职人员的晋升模式、问责等管理措施也越来越严格,导致公职人员长期处于焦虑状态,容易引发认知亚健康问题。在这样的压力环境下,公职人员需要具备对工作环境和工作目标的认知调适能力。另外,公职人员作为国家各项事务的执行者,其认知健康问题如果得不到重视、不加以及时干预很容易发展为情感障碍。这不仅直接影响政府效能,更关系到社会稳定以及各项事业的和谐发展。深入研究公职人员的认知健康问题,帮助公职人员树立健康认知、增强认知弹性、丰富心理资源、提高心理韧性,进而获得自觉调适心理健康问题的能力,对公职人员实现自我的价值和实现国家行政管理的良好运行具有重要意义。

二、心理解读

公职人员承担着政府管理的重要任务,以及建设服务型政府的重要义务。在实现这一目标的过程中,公职人员除了要具备良好的工作能力外,还需要一个健康的认知能力和心理状态。良好的认识能力决定了公职人员的决策方向和公共服务质量,不健康的认知会导致公职人员出现对自身职业感到矛盾的情况,进而影响行政体系发展的方向,也关系到政府的公信力。

近年来,公职人员的职业压力不断增加,在工作、生活中面临时间分配不均、角色冲突以及高强度的体力或脑力付出,导致公职人员普遍处于认知亚健康和职业倦怠状态,而长期处在认知倦怠状态下的公职人员,会直接影响公共服务的质量。相关研究表明,良好的认知能帮助个体拥有良好的心理调适能力和良好的工作格局。而不健康的认知,会使个体表现出想法单一、缺乏全面的判断力、固执和敏感,并且在面对不同意见时,个体容易出现异常敏感,拒绝倾听的行为,甚至会演变成过分的偏执,从而限制了学习、生活、思考以及接受新鲜事物的能力。案例中的公职人员李某,长期处于认知偏差和认知失调的状态,具体表现为:对工作丧失热情、烦躁易怒,对自我感到困惑迷茫;工作态度消极懈怠,对家人朋友冷漠;职业成长和职业成就感降低。以上的表现都会对自身的身心健康和职业发展产生严重的阻碍,间接地影响政府效能、社会发展。因此,重视公职人员认知健康并及时采取措施应对认知问题是非常有必要的。

(一)我国公职人员职业认知的现状

目前,我国公职人员存在的与认知相关的问题,以心理障碍、职业倦怠以及与职业预期相悖的职业矛盾表现最为显著。过去人们总认为,公职人员工作强度小、没压力,每天只需要喝茶看报就可以了,相较一些企业高管虽然公职人员的工资不高,但福利较好,是百姓公认的"铁饭碗",永远不会失业。所以,人们在对付出与回报相比较后,认为成为公职人员是就业者的最好选择之一。但是,一份调查结果却推翻了这个观点,《人民论坛》对党政干部进行调查采访,发现有超过45.1%的受访者认为自己属于"弱势群体",因为收入较低、压力大、感觉不公平、没保障等催化了他们的"弱势感",尤其是基层公职人员表现更加明显。《中国职场人士工作倦怠现状调查报告》向我们暴露了一些消极信息,公职人员这一社会群体对待工作的倦怠比例与社会其他行业调查数据相比相对较高,2004年的调查数据显示,政府机关事业单位人员工作倦怠比例达到54.88%,位列行业第一。2007年,对温州市龙湾区公职人员的调查结果也表明公职人员的工作倦怠比例达到40%。2013年,郑建君博士的调查结果显示,轻度倦怠在基层公职人员中普遍存在,高达79.89%,重度倦怠占6.4%;针对福建省民警心理健康的调查结果显示将近一半的民警有心理障碍现象,表现为倦怠、睡眠问题、内心焦虑、精神抑郁,长期心理障碍甚至会引起自杀。由此可见,并非所有岗位的公职人员都可以轻松地工作。轻松安逸的预期与现实中的问题形成鲜明的对比,可见当前社会和公职人员本身都对该职业定位存在着较大的认知偏差。

(二)公职人员的不良认知问题类型

1.职业定势的冲突

由于公职人员角色定势的弥散性,公众对公职人员存在不同的看法和期望。公职人员是应该为建设性的改革做贡献,还是应该作为政策的中立执行者,或仅仅是一个体面的"铁饭碗"。这些不同的看法和期望都影响着公职人员的生活和工作状态。此外,分工的不明确,也会造成公职人员对一个角色的认知不清晰,具体表现为不清楚自己承担的角色期望应如何去实现,以及自己对职位应担负责任的理解不同于其他成员对他的期望。这导致公职人员自我认同感、自我价值感、职业成就感降低,从而产生认知失调、职业倦怠,进而引发心理健康问题等。

2.职业倦怠的频发

随着国家政府机关改革的不断深入、服务环境的不断创新,在落实中央政策的过程中,各级政府部门加大改革措施,不断整合资源,这对基层公职人员来说,无疑要面对更高的期待和要求,同时也意味着他们需要承担更重的义务和责任。工作上要面对领导检查、督导、暗访的压力,同时又是人民群众的直接窗口。基层公职人员的工作内容十分繁杂,基层工作具有高重复性和低技术性的特点,长期面对重复的工作内容,不少基层公职人员会对自身所从事的服务工作感到倦怠。已有的调查与研究结果表明,我国公职人员职业倦怠是一种客观存在的事实,尤其是基层公职人员长期处于压力大、加班多、任务重的状态,更容易出现不同程度的职业倦怠。职业倦怠的产生不仅会使基层公职人员个人出现消极反应,慢慢侵蚀他们的身体健康,还会对其工作态度、工作效率以及工作质量产生严重影响,逐渐损害基层组织的利益。以往的研究发现,职业倦怠常见于教师、医生、护士、警察等工作群体。当此类人员的自身资源消耗殆尽又没有及时进行补充时,就容易引发工作倦怠。另外,当个体所从事的工作没有挑战、缺乏动力时,个人的能力就可能无法得到发挥,成就感也会随之降低,这同样会引发职业倦怠问题。

3.职业认知的偏差

长期以来,受社会刻板印象的影响。无论公职人员本身还是社会公众,对公职人员的认知均存在明显的片面性与局限性。这方面主要体现在持续十年的公务员考试热背后的求职动机以及社会对公职人员的认识存在"妖魔化"倾向。这两种情形都没有从公职人员职业的服务性、行为的规范性,以及该职业的权利与义务的对等性角度来看待公职人员,更多的是看重该职业所谓的"优势""好处",或者片面强调公职人员职业的义务性等。这些认知偏差给公职人员个人和队伍建设带来了严重的负面影响,导致公职人员队伍的职业精神难以确立、工作内动力不足以及认知失调等问题发生。

职业精神是推动个体有效履行职责、推动职业发展和社会进步的内在动力。公职人员职业的公共服务性要求公职人员树立崇尚责任、公平正义、勤政廉政、遵守法纪、诚实守信的工作精神。若公职人员看重领导职位或权力、薪酬福利等职业外在的条件,而忽视职业责任、职业规范等职业内在的条件,则将从根本上消解公职人员职业精神形成的心理基础。一旦职业精神出现缺失,公职人员对社会发展、社会管理中出现的问题必然缺乏敏感性、关注度,对广大人民尤其是基层人民和弱势群体的工作、生活境遇无法做到感同身受,对改革、发展中遇到的困难与挑战缺乏面对的勇气。现实中,对于一些公职人员而言,能激发其工作热情的主要因素包括领导职位、权力以及物质待遇。一旦这些诉求无法实现,工作热情随之下降,工作倦怠情形随之出现,例行公事、循规蹈矩、靠上级推动来开展工作的情形也屡见不鲜。

公职人员是政府职能的具体执行者,其工作意识、自身素质、工作能力及工作态度,直接影响政府的工作成效、管理能力和建设水平。公职人员只有具备良好的职业与岗位认知能力,并且对自己的职业与岗位有清晰的认知,才能够认真学习和领会这一职业与岗位所要求的服务意识,才能够不断强化自身的服务意识,更好地履行工作职责,更好地服务于广大人民群众。

(三)公职人员常见的不良认知特征

不良认知是指追求完美、以偏概全、以自我为中心、极端思维、负性思维等认知表现,与个体的生活习惯、文化程度、家庭环境、人格特质密切相关。公职人员可以参照以下内容,观察自身是否存在不良认知。

1.事事绝对化的要求

在不良认知中,最常见的是绝对化特征,即人们以自己的意愿为出发点,对某一事件怀有必定会发生或不会发生的信念,绝对化特征通常与"必须""应该"这类字眼连在一起,比如"我必须获得成功""别人必须很好地对待我""生活应该是很容易的"等等。存在绝对化特征的人往往把生活看成非黑即白的单色调,没有中间色,因而极易陷入情绪困扰中。客观事物的发生、发展都有其规律,是不以人的意志为转移的,因而经常会发生出乎意料的事情。此外,每个人都有自己的意志,一个人无权要求他人按自己的意愿行事,同时,他人也不可能按某个人的意志行事。

案例中的公职人员李某,不可能在每一件事情上都获得自己想要的结果,她周围的人和事情的表现和发展也不可能以她的意志为转移。因此,当某些事情的结果与其对事情的绝对化要求相悖时,她就会感到难以接受、难以适应并陷入情绪困扰中。因此,持有绝对化认知要求的公职人员,应转变这种思维方式,认识到绝对化要求的非理性、不现实之处,学会弹性思维,学会以合理的方式去看待自己和周围的人与事物,以减少陷入情绪障碍的可能。

2.过分概括化

过分概括化是一种以偏概全、以一概十的非理性思维方式的表现,就好像以一本书的封面来判定其内容的好坏一样。过分概括化的一个方面是人们对其自身的非理性评价,如一遇失败,就认为自己一无是处、一钱不值、是废物等。以自己做的某一件事或某几件事的结果来评价自己整个人甚至评价自己作为人的价值,这样的评价结果常常会导致个体出现自责自罪、自卑自弃的心理及焦虑和抑郁情绪。过分概括化的另一个方面是对他人的非理性评价,即别人稍有差错就认为他很坏、一无是处等。这会导致个体一味地责备他人,以至于产生敌意和愤怒等情绪。美国临床心理学家阿尔伯特·埃利斯(Albert Ellis)认为"评价一个人时,应该去评价他的行为而不是去评价人",即对事不对人。因为在这个世界上,没有一个人可以达到完美无缺的境地,所以每个人都应接受自己和他人是有可能犯错误的这一现实。

3.陷入灾难化思维

陷入灾难化思维的人认为一件不如意的事情发生了,必定会非常可怕、非常糟糕、非常不幸,将事情想象为"灭顶之灾""大难临头",从而消极地预测未来而不考虑其他可能的结果。例如在高考前,有的同学往往会恐惧地想到"到时候我会很紧张""我会彻底失败,那我就一切都完了,自己的人生也就失去了意义"等。这种糟糕至极或灾难化的想法是对自己的消极暗示,会加重自己的紧张和焦虑情绪,并且常常会使个体对失败和挫折过度恐惧、焦虑,从而产生自暴自弃、悲观消沉甚至轻生等行为。

然而,"塞翁失马,焉知非福"。在同一件事情上,幸与不幸是彼此相随的,没有任何一件事情可以定义为百分之百的糟糕。若我们只看到暂时的结果、突发的部分,而忽视事件的全部,就会得出极其片面的认识。并且,对于同一件事情来说,也可能还有更糟糕的情形发生,我们的不幸与他人的遭遇相比或许只是"小巫见大巫"罢了,又何必自怨自艾呢!此外,挫折是客观存在的,并且随时随地都可能发生。尽管我们渴望一帆风顺,但总会出现事与愿违的情形。所以勇敢地接受现实,在可能的情况下去尽力改变不如意的状况,在不可能时,则要学会适应这种状况,并坚强地生活下去。有这样一句话说得好:"绝望往往是希望的开始,危机的尽头往往是转机,山穷水尽的地方终会柳暗花明。"在遭受挫折时,要敢于面对、勇于坚持,不要轻易地否定自己。

4.两极思维

两极思维是一种极端的直线型思维模式。这种认知方式往往认为事情非黑即白、非此即彼,要么全对、要么全错,常常以全或无的方式思考问题,其间没有任何的过渡和余地,没有弹性和弯曲。例如,有的公职人员认为"我总是失败,他们都是那么优秀""没有人愿意与我交朋友,所有人都跟我作对""没有人能与我相比,我总是最棒的"等。这种"都""总是""没有人""所有"的两极性思维方式常常会导致个体对自己、他人及周围事物产生过低或过高的评价,从而过度自负或自卑。事实上,任何事物都没有绝对的好,也没有绝对的坏。我们要树立一分为二的观点,凡事要坚持两点论,看到两个方面。

如案例中的李某,她在适应工作的过程中认为"选择这个工作就是个错误""其他女同事都多才多艺,我和她们不一样""无论我怎么做都不如别人,我就这样了""小时候我妈说我笨得要死,现在的工作情况证明真是这样的""我不想去上班,感觉他们都在背后议论我""我有时觉得我来到这个世界就是个错误""同龄人陆续都有了情感的归宿,我觉得我就不如她们,我是剩下的"等,这些想法让李某加深了自卑感,陷入了自我否定之中。因此,持有两极思维的公职人员,应改变这种直线性的思维方式,学会用"一分为二"和"批判性思维"的观念去看待周围的人与事物,避免情绪障碍的发生。

5. 选择性聚焦

选择性聚焦就好比"瞎子摸象",仅考虑个别细节或部分而不顾及其他信息,便草率地对某种事物做出片面的结论和判断。比如,案例中的公职人员李某,在工作中碰壁后,就把自己的注意力放在不成功和失败上,完全忘记了以前的努力和学习成绩,认为自己很笨、再也不行了,从而导致焦虑,这是因为李某选择性提取了有关自己的消极、失败的信息,对自己做出了片面的评价。另外,自卑的李某往往只选择性地关注自己的劣势和缺点,忽视自己优势的一面,从而认为自己很差,导致过度自责,这是因为李某总是夸大不好而缩小其好的方面,从而得出一个支持其抑郁或焦虑的结论。如果李某是一个高傲自大的人,那么她将总是夸大自己的优点而缩小自己的不足,这会变成一味地自我陶醉。

6. 以自我为中心的人格化

以自我为中心的人格化是指个体把那些与自己无关的事件看作是与自己相联系的,是具有人格意义的,并且把所有过错都归因于自己。比如一个公职人员认为"我一在家,父母就吵架;我每次去外婆家,她总是会生病——我是个灾星,总给家里带来不幸"。其实,父母吵架以及外婆生病并不是他引起的,也不是他能控制的,而且也并非他在的时候才会出现这些情况。但这个公职人员既做了过分概括化推论,又做了人格化判断,从而导致自责。此外,持有这种认知歪曲的人在遇到挫折或失败时不能看到客观因素,而是一味地归咎于自己的能力不够,最终导致自卑或抑郁。

7. 凡事乱贴标签

乱贴标签是指给自己做出一个看似"专业化"结论的行为,乱贴标签会进一步强化自己的消极观点。例如,案例中的公职人员李某几次没有与同事一起参加行动,并与老民警一起工作不愉快后就认为"无论我怎么做都不如别人,我就这样了"。这类认知就是对自己贴标签,会导致个体对自己个性、能力、品质等方面产生错误认知和评价,从而进一步引发其他不良情绪和行为。

(四)公职人员认知健康的标准

认知健康的界定是多方面的,不仅有客观指标,也有主观感受。就公职人员来说,认知健康的标准主要有以下两点。

1. 理性认知

理性认知是与非理性的认知方式相对的,能够尽量摒弃主观色彩、不褊狭,客观公正地看待、评价自己与他人,以符合客观世界的信念去推断和解释所遇到的人和事,是合理的认知方式。公职人员肩负着国家赋予的使命,应当正确履行人民赋予的权力,一定要对自身从事的职业与岗位有清晰明确的认知,保持开放与批判性思维,不断地总结与反思,客观理性地分析自身的问题与不足,形成健康的认知习惯。

2. 弹性认知

弹性认知是与狭隘、单一认知相对的,能多维度考虑问题的一种认知宽度、认知包容力和对挫折认知的复原力,能最大程度地理解不同群体的利益诉求。公职人员是国家发展、社会和谐进步的推动者,尤其是基层公职人员,每天需要面对不同职业群体,处理许多繁琐的关系和事件,这非常考验公职人员的情绪和包容心。因此,只有公职人员具备良好的认知弹性,保持对事物的包容力,拓宽对世界的认知宽度,才能更好地为人民和国家服务。

三、理性情绪行为疗法与认知失调理论

良好的认知有助于个体在工作和生活中获得幸福体验,公职人员如果产生了认知健康问题又该如何理解和应对呢?在认知心理学中,常见且广为熟知的理论包括:理性情绪行为疗法和认知失调理论。认知学派认为人的思想、情感和行为是相互联系的,是相伴而生的。人的行为受环境的影响,不适宜的行为

源于对环境的错误理解。所以想要改变行为,首先要改变认知。理性情绪行为疗法(rational emotive behavior therapy)认为,人的情绪不是由某一诱发性事件的本身所引起,而是由经历了这一事件的人对这一事件的解释和评价所引起的。认知失调理论(cognitive dissonance theory)是一种通过调适认知上的冲突,减少心理上不舒适体验,获得心理平衡的理论方法,该理论也可以由个体自行操作运用。了解自身情绪、行为背后的动机,是认知心理学最主要的研究内容,理性情绪行为疗法和认知失调理论可以帮助公职人员更好地了解认知与行为作用机制。

(一)理性情绪行为疗法

理性情绪行为疗法由美国临床心理学家阿尔伯特·埃利斯(Albert Ellis)提出。埃利斯认为每个人都要对自己的情绪负责,当人们陷入情绪障碍之中时,是他们自己选择了这样的情绪取向。比如,一件事失败了,感到懊悔、有受挫感是适当的情绪反应,而抑郁不堪、一蹶不振则是不适当的情绪反应。该理论揭示了人们习惯于将自身的负性情绪归咎于环境或者事件,而没有关注到自己本身的意志。

理性情绪行为疗法是以改变认知为主的治疗方式。其模型是:情绪不是由事件A(activating event,诱发事件、激发事件)直接引起,而是由经历这一事件的个体对该事件的看法和评价B(belief,个体对诱发事件的信念、评价、解释、看法)引起的在特定情境下的结果C(consequence,个体情绪和行为的结果),在产生行为后果时,个体则需要努力识别和觉察自己当前存在的非理性信念,并用新的合理信念与原有的不合理信念进行辩论和驳斥,这就是D(disputing,同不合理的信念辩论),从而产生有效的治疗效果E(effect,通过疏通产生积极的情绪和行为),这样就可以使个体在认知、情绪和行为上均有所改善,心理的困扰因此消除或改善,从而产生充实愉悦的新感觉F(new feeling,新的感觉)。简而言之,理性情绪行为疗法,认为A(事件)只是造成C(结果)的间接原因,B(信念、看法)才是情绪和行为反应的直接原因。因此,强调B的重要影响。同时提出了,通过D(辩论)和E(效果)的治疗获得全新的情绪与认知。

此外,关于认知方面的研究也表明积极的认知习惯有助于发展个体的积极行为。当个体长期处于焦虑、孤独或者寂寞的状态中时,容易陷入自我怀疑、自我否定、自我责备和自我愧疚的怪圈之中,情绪也变得压抑和低落,对自我的社会关系应对也变得消极。菲利普·G.津巴多(Philip George Zimbardo)等人研究了焦虑情境,发现人们对情境的认知与控制可以使人避免焦虑。在这项研究中,津巴多把女大学生分为害羞和不害羞两组,实验任务是让两组女大学生在实验室与一个英俊的男士谈话。在谈话开始前实验人员先把这些女大学生集中在一间小屋子里,给她们呈现很大的噪声。之后告诉其中一部分害羞的女生噪声会造成她们心跳加快,并说这是焦虑的症状。结果发现,这部分女生把自己在与男士交谈时的心跳加快归因于噪声,而不是自己害羞或者缺乏社会技能,所以她们不再焦虑,谈话也很流畅。这个研究表明了,认知能力在解决问题过程中具有重要意义。公职人员作为肩负着管理与服务双重使命的执行者,只有具备了良好认知能力、弹性认知能力,才能不断强化自身的服务意识,更好地履行工作职责、服务广大群众,同时获得自我认同感和自我价值,提高工作、生活和家庭的幸福感。

(二)认知失调理论

认知失调理论是由美国社会心理学家利昂·费斯廷格(Leon Festinger)提出的一种态度改变理论,是指个体认识到自己的态度与行为之间存在着矛盾时,出现心理不协调状态,即认知失调,并会导致心理紧张。因此,个体为了解除紧张,会通过改变认知、增加新的认知力图重新恢复平衡。

在社会生活中一个常见的情形是,人为了某个目标做出种种努力,但后来发现实际结果与原来期待的结果相差甚远。当面对与期待不一致的结果时,有的人不能正确地调整自己的认识和行为,仍坚持原来的看法。例如,案例中的李某以为考上公职人员就等于获得了大好前程,只要努力工作就能出人头地。但现实是,上班后李某发现公职人员不是自己想象中那样光鲜亮丽,在工作中常常施展不出拳脚,对工作的热情也大打折扣。这个案例体现出,当个体对某个目标怀着坚定的信念,并为此投入了很多精力,但最终发现那个目标根本没有实现时,会引起很强的失调感。要想消除这种由于徒劳的努力引起的失调感是很困难的,因为已经付出的努力是不可挽回的,即使改变原来的信念,也无法消除失调感。这时,个体只好寻求其他方式,对已有的事实做少许让步。比如说,找些还说得过去的理由为已存在的事实开脱,或是承认在这次活动中有些小的失误,但总的信念是正确的。在对事实做出小的让步的基础上,以更加坚定的方式信奉原来的信念,并更加努力地宣传它和维护它,以此缓解人内心中的失调感。费斯廷格指出,以削弱失调感的方式增强人的信念的现象可以在历史上许多群众运动中发现。

基层公职人员作为国家政策重要的执行人员,常常需要直接面对基层的一系列疑难杂症与复杂的人际关系,其工作性质要求公职人员具有良好的认知调节和控制能力。因此,本节希望通过理性情绪行为疗法和认知失调理论,帮助公职人员更深入地理解认知与情绪、行为的内在关系,当出现不良认知和不良情绪时,能下意识识别、制止并及时做出改变,以提高自身的认知能力,建立合理的认知信念,提升心理健康水平,这对个体、社会、国家的发展都有着直接和间接的积极影响。

四、树立健康认知

公职人员是国家和人民的公仆,担负着巨大的社会责任,任重而道远,若没有一个健康的认知和心态,一切都将成为空谈。目前,公职人员日常的工作状态通常是应酬多、运动少、久坐时间长、工作压力大,心理和身体均超负荷运转,导致公职人员群体身心普遍处于亚健康状态。因此,本节列举了一些培养健康认知的方法,以期帮助公职人员调整心态,预防和改善身心的亚健康问题。

(一)保持健康心态

1.热爱生活的态度

公职人员要善于在生活中寻找乐趣,例如每周末打扫自己的房子,在家里放置一些茶具、咖啡机等提高生活情趣的物件,虽然干家务需要付出一些体力,但这一过程,也是整理自己内心的过程;定期将无用的物品进行清理或捐赠,也是一种释放压力的过程;还可以尝试做饭,不断换新花样,享受烹饪的欢愉,并定期与朋友分享自己做的美食,也是提高幸福感的方式。

2.学会疏导不良情绪

当处于消极情绪状态时,可以利用上述提到的理性情绪行为疗法进行调节,遇到不顺心的事,别闷在心里,要把心中的烦恼或困惑及时讲出来,主动向周围的好友和家人倾诉,听听旁观者的建议,避免陷入情绪困境中。主动去求助,往往他人的意见会让你豁然开朗。此外,还可以通过运动、唱歌、旅行等适合自己的方式释放消极情绪。当然,我们也要明白压力和消极情绪是生活的一部分,不可能完全将它们消除,因为没有任何压力的生活,反而会使人丧失目标感,很容易陷入消极情绪中。同样,生活中的悲伤也不会完全消除,悲伤存在的意义不是为了让我们变得不健康,而是为了让我们懂得珍惜每一个美好的瞬间,让我们懂得感恩、懂得去爱。因此,找到适合自己排解不良情绪的方法,正确认识压力和消极情绪,才能调整好自身状态,保持愉悦心情,提升自身的心理韧性。

3.保持对事物的好奇心

公职人员由于职场历练较多,心理年龄通常较为成熟,因此随着年岁的增长,便容易产生"看破红尘"的感觉,对什么都不感兴趣,但这样不利于心理健康。有一句话叫"活到老,学到老",保持一颗学习的心,并保持对世界的探索、对新知识的渴望、对任何事物的好奇。世界之大,即使我们花费一生的时间,但最终我们可能仅仅只能看到这个世界的一个小小角落,所以尽可能在有限的生命中保持对世界的热爱、对大自然的敬畏、对知识的崇敬。去探索世界的美丽,学习和充实自己的精神世界,对身心健康非常有好处。多参与一些社会公益活动,保持对社会弱势群体的关爱。另外,多参与一些读书会,认识同样热爱读书的人,增添对世界的认识。

4.保持批判性思维

在信息爆炸的时代,公职人员很有必要保持批判性思维。公职人员作为国家发展的推动者,如没有清醒的思维,则会被引入错误迷思中,轻信社会中所谓的真理,容易产生因特殊利益而带有偏见的结论。批判性思维不仅可以帮助公职人员避免陷入极端思维,还可以提升公职人员对世界的包容性。同时,保持批判性思维有助于公职人员提升决策能力及心理健康水平。关于如何保持批判性思维,现提供以下几个方法。

(1)避免把相关推论作为因果。

(2)在找到确定的证据之前,首先要考虑如何反驳一个理论、假设或信念,因为找一个支持的理由是容易的。

(3)不要轻信他人提出的看似正确的解释,要不断寻找其他可能的解释,尤其在已有的解释会给提出者带来利益时。

(4)警惕个人偏见歪曲对事实的认识。

(5)保持怀疑态度:必须意识到,大多数结论是尝试性的、非确定的;寻找新证据以减少你的不确定感,同时对变化和修正保持开放态度。

(6)挑战那些在做出结论时使用个人观点取代证据且不接受建设性批评的权威。

5.培养业余爱好

兴趣爱好在人们的生活中具有非常重要的意义,因为它可以使人更加集中精神,产生愉悦的情绪,还可以提高工作效率和工作质量。公职人员可以在业余时间培养自己的爱好,比如收藏、体育、旅游、音乐、烹饪等。在业余时间,享受其间的乐趣,既能增长知识,又能广泛交友。在心境不佳时,这种兴趣活动也能起到化解作用。当然,我们不能一味地追求"广泛",最终我们追求的是质量,所谓的质量就是可以让你沉浸其中且能忘记杂念去专注的事,如果能把一开始的爱好,逐渐培养成专业,那说明这件事就是可以让你找到寄托、找到价值、找到成就感的事,同时还可以成为生存的技能和手段。

6.调适自己与社会的关系

社会的不断进步,对每个人的综合素质都提出了更高的要求。由于政府职能管理的转型与革新,国家对公职人员的学习能力要求越来越高,加上职位的竞争压力也在不断增加,给公职人员带来了一定的工作压力。因此,想要更好地适应工作环境,就要学会不断地调整自己对工作的认识和行为,适应社会的变化和社会对生存能力的要求,不断学习,提高工作水平,保持良好心态,从而减少变化带来的困惑和压力。

(二)调节不良认知

1.与自己的不良认知对话

与自己的不良认知对话是当个体出现消极认知时,可以尝试与自己对话,与自己的不良认知辩论,从而调节不良认知的方式。如当一位公职人员持有"我是单位里工作最差劲的人"等认知,变得很自卑、很压抑时,那么该公职人员可以尝试对自己提问,比如"有什么证据能证明你是单位里工作最差的人?""你做过多大范围的调查?""有谁说过你是单位里最差的人?如果有,有多少人?你亲耳听到的吗?有绝对的标准吗?""这些是可以决定一个人前途和幸福的必要条件吗?"等等。通过与自己的辩论、质疑,意识到自己认知的错误所在。经过多次锻炼与尝试,可以让自身养成下意识对抗消极认知的习惯,避免陷入消极情绪的不良循环中。

以下是与不良认知对话的几个思考方法。

(1)实际和务实型辩论。这些非合理认知是否符合事实呢?这种假设现实吗?(如果自己的这种信念持续进行下去,会对自己产生怎样的影响和后果?)

(2)逻辑性辩论。这种认知符合逻辑吗?愿望和必要性之间有什么联系呢?假设和结论之间有什么关联呢?有很多想法是合乎自己心意的,但绝对不是必需的。

(3)启发式辩论。如果保持这种非理性认知,你会怎么样呢?它会带来什么样的结果呢?

2.语义表达分析法

语义表达分析法同样也是克服错误自我认知的方法之一,一般适用于一种特殊的句式。如一位公职人员产生了"我是一个懦夫"的想法。当个体一旦有了这样的逻辑判断,就会用这种判断来概括自己的一切行为。因为"我是一个懦夫,所以……"这句话总是暗示着自己在所有方面都像懦夫那样行事。此外,这种判断由于没有时间性的词语加以限定,就易产生一种效果,即此话的内容有可能长久不变,甚至是终身判决,这会影响个体的自我形象和一系列行为。

用语义分析就可以看出,在这种结构中,"我"作为主语,是由与"我"有关的各种客体(比如我的头发、我的身体、我的眼睛等)以及与"我"有关的各种行为

(比如我走路、我吃饭、我做梦)等组成的,并不是一个抽象空洞的"我"。而"是"后面的表语是对主语整体性质的描述。因此,从语义来看,"我是一个懦夫"这句话是没有逻辑价值的。固然可以说"我上次和别人打架时的表现是懦夫般的表现",但绝不能说"我的头发像个懦夫"或"我走路像个懦夫"等毫无意义的句子。

同样,在这种句式中,适合作为表语的词很少。比如"我是一个人"在逻辑上是有意义的,其他却难以对"我"从整体性质上正确加以描述。据说有人称爱因斯坦是个天才,爱因斯坦回答说:"不,我只不过在我的研究工作中碰巧产生了一个天才的观念。"这里,天才不是用来描述爱因斯坦的,而是用来修饰爱因斯坦的一些观念。言下之意,爱因斯坦在生活中的其他方面,并不都是天才。学会客观评价自己,学会就事论事,而不是简单地就事论人或以偏概全。

3.学会重新归因

重新归因是一种在临床实践中经常使用的心理干预技术,简单来说就是将已发生的结果重新解释。该方法可以帮助公职人员在面对不好的结果而责备自己时,暂停脚步,并且回头看看是什么因素导致了这种不良结果,准确评估造成不良结果的自身责任占比。一般归因分为外部归因和内部归因两部分,外部归因一般指不可控的环境和身心局限的因素,内部归因指可控的个人主观努力的因素。重新归因可以帮助公职人员克服把造成不良结果的原因都归咎于自己的偏向性所引起的自我责备、内疚、自罪感和沮丧感,帮助公职人员学会从全面客观的角度归因,学会如何面对现实,采取更为理智的、切实可行的行为。

上述的应对方式可以在日常生活中运用。例如,在面对成功或失败时,公职人员可以主动分析个体的原因和外界的原因,站在自身角度,关注个人主观努力的因素和个人身心局限的因素,并从中找出自身认知归因的单一,进而去克服它们。但如果有些非理性信念是长期形成的,而且自己对其深信不疑时,那么单靠自己的力量,有时效果有限。这时,可求助于心理医生,心理医生能更准确、更熟练地帮助我们找出核心的非理性信念并予以消除。

(三)排除不良情绪

1.记录情绪日记

有研究表明,写日记是一个有效缓解压力的手段。心理学家本尼(Benni)曾经做过一项实验,他要求实验者连续四天,每天坚持用十五分钟,匿名写下自己最痛苦的经历。他对参加实验的人员是这样要求的:"连续记下你一生中最痛苦的经历,不用考虑语法和句型只需写下自己内心最真实的想法。什么都可以写下来,但是这段经历必须深深地影响过你,而且最好是你从来没有向其他人提及的。记下发生的经历,记下你当时的真实感受和你现在的想法。在这四天中,你可以写出相同的或者是不同的经历,这完全取决于你自己的意愿。"这段要求中有很直接的提示,"对痛苦经历的感受",描述自己的情感;"写下那段痛苦的经历",描述自己当时的行为;"事后的分析",描述自己对事物的认知。参加实验的人员按照本尼的要求,坚持写日记。本尼发现,当他们在持续两天记下痛苦的经历之后,焦虑度开始上升,但是到第四天的时候,他们的焦虑度又开始下降了,甚至低于原始的焦虑水平,然后在很长一段时间内一直保持稳定。上述实验证明写日记就是一个很有效的手段。实验者在以后的时间里降低了焦虑度,提高了心理和生理的免疫能力,情绪也变得更加积极乐观和开朗,为什么会有这样的结果呢?当一个人在重新体验快乐的时候,其实就是在强化神经通道。一个人越是压抑就越不容易释放情绪,如果经常发泄、倾诉就可以从痛苦中恢复,这就是精神疗法及写日记能够起到排除不良情绪的原因。基层公职人员通常工作压力大,精神、心理常常超出负荷。因此,公职人员可以参考该实验,养成起写日记的习惯,通过写日记抒发内心的压抑情绪,调适心理状态。

2.向家人、朋友倾诉

现代医学研究表明,人长期处在压抑的情绪下,大脑会分泌出一种名为茶酚胺的物质,该物质会让大脑血管收缩变细,导致脑组织缺血和缺氧,引起躯体疾病、思维过度消极、学习和工作效率明显下降、睡眠障碍等。因此,公职人员在心理压力过大时,可以适当向亲戚、朋友、心理医生倾诉和求助,不要压抑情绪,如将所有的压力放在心里,不利于与他人的沟通,也会间接地影响工作。公职人员在职场的不同阶段、不同层面、遇到不同问题时,都或多或少存在抑郁情绪。生活或工作中的一些琐事让我们觉得心里不痛快、很郁闷,事情不大也许过几天就能逐渐平复。可如果觉得事情严重,或屋漏偏逢连夜雨,打击接二连三,我们就会很痛苦,亲人、朋友的安慰开导也无济于事,心结难解、情绪低落、焦虑、失眠,以至影响到家人和工作,甚至想到自杀。这时可以断定,我们的心已经病得不轻了。这时就要向专业人士求助——心理咨询,心理医生运用心理学及相关知识,通过专业的技术和方法,协助我们发现心理问题并解决问题。

3.适当转移注意

当公职人员在工作中遇到自己无法解决的矛盾而被不良情绪困扰,或情绪激动与别人争吵处于情绪低谷时,最好暂时回避,冷静下来,先将注意力转移到其他方面,如读书看报、看影视剧、运动、听音乐、学歌舞、玩棋牌、钓鱼、旅游等,逐渐缓解不良情绪。也可以通过睡觉休息来缓解不良情绪,如当你觉得心情不好时可以把不开心的事放一放,先睡一觉,等醒过来就会发现不开心的心情会缓解许多。还可以通过做其他事情转移注意力,当人投入一件事情上,会自动屏蔽无关的事情,等过一会儿之后就会没那么纠结和不冷静了。

4.放松身心

一些简单的自我放松方法,可以帮助你缓解紧张和焦虑。如深呼吸、伸懒腰、听音乐、想好事、按摩、睡眠等;或在休息时,想象自己身处蓝天白云、森林草原、海浪沙滩、小桥流水等美好景色之中,让自己体验身处自然的感觉;还可以练习瑜伽,通过拉伸身体肌肉,让身心得到放松;还可以适当地加入朋友的聚会,一起玩桌游、打游戏,缓解压力。

五、改变思维方式

提高认知水平可以从拓展思维方式开始,比如关于"努力"这件事,具有不同思维方式的人,对努力的理解是不一样的。低级思维方式对努力的理解是,一股脑地起早贪黑熬夜加班。但高级思维方式对努力的理解则是,在努力之前先思考什么样的努力才是有效努力,从而有方向、有计划地去努力;在努力的过程中不是埋头苦干,而是时刻关注方法和效率,也懂得努力是慢跑而不是冲刺,从而能坚持下去。公职人员是国家利益和公共利益的代表,是国家权力的执行者,重要的政治定位要求公职人员在工作中,保持一个良好的思维方式与认知力来执行每一个决策。以下有几种提升思维方式的小技巧,可供公职人员参考。

(一)冥想联系

有研究表明,冥想能够提升学习能力、记忆力,增强自我意识。长期的冥想练习能够增加大脑某些区域的灰质密度,大脑内特定区域的灰质越多,在与其相关的领域中人就会越聪明,这一区域与我们的自我意识、同情心和自省意识相关。

冥想可以减轻孤独感。卡内基梅隆大学的一项研究表示,正念冥想训练可以有效缓解孤独感,降低生病和死亡的风险。

冥想可以提高专注力。尤其是在当下如此喧嚣浮躁的社会环境中,保持专注力显得尤为重要。练习"专注冥想",就可以训练专注力。有研究表明,仅仅四天的冥想练习就足以增加集中注意力的时长。

冥想能够帮助戒瘾。冥想可以锻炼自律意识,提高自控力。这里所说的"瘾"不仅是酒瘾和毒瘾,还包括一些轻微的瘾,比如不停刷手机。有研究发现戒酒者在接受冥想训练后,其在控制酒瘾的表现上会好很多,同时与酒瘾相关的心理压力也降低了。

冥想可以减轻压力和焦虑。威斯康星大学麦迪逊分校的一项研究表明,一种名为"开放监控冥想"的练习可以降低大脑中与焦虑和压力相关区域的灰质密度。如果一道难题出现在面前,冥想者会更轻易地摆脱难题的困扰,而不练习冥想的人通常难以摆脱心理上的困扰,导致一整天的时间都被荒废。

综上,冥想可以给人带来诸多益处。现阶段,我国处于高速发展时期,公职人员每日需要面对较大的工作压力,容易身心俱疲、心理失衡,当出现情绪低落、情绪波动较大时,可以尝试用冥想的方式来调节自我、放松身心。

(二)时间管理

关于时间管理,在此提供一种名叫"番茄工作法"的技巧。番茄工作法是一种简单易行的时间管理方法,在时间管理方面更加微观。使用番茄工作法,需要先选择一个待完成的任务,设定一个番茄时间,在番茄时间内专注工作,中途不允许做任何与该任务无关的事,直到番茄钟响起,然后在纸上画一个记号,记录下来;最后设定一个番茄休息时间,短暂休息一下。结束一天的工作后,根据记录对当日的工作学习情况进行复盘,同时对第二天的时间进行规划。番茄工作法的使用原则如下。

(1)一个番茄时间(二十五分钟)不可分割,不存在半个或一个半番茄时间。

(2)一个番茄时间内如果做与任务无关的事情,则该番茄时间作废。

(3)永远不要在非工作时间内使用"番茄工作法"。(例如:用三个番茄时间陪家人下棋,用五个番茄时间钓鱼等)

(4)不要拿自己的番茄数据与他人的番茄数据比较。

(5)番茄的数量不能决定任务最终的成败。

(6)必须有一份适合自己的作息时间表。

公职人员可以参考使用该方法,在职场中制定属于自己的番茄时间,在训练专注力的同时提高工作效率,完善时间管理,从而获得更清晰的目标。

(三)提升记忆力

训练记忆力的好处包括可以有效地提升专注力、理解能力、创意能力,能对所学习的内容产生更丰富的感受,增强学习和工作的兴趣、热情等。公职人员可以通过训练记忆力来增强逻辑能力、分析能力、思考能力。通过训练记忆力,学会抓住学习、工作、生活中的重点,更深入地理解文章的内在含义,增强思考能力,做事更加有条理。可以采取下列几个方法提升记忆力。

(1)注意集中。训练记忆力时只要聚精会神、专心致志,排除杂念和外界干扰,大脑皮层就会留下深刻的印象且不容易遗忘。

(2)保证充足的睡眠。研究发现,睡眠是将我们的短时记忆转变为永久记忆的重要过程。

(3)理解记忆。理解是记忆的基础,一个新的概念,一旦被理解,很可能就已经被人记住了。只有理解的东西才能记得牢、记得久。提升理解记忆的方法有:①短期内不断重复,重复得越多越容易记住它。②及时复盘。根据艾宾浩斯遗忘曲线,遗忘的速度先快后慢,对刚学到的知识温习巩固,是强化记忆痕迹防止遗忘的有效手段。

(4)睡前记忆。闲暇时比如睡前或起床前,经常回忆过去识记的对象,也能避免遗忘。具体训练的方法有:①多感官结合。可以同时利用语言功能和视觉、听觉器官的功能,如大声朗读来强化记忆,并提高记忆效率。②利用最佳时间。一般来说,9:00—11:00、15:00—16:00、21:00—22:00为最佳记忆时间。利用上述时间记忆和分析知识的效果最好。③联想记忆。通过相似的物体或形态来记忆知识。

(四)拓展思维方式

1.保持开放性思维

开放性思维是指突破传统思维定式和狭隘眼界,多视角、全方位看问题的思维,开放性思维表现为乐于接受他人意见,客观地从每一个角度分析问题。与开放性思维相反的是封闭性思维,表现为不愿接受与自身观点不符的意见,只愿意从自己的角度分析问题。封闭性思维是每个人与生俱来的本能,而开放性思维是突破本能进化成"智能"的表现。在这场智能与本能的争斗中,如果智能占得上风,我们就可以心平气和地接受他人的想法,听取他人的建议,从而更全面地分析问题,完善自我;但若是本能占了上风,那就会像案例中的公职人员李某一样,陷入自我情绪,失去理性清晰的头脑,难以在岗位上履行职责,服务质量降低,错过改进自我的机会。作为公职人员,尤其是基层公职人员,是直接面对人民的窗口,处于复杂因素较多的工作环境中,更需要保持开放性思维去分析问题、做出决策,虚心听取他人批评,考虑他人的建议,这样才能更好地取得工作成效,推动社会发展,提高政府服务的满意度,这也是我们倡导开放性思维的原因。

以下方法可以帮助我们拥有开放性思维。

(1)在别人指出你的错误或者说出你的缺点时,深呼吸,感受人类本能所感受到的"不被认可""不被肯定"的痛苦与愤怒,并且拥抱它们,但不要被它们影响了判断。

(2)记住那种痛苦与愤怒的感觉,在每次感受到这种痛苦时提醒自己,避免即将要犯的错误。

(3)在讨论中尽量不要触发他人的本能反驳,比如把"你的想法犯了这几个错误"换成"可以说一下支撑你观点的论据吗"。

(4)时刻保持谦逊,没有人的判断可以百分百正确。

2.培植成长型思维

成长型思维是积极心理学中的重要概念,是一种以智力可塑为核心信念的系统思维模式。简单来说,就是坚信智力、能力都可以通过努力学习和练习得到不断提高。与成长型思维相对的是固定型思维,二者有什么区别呢？

(1)固定型思维

相信人在出生时带有固定量的才智与能力。拥有固定型思维的人倾向于回避挑战与失败,更关心如何证明自己的能力和价值,而不是通过努力和学习来提升自己。

(2)成长型思维

相信通过练习、坚持和努力,人类具有学习与成长的无限潜力。拥有成长型思维的人能够沉着应对挑战,不怕犯错或难堪,而是专注于成长的过程。成长型思维认为,困难是成长的机会;挫折是收获的机会;暴露缺点没有关系;在别人眼里只显得聪明没有意义,取得实质性进步才重要;天赋只是起点,努力才是重点。

有研究表明,成长型思维对人生的影响远不止学习成绩。事实上,它在情绪、态度、人际关系乃至健康方面,都有着深厚的影响力。在职场中,拥有成长型思维的人更善于倾听他人的批判性建议,更加开放自由地交流,更有竞争力。在人际关系中,拥有成长型思维的人更具同理心,会主动经营关系,相信爱情、友谊等一切关系都是可以培养和成长的;在社交中,拥有成长型思维的人也会更多地关注他人,而非只关注别人对自己的评价,因此也更容易突破害羞等性格方面导致的社交障碍,积极与他人互动。

那么作为公职人员,如何获得成长型思维?

①了解并接纳自己的弱点

也许你知道自己总是犯懒,容易把工作拖到最后一刻,但是,首先,你可以从尝试制定容易执行的目标开始,为自己留出合理的时间去完成任务。其次,要接受并拥抱自己的固定型思维模式。大部分人并不是只拥有一种思维模式,而是拥有两种思维模式的混合体,在某些情况下处于固定型思维模式,而在另一些情况下处于成长型思维模式。我们可以接受固定型思维模式的存在,但避免让它频繁出现或伤害到自己、他人。

②视机遇为挑战

跳出舒适圈迎接挑战是一件比较困难的事,但总是惧怕探索而停留在舒适圈中逃避挑战,就意味着失去了学习和成长的机会。接受挑战是一个人自身发展的重要一环,当我们越多地挑战自身,对自己的了解也就更加深入,也会提高自信心,进而将新挑战视为新机遇。

③注重过程,而非寻求结果

拥有成长型思维的人懂得一个道理:任何成长都需要一个过程。懂得享受学习的过程才能将学习成果最大化,并且要接纳超过预期计划的事情。同时,当你总是关注自己是否被别人认可而非注重学习新事物时,你便放弃了成长的潜力,别在意别人怎么看你,集中注意力提升自己。

④学会给予并接受建设性意见

将批评看作是学习的一种途径,当有人指出你的缺点时,要将它看成一种"礼物"。看到缺点才能重点改正

⑤学无止境

拥有成长型思维的人会不断为自己制定新目标,并以此来激励自己,对已选择的领域保持兴趣。学无止境,总有下一个目标需要完成,总有更多研究需要进行。

3.尝试交叉思维

交叉思维指用新的视角去看问题,主动将各种各样的概念进行随机组合,创新发现新的领域和问题解决方法的思维方式。大众惯于直线性思考,这往往会造成思维的局限性,以致看待事物的角度不够全面,从而限制了自身的能力,降低了工作的效率和创新力。公职人员想要提高和运用交叉思维,可以尝试去

接触不同领域的知识、文化,拓宽视野,这样才有利于从不同视角去理解和思考问题,发现自己思维的盲区,获得更多的启发。

4.学会逆向思维

逆向思维也称求异思维,是对似乎已成定论的事件或观点反过来思考的一种思维方式。敢于反其道而思之,让思维向对立的方向发展,从问题的反面深入进行探索。例如众所周知的"司马光砸缸"的故事,当有人落水时,常规的思维模式是"救人离水",而司马光面对紧急险情,运用了逆向思维,果断地用石头把缸砸破"让水离人",从而救了小伙伴的性命。在职场中,拥有逆向思维的人,在解决一些棘手的问题时,往往能够另辟蹊径,善于运用资源,找到解决问题的巧妙办法。

那么作为公职人员,如何训练逆向思维?

(1)养成反向思考的习惯

世界上的事物都有正反两个方面,但长期的思维习惯让我们只关注到其中的一面,使思维的过程和结果越来越雷同。大多数人都是习惯于沿着事物发展的正方向去思考问题并寻求解决办法,但如果对于某些问题,尤其是一些比较特殊的问题,从结论往回推,倒过来思考,从求解回到已知条件,反过去想或许会使问题简单化。正向逻辑思维产生于我们平时的观察和发现过程中,但我们都知道如果只是观察并不能使我们的逻辑能力有很大的提升,但如果我们学会保持对事物的好奇,多问几次为什么,从结果或者可能出现的结果来倒推,不仅能让自己开阔视野、见识倍增,也让自己养成了逆向思维。这跟我们经常说的站在对方的角度上思考问题是一样的道理。

(2)养成验证思考的习惯

逻辑思维本身具备灵活性和开放性的特点,我们经常发挥想象去思考问题、解决问题,从多个角度思考和认识事物,可以认识事物内部与外部以及事物与事物之间的联系,但单纯的思考是远远不够的,还需要我们去验证猜想。只有验证了我们之前的猜想是否正确,才知道我们之前的做法是不是正确的。

(3)养成总结的习惯

古今中外,成功的人多是善于总结的人。总结是一种学习态度,也是一种生活态度。在有限的人生里,我们一直在修行的路上。不管是你的优点还是弱点,都需要不断总结、扬长避短。回归到生活中,善于总结的人还可以拥有幸福的人生。善于总结的人,会发现自己的不足并付诸行动去改变,想办法克服生活中的障碍,从而过上幸福的生活。而不善于总结的人,永远看不到自己的缺点,总是埋怨上天的不公,十年后、二十年后依然原地踏步。

总之,不管是学习还是生活,养成总结的好习惯有助于让我们的工作越来越精进、能力越来越强大、生活越来越幸福。

5.运用发散思维

发散思维又称辐射思维、放射思维、扩散思维,是指大脑在思考时呈现的一种扩散状态的思维模式。它表现为思维视野广阔,思维呈现出多维发散状,如"一题多解""一事多写""一物多用"等。不少心理学家认为,发散思维是创造性思维最主要的特点之一,是测定创造力的主要标志之一。在日常生活中,发散性思维对个体和组织也有诸多益处,它可以帮助我们克服僵化的思维框架,用变通的方式来思考问题。对于组织而言,发散性思维可以使组织更具有活力和挑战精神。

6.肯定式探询思维

肯定式探询思维是一种在遇到某些困难时,主动去发现事情的可取之处,有针对性地去改变方法,调整行动方案的思维方式。比如把"为什么问题总是存在",转换成"试试以这种方法能不能解决问题"的思维。以一种开放和正向的态度,去面对问题、解决问题。作为基层公职人员,日常面对的棘手问题很多,长时间的焦虑会使其思维固化,变得爱钻牛角尖,容易制造出更多问题。这时可以多采取肯定式探询思维,跳脱出困境,用积极开放的态度来分析问题,才能在更好地保证心态健康的同时把问题解决掉。

六、培养积极情绪

在职场中,想要树立良好的认知,除了依靠自我调节、心理疏导等技巧外,还需要拥有在生活中获取幸福感的能力。积极心理学之父马丁·塞利格曼

(Martin E.P. Seligman)认为,"积极情绪"是幸福感、自我价值感、职业认同感建构的基础,影响个体生活的方方面面。有研究表明,积极情绪体验有利于建立和谐亲子关系、在职场中取得积极成就、建构积极自我,对培养健全人格、提升学习能力和获得幸福能力等效果显著。还有研究表明,积极情绪与自我价值感呈显著正相关,与焦虑、抑郁呈显著负相关。当个体的积极情绪体验降低,并由此产生了一系列焦虑、烦躁的心理表现时,便容易产生自我否定和自我认同危机,表现出工作动机低、生活状态混沌、无心工作等。公职人员的情感状态能够直接影响到公共服务质量,尤其是基层服务直接面向群众,这也是导致公职人员产生自我价值感危机的一个重要因素。当公职人员无法认同自己时,在工作中难以集中注意力,便容易造成危机事件,进而影响政府的公信力和公共服务动机。这种消极情绪所影响的范围远比想象中的要广,甚至可能会波及职场之外的正常生活。由此可见,积极情绪的培养不仅可以获得对生命意义的感知,也可以维护个体的认知健康,还能有意识地在工作中找到自我价值,获得认同感和幸福感,从而提高认知能力,增强心理韧性。

那么,可以从哪些方面来培养公职人员的积极情绪呢?

(一)正向情绪体验

世界上没有完美的人和事,人生也不会永远一帆风顺,在面对逆境时如何不被困难击败,是我们一生都需要去学习的事。即便是遭遇接二连三的挫折,我们也应该多关注自身积极的一面。但这里所指的关注积极的一面不是让人忽视消极情绪,积极情绪和盲目乐观也有本质区别。盲目乐观与现实脱节,积极情绪则让我们更好地享受当下的生活。因此,关于如何增加积极情绪,在此提供以下几条建议。

1.养成乐观归因

塞利格曼认为,成功与健康的关键就是保持"习得性乐观"(learned optimism)。也许你是第一次听说习得性乐观,与它对应的是一个更有名的术语"习得性无助"。塞利格曼在1967年研究动物时,发现在笼子里反复被电击的狗,经过多次实验后,即使笼门打开,也不会逃走。这是因为狗在先前的经历中,习得了"无论自己怎么努力都无济于事"的感觉,所以当它终于置身于可自主选择的新环境中时,已经放弃尝试了。塞利格曼把这个现象叫作"习得性无助"。"习得性无助"表现在人身上就是,当一个人在某件特定的事情上多次努力,但反复失败,形成了"我怎么努力,都改变不了结果"的信念后,就容易有无助感。不过值得欣喜的是,除了无助可以习得,乐观同样可以习得,而且一旦学会并形成习惯,便不容易忘记。

乐观和一个人的解释风格相关。解释风格是对事情为什么这样发生的习惯性解释方式。先看一下我们比较熟悉的故事——塞翁失马。

在靠近边塞的地方,居住着一位擅长推测吉凶的老人。一次,他的马无缘无故跑到了胡人住的地方。人们都为此来宽慰他,那老人却说:"这怎么就不是一种福气呢?"过了几个月,那匹马带着胡人的许多匹良驹回来了。人们都前来祝贺他,那老人又说:"这怎么就不是一种灾祸呢?"由于家里添了好马,老人的儿子又爱好骑马,结果从马背上掉下来摔断了腿。人们都前来安慰他,那老人说:"这怎么就不是一件好事呢?"过了一年,胡人大举入侵边塞,壮年男子都拿起武器去参加战斗。边塞附近的人死亡众多。但老人的儿子因为腿瘸的缘故免于征战,父子俩一同保全了性命。

塞翁是一个具有习得性乐观特质的人,他理解糟糕的事情不会是永久的,事情永远有新的一面。这就是"永久性灾难"和"短暂性逆境"的区别。

2.用心体验真诚

不真诚的积极情绪,是伪装的消极情绪。所有用心去看见、聆听、嗅闻,以及从内心感受到的积极情绪才是真的。它不仅会给你一时的美好感受,还能累加,直到改变你的消极情绪。

3.找到生命的意义

在日常活动中找到积极的意义,即使是再小的行动,比如对他人微笑,也是生命的意义。

4.分享与品味生活

从好事中寻找好的方面,不过度分析它为什么给你好的感觉,只需要沉浸其中。最简单和有用的方法是养成和爱人、亲人、朋友分享好消息的习惯。

5.利用自身的优势

咨询对你很熟悉的人,让他们描述最佳状态时的你,想一想你最擅长做什么,发掘你的个人优势,并努力运用这些优势,持久地提升积极情绪。

6.享受自然馈赠

研究表明,天气好时,在户外待二十分钟以上的人,积极情绪更多,思维也更开阔。

(二)负面情绪预防

负面情绪的产生因人、因时、因事而异,产生的原因可能有:对"应激源"产生的反应,在工作、学习或生活中遭受了挫折,受到了他人的挖苦或讽刺,莫名其妙的情绪低落等。就公职人员的职业特点来说,负面情绪产生的原因有:缺乏目标、害怕失败、害怕被别人拒绝、对未来悲观失望。那么如何去降低、预防负面情绪呢?

1.反驳消极认知

质疑负面情绪,反驳消极思维,在消极情绪萌芽阶段就去反驳它。比如某次工作没做好,产生了"我很无能"的想法,此时就要不断反驳自己:"我的一次失败绝不能代表我是无能的。"

2.寻找积极替代品

当你想谈论别人时,请多强调他们的积极品质,而不是缺点。

3.保持觉知力

当感觉到消极情绪出现时,要保持开放的心态,不去评价也不作反应,等它自然消散。

4.改变关注视角

每个人都有你不喜欢的一面,你只是主观地选择了你想看到的,请选择关注对方积极的品质。

5.积极的自我暗示

费斯汀格法则认为,生活的10%是发生在你身上的事情,另外90%则是你对这些事情的态度引发的一系列活动。换言之,生活中只有10%的事情是我们无法掌控的。只要我们积极地思考,以积极乐观的态度处理问题,就会推动我们形成积极的行为,最终也会得到一个我们想要的结果。一个心存善意、乐观的人,无论身处怎样的境遇中,都会有好事发生。

6.降低对事物的预期

当你对某一个事情产生了无力感,但又不得不面对的时候,就不要逼迫自己把这件事情做好,这样很容易因为高要求而进入新一轮的挫败中。不如适当降低预期,找一个容易开始的部分先去尝试,把"我就是做不好"变成"我可以做点什么"。

拓展阅读

习得性乐观归因

塞利格曼认为,人对事件的解释维度分为三类:永久性、人格化和普遍性。从时间维度上,归因可以分为永久的和暂时的两类。乐观者认为好运可以被解释为人格特质、能力等永久性因素,悲观的人把好运看成暂时的因素。比如:悲观者认为今天是我的幸运日,这种解释风格是暂时的;而乐观者认为我一向运气很好,这是永久的。从空间维度上,归因可以分为普遍的和特定的两类。乐观者会为不幸的事情找到特定的原因,而悲观者会认为失败的原因是普遍的。如乐观者会说"这本书一点用都没有",悲观者会说"书本一点用都没有"。人格化是指如何看待自己,即"自我感觉良好""都是你/我的错"两个极端。暂时的原因限制了无助的时间,特定的原因将无助限制在特有的情境中。反过来,永久性使无助感延伸到未来,普遍性使无助感扩散到生活各层面。因此,我们需要做的是:

①战胜永久性悲观:一件坏事发生时,不要把它推广为永久性的坏事,它不见得以后还会一直发生。

②战胜普遍性悲观:一件坏事发生时,不要把它推广为普遍的坏事,它不见得还会在其他领域发生。

③战胜个人性悲观:当一件坏事发生时,不要把它推广成个人化的坏事,它不见得是由你的品格引起的。

(三)建立积极情绪档案

积极情绪包括喜悦、感激、宁静、兴趣、希望、自豪、逗趣、激励、敬佩、爱等。为积极情绪建立档案袋,把能引发每一种积极情绪的东西放进去,可以是任何东西,比如一段描述性的、感恩的文字,照片,信件,名言等,也可以采取任何形式,比如剪贴簿、日记本、网站、PPT、WORD等。做完了积极情绪档案袋后,请记得一定要常常更新,让其成为不断成长的档案袋,并且放在你容易拿到的地方。

当你感到自己陷入恶性循环时,选择一个档案袋,回想那段记忆,重温和享受档案袋中让你感觉良好的地方。当一个档案袋失去功效时,一定要换另一个档案袋。只要坚持去做,你一定会感到源源不断的能量流入心中,你能更轻松地呼吸和体会到生活中的美好。

心理学上认为,那些患上抑郁而选择自杀的人,都错误以为他们眼前的困境就是永远,一辈子也走不出来。然而,当你习得了乐观的解释风格以后,你会发现,其实生活远远没有你想象中的那么糟糕,一切的不幸只是暂时的。

七、提升积极人格

人格是个体思想、情感和行为的汇合。积极心理学认为,积极人格是人格中的积极力量和正向特质,也称性格优势(character strengths),指通过个体的思想、感情和行为表现出来的一组积极品质,包括快乐、和平、爱、希望、责任、创新和幸福等。有研究表明在职场中,能掌握和发挥自身性格优势的人,比没有运用优势的人,更容易获得自我价值认同感、成就感和满足感。同时,那些经常在生活中运用性格优势的人,也更容易获得主观幸福感,更有助于保持健康的认知习惯。因此,公职人员如何在工作中发展和运用自己的性格优势、提升认知能力、获得积极的情绪体验,对个人发展和社会建设都有很重要的价值和意义。

(一)寻找性格优势

公职人员如何找到自己的性格优势呢?找到优势的方法有很多,这里提供一种积极心理学的路径,这个方法科学性、实操性极强。根据这个方法得出结论后,再和自己过往的经历对照,会对自己有一个新的认识。

(1)打开 Authentic Happiness 的官网(https://www.authentichappiness.sas.upenn.edu)。

(2)在上方的 Questionnaires 里找到 VIA Survey of Character Strengths 测试。

(3)注册一个账号后,就可以开始测试了,一共有240道题,可能会花30~40分钟的时间。最终会生成一份优势报告,且永久保存在你的账号里,随时可以查看。

(4)一共有24种性格优势,报告中前5名的优势,就是你突出的优势。

在获得自己的优势测试报告后,还可以通过一些小的技巧反向验证一下:

(1)回忆在你个人既往经历中,有哪些个人经历、生活事件真正触动过你,让你也想去做那样的事情。

(2)比如对我来说,有一次我在推自行车上过街天桥时,突然觉得轻松了很多。回头一看,原来是一位陌生人正在后面帮我推车,这一个时刻触动过我。

(3)回忆在过去经历中,自己做的一件事情让周围人都对你表示了肯定和赞扬,你也觉得自己好像在做这件事情时能比其他人做得更好,且愿意去做。通俗讲,就是想通过更科学可信的量表和自我内省,发现那些可能被自己忽视的优势。重新发现优势之后,就去做能更好发挥这些优势的工作和事情,慢慢地就会体会到工作中的充实感和幸福感。

(二)运用性格优势

积极心理学认为,每个个体如果能在每天的生活中运用自身的优势,将会最大限度地提升个体的参与感与意义感。因此,公职人员除了认识自身的性格优势外,还需学会运用性格优势,才能获得真正意义上的价值。

那么,公职人员如何掌握和运用性格优势呢?

1.自我意象的转变

自我意象是人潜意识中自我想象的一种方式,就是"我是哪种人"的自我观念。一般而言,每个人的自我观念,都是根据自己过去的成功或失败的经验,他人对自己的反应,以及自己与他人的比较形成的"肖像"。一旦某种和自己有关的思想或信念,进入这幅"肖像",个体就会采取行动,将这些思想和信念变为属于自己的特质。自我意象分为积极和消极两个方面。一方面,如果你的自我意象是没有自信、失败的人,你就会在自己内心的"荧屏"上看到一个垂头丧气、难当大任的人,听到的都是"我不敢,我没能力……"的话,产生沮丧、无助等情绪,所以无论你多么努力,现实中"注定"失败,因为结果已经在你心里。另一方面,如果你的自我意象是个成功的人,你就会在内心的"荧屏上"看到一个充满自信、不断进取的人,听到的都是"我很棒,我有勇气,我做得很好……"的积极信息,并感到喜悦、自信,即使在现实中遇到挫折,你也会"注定"成功。因此,自我意象的确立至关重要,它决定着我们的人生走向。

因此,当确立了自己的性格优势后,我们可以将这些积极特质融入自己的观念中,你可能会觉得过去的成功经验很少,那也要从中努力搜索成功经验,哪怕是学生时代的勇敢发言,或者是一次考试的意外通过,抓住所有成功经验,不断回想,并用这些事实来改变自我意象。例如,一位公职人员通过测试后确认自己洞察力强,但能证明自己洞察力很强的经验很少,这时也不要放弃,哪怕证据很少也要努力搜索,要努力回想有价值的经验,并将"洞察力强"这个特质融入自己的观念中,在日后的工作中有意识地运用这些积极的特质。

2.生活中有意识地强化

吸引力法则认为,强化美好感觉,就是在运用积极的力量改变命运。比如,我们可以与自己信赖的人讨论与自己贴切的性格优势,注意自己平日的言谈举止,常常提醒自己向积极的方向聚焦,只关注让自己感觉美好的事物,等等。当我们有意识地强化美好的感觉时,根据吸引力法则,我们的生活中就会涌现更多美好的人和积极的事。

要选择在合适的时机去发挥自己的性格优势,不要过度使用自己的性格优势,以免适得其反。比如谦虚、幽默,当谦虚的优势被过度使用后,就会变得小心翼翼、卑躬屈膝,这时该品质已不再是优势,而变成了弱势。同样,当幽默被过度使用后就很容易被认为是不礼貌的表现。

此外,学会平衡自己的性格优势也很重要。除了关注突出的优势,还要学会发展不擅长的方面。如果优势没有以一种平衡的方式使用,优势也会变成弱势。

因此，当公职人员在尝试运用性格优势时，要考虑合适的场合、合适的时间以及合适的对象。如果只是盲目地去使用，而不考虑环境，优势就会减弱，给自身带来损耗，这时优势便成了弱势。

3. 从他人身上学习

性格优势的特征表明优势是可以后天习得的，当我们看到他人身上优秀的品质时，要学会欣赏他人的优势。《论语》曾说："三人行，必有我师焉；择其善者而从之，其不善者而改之。"金无足赤，人无完人，每个人都有不足和闪光的一面。面对他人的优点，我们要虚心学习，肯定他人的智慧；面对他人的缺点，就要反省自己身上有没有这样的不足。学习是个很讲究学问的东西，要取其精华，去其糟粕，要善于学习别人，但更要学会自我反思。

拓展阅读

性格优势的特征

提起优势，我们常常会觉得自己并没有什么特别的优势。就像很多运动员觉得自己如果不训练，似乎在社会上也不会其他的事情了。这里，我们就走入了一个误区，即把优势和天赋混为一谈。举个例子，我们说某人有良好的爆发力，这是指天赋；说某人非常愿意努力和有毅力，这就是优势。

具体而言：①优势可以通过足够的时间和努力培养出来，但天赋不行。②良好的爆发力是天生的，就算后天培养也很难成大器，但毅力、勇敢等优势是可以培养的。③你可以浪费自己的天赋，但你无法浪费自己的优势。有许多有天赋的运动员就是因为浪费了自己的天赋而失去了机会，但优势更像是一项可以习得的技能，你可以选择是否拥有、是否想继续加强和选择何时运用它们，但你无法浪费它们。④优势往往有道德的特性，而天赋没有。⑤优势是一种心理特质，并在不同的情境中长期存在。⑥优势本身就具有价值，能带来好的结果。当你展现自己的优势时，并不会减少身边其他人展现的机会，其他人反而会被这种行为所激励。即优势的发挥，往往以双赢或者多赢的局面出现。比如一个小团队、一个科室中大部分公职人员都正直、真诚,并具有公平、公正之心,那么新加入的成员一定能感受到这种积极的情绪和氛围,从而也会往这个方向发展。

心灵小结

1.保持心理健康的首要方法就是保持健康的认知,如对自我的认知、对他人的认知以及对社会的认知,当出现或陷入消极情绪时,要警觉是不是认知上出了问题。

2.通过对思维的训练与提升,可以帮助我们更好地提高认知能力,从而获得积极、健康的心理体验和生活状态。

3.学会运用积极心理学知识,掌握自身性格优势,并在工作和生活中有意识强化性格优势,从而提高积极情绪体验,有助于认知的健康发展。

心理自测

生活取向测验

问卷简介:生活取向测试(LOT)由迈克尔·舍尔(Michael Scheier)和查尔斯·卡弗(Charles Carver)于1985年首次提出,是一个简短的生活态度自我报告问卷。

生活取向测试(LOT)

题目	评分				
	非常同意	同意	不确定	不同意	非常不同意
1.在不确定的情况下,我常常期望最好的结果					
2.对我来说,如果事情有出错的可能,那么实际上就会出差错					
3.我对自己的未来充满乐观					
4.我从不期望事情会朝我希望的方向发展					

续表

题目	评分				
	非常同意	同意	不确定	不同意	非常不同意
5.我从不指望好事情会发生在我身上					
6.总体来说,我更期望好的事情而不是坏事情发生在我身上					

评分标准:该问卷共6个题目,测试者根据自己的实际情况,从0~4级评分标准中选择。非常同意4分,同意3分,不确定2分,不同意1分,非常不同意0分。1、3、6题正向计分;2、4、5题反向计分。得分越高,乐观倾向越高。

第三章　公职人员的情绪与压力

内容简介

近年来,社会各界都格外关注公职人员的心理健康问题,多数问题与情绪相关。比如,由焦虑、恐惧、暴躁和自卑等情绪压力引发的抑郁问题。据世界卫生组织(WHO)披露的数据显示,全球约有3亿人罹患抑郁症,约占全球人口的4.3%,中国有超过5400万人患有抑郁症。人的一生有40%的时间是在处理和调节自身的情绪。作为公职人员,长期面对纷繁复杂的人际关系和一系列的工作、生活压力,其负面情绪难以得到释放,导致工作效率和自我认同感降低,从而引发心理亚健康问题甚至更为严重的抑郁症。因此,如何提升心理承受能力,做好情绪管理,平衡好工作与生活的压力是我国公职人员队伍的必修课,也是构建公职人员自我效能、心理健康和生活幸福感的关键。

本章主要以学会了解情绪、掌控情绪为主要目标,帮助公职人员建立心理健康机制,进入健康的心理状态。提升公职人员沟通能力和心理承受能力,做好情绪管理与压力调适工作,积极面对生活中的不如意,用崭新的视角来看待世界,实现更高的自我价值。

一、案例分析

陈某是区级某单位的公职人员,来自农村,在读完大学之后就进入某区县的一个行政机关工作,从业近30年,从一个文员慢慢成为副处级公职人员,工作踏实,为人正派。陈某在工作两年后认识了其妻子,两人很快步入了婚姻的殿堂,婚后一段时间也过得幸福美满。但是,两人因为从小生活环境的差异,开始不断争吵,妻子的亲戚都居住在大城市,而陈某的亲戚都在农村,两人经常因为回哪儿过年和一些别的鸡毛蒜皮的小事发生争吵,家庭矛盾逐渐累积,陈某和妻子在年复一年的争吵中慢慢筑起了一道心墙,两人关系几乎势同水火。陈某之前在工作上勤勤恳恳很愿意提拔新人,最开始新人们对这个领导还是挺喜欢的。慢慢地因为家庭矛盾增多,陈某的情绪也变得很暴躁,加上他为人很固执,喜欢亲力亲为,每天在单位上要工作到很晚下班,长期的工作压力让他的脾气变得更加暴躁、喜怒无常,对于新人的不认真、不仔细会直接提出批评,渐渐地新人对陈某产生了不满。陈某的儿子,因为父母长期只忙于工作,没有陪伴其成长,于是在高中就选择辍学在家。因为儿子的不成器,陈某的脾气变得更加不稳定,在工作上遇到不顺心的事情会直接对自己的同事发火,导致同事关系越来越紧张。背地里,同事会经常讨论陈某家里的事情,陈某对此也只能忍受,但是内心对同事的态度更加冷漠。回到家里看到自己的孩子无所事事,经常责骂。陈某觉得自己在工作上不顺心,回到家里也没有能够让他省心的事情,还觉得同事都针对他,领导也不信任他。陈某越想越郁闷,在后来的工作中开始慢慢懈怠起来。跟陈某一起入职的同事都已经变成厅级公职人员,成了他的领导,且陈某身边的同事大多是"85后"甚至"90后",在日常的工作交往中陈某也出现了力不从心的感觉。办公软件的更新换代,对个人的电脑技术和创新能力有了更高的要求,陈某看着自己带着的年轻人每天得心应手,甚至超出自己,心里很不是滋味。久而久之,陈某慢慢地陷入焦虑抑郁中,生活和工作都受到了影响,晚上常常失眠,头痛症经常发作,长期靠药物来治疗。

可以看出,上述案例中的陈某因家庭和工作的压力,产生了情绪问题,比如焦虑、暴躁、抑郁等,并出现了躯体症状。陈某的心理压力主要来源于以下三个方面:(1)人际关系不和谐导致的压力。对同事发脾气,在别人没做好的事情的时候会发火,从而导致和同事、下级之间关系紧张。(2)家庭生活的不如意导致情绪不稳定。陈某对自己情绪的管理能力不足让他无法拥有幸福快乐和健康的生活方式,长期失眠、焦虑,只能靠药物来维持自己的状态。用理性情绪行为疗法分析后发现,陈某将很多不确定性的因素归结到自己身上,产生了错误的观念,让自己的生活变得不太和谐。(3)自身发展规划受到限制,由于陈某在发展过程中,没有主动扩充自己的知识面,等到岁月变迁,陈某猛然回头才发现自己与时代脱轨了。

忙碌的两点一线式生活通常让公职人员的社交活动大部分局限在家庭和工作中,枯燥的生活容易让情绪陷入消极循环,难以找到自我突破的渠道。案例中的陈某缺乏对婚姻关系的经营,导致家庭关系矛盾激化;无法从家庭中获得满足,进而影响了工作的情绪,导致同事关系恶化,事业发展不顺。陈某现在面临的主要问题有三个:(1)如何经营婚姻和家庭;(2)如何唤醒瓶颈期的工作热情;(3)如何完善和创立新的人际交往模式。

(一)如何经营婚姻和家庭

婚姻中,经常会出现这样的问题:两个人因为相爱走到一起,但是结婚之后,随着生活琐事的增加、新鲜感的缺失以及来自各方面的压力增加,导致双方之间的感情渐渐被消磨殆尽,以至于互相抱怨,认为是对方变了。人们甚至将婚姻称为爱情的坟墓。事实上,人确实是会变的,甚至我们无时无刻不在发生着改变,但是这并不是婚姻出现问题的真正原因。真正导致婚姻出现问题的是夫妻双方都忽视了"人是会变的"这一事实,更不必说接受对方和自己的改变了。

卡伦·霍尼(Karen Danielsen Horney)在著作《婚姻心理学》中给出了经营婚姻的建议,婚姻是爱情的延续和升华,幸福的人往往都能在彼此适应的过程中互相成长。幸福的婚姻一般都会经历共同的五个阶段,在每一个阶段都会有相应的方法来有效地经营婚姻。这五个阶段分别是重新认识、理解差异、理解自我、有效表达和宽恕和解。

1.重新认识

在开始一段婚姻之前,首先需要对婚姻有正确的认识,如果在现在的社会中,还将婚姻视为某种任务或者父母的心愿,那么结婚后就不会愿意用心去维系这段感情;如果我们还抱着婚姻就是两个人搭伙过日子的态度,那么结婚的时间久了就一定会因为缺乏新鲜感而感到枯燥,并且也不愿意主动为婚后生活增添情趣。正是这些错误的婚姻观,导致我们很多人难以获得幸福的婚姻。因此,通往幸福婚姻的第一步,应该是重新认识婚姻。

2.理解差异

面对对方的改变,我们要尊重、接受并包容。面对分歧也是如此,只有互相尊重、互相包容才能更好地处理婚姻中的一些摩擦,这也就是通往幸福婚姻的第二个阶段——理解差异。

3.理解自我

如果一段婚姻生活已经出现了严重的危机,这个时候,我们必须明白不仅仅是我们对对方的期望落空了,对方对我们的期望也落空了。所以要想挽回这段婚姻,我们首先要从思想上做出改变,认识到我们自身存在的问题。

4.有效表达

婚姻出现问题,最主要的原因往往是双方沟通不畅。当婚姻出现沟通问题的时候,如何做才能合理地表达自己的诉求,并和对方一起构建有效的沟通模式呢?关于这个问题,卡伦·霍尼提出了一个重要的观点:要脱离自己的"大家庭",建立起适用于自己"小家庭"的沟通模式。

5.宽恕和解

卡伦·霍尼给出了两个相处的技巧来帮助我们改善婚姻的状态:一是吵架之后尝试修复感情,二是找到目标并一起努力。

我们常说,有目标的人生才有方向,同样,有目标的婚姻才能让夫妻双方不断发展和完善。找到目标并一起努力是婚姻持久幸福的秘诀,因为有共同目标,才能一起规划未来,才能为婚姻生活增添无限的成就感。

(二)如何唤醒瓶颈期公职人员的工作热情

休斯敦大学心理学助理教授凯文·霍夫(Kevin Hoff)等人发表在 *Journal of*

*Vocational Behavior*上的文章,系统回顾了1949—2016年间涉及39602人的105项研究数据,并对兴趣契合度与工作满意度之间的关系做了进一步分析。他们发现:

(1)工作兴趣和工作满意度之间呈正相关,但这种关系并不像人们预期的那么强烈。

(2)工作满意度还受到工作环境、上司、同事和薪水的影响。

(3)兴趣契合度与工作绩效之间的关系,比与工作满意度之间的关系更为密切。

社会比较的意义是我们每个人都会有不断进步、自我完善的动力,在这种动力的驱动下,我们会通过上行比较来发现自己的不足之处,并尽力改善,以此实现更好的自己。一定程度的上行比较会推动我们进步,但是过度的上行比较会导致我们对自我的评价变得消极甚至使原有的自我概念受到冲击,变得不认可自己,自尊水平也随之降低,对生活的满意度也会降低。我国目前的公职人员数量巨大,分布在不同行业和地区,承担着各自相应的压力和任务。我们在进行社会比较的时候,按照比较方向来分类可以分为上行比较、平行比较以及下行比较三类。其中,上行比较指的是与比自己优秀的人进行比较,平行比较指的是与和自己相似的人进行比较,下行比较指的是与不如自己的人进行比较。在比较的过程中,会产生一定的焦虑,比如案例中的陈某在从业这么多年后,随着年轻血液的加入以及新文化带来的冲击,产生了自己与他人能力的比较,由此产生了焦虑感。但不难发现,焦虑的背后其实蕴含了生机。我们的焦虑仅仅是浮在水面上的冰山一角,而隐藏在水面之下的冰山才是我们内心深处对更好的自己的期待。试想,如果我们真的对自己没有任何期待,那么我们也不会因为看到他人的积极信息而产生情绪波动——在那一瞬间,不管当下如何沮丧,我们都希望自己能够做到这么好甚至更好。

(三)如何去完善和创立新的人际交往模式

良好的关系是幸福的关键。哈佛大学对724人进行了长达70年的追踪研究,研究结果表明让人幸福长寿的关键不是财富、智力,而是良好的关系。良好的关系可以帮我们抵抗衰老、生活压力的侵袭,能保护大脑,挽救记忆力,即使在同等痛苦和压力之下,关系良好的人感受到的痛苦也远低于关系不良的人。无论是科学研究还是临床经验都认为,让我们幸福或者不幸福的关键在于我们如何对待自己、如何对待他人、如何对待关系。这三点的处理是否得当,影响到我们的生活满意度、积极情绪和消极情绪,即心理学上衡量一个人是否幸福的标准是主观幸福感。

案例中的陈某应该学会不间断的自我觉察、不疏忽的自我照顾、不放弃的自我完善。

首先,不间断的自我觉察。对于成年人来说,或多或少都经历过自我怀疑或否定的时刻。例如,当工作部门来了一个新同事,初次见面时你对他印象不好,可以选择迅速给他贴一个标签,觉得他"自私""小气",或者从关系的角度说你们"气场不合"。在这背后,也许并不是对方的问题,而是情境原因,比如可能是那天的低气压让你不舒服,或者是在家里发生了什么事情使得你本来就不开心。甚至还有一种可能是,这个人跟你有某种相似性,而相似的那一部分正是你自己不喜欢自己的那部分。当你没有通过充分的自我觉察认识到这些原因时,也许就在浑然不觉中为日后埋下了人际关系紧张的种子。

其次,不疏忽的自我照顾。现在大量关于职业倦怠的研究都揭示了职业倦怠对于个人健康和组织发展极具危害性,我们需要在工作中去挖掘自己的乐趣,照顾自己的感受,多学会关爱和理解自己,给自己的情绪放个假。

最后,不放弃的自我完善。对于普通人来说,自我完善是一个重要的话题,案例中的陈某在新同事面前时常暴躁、焦虑,其实是陈某因自身技能的匮乏、个人技能的不足而出现的自卑表现。许多人都保持着持续学习的习惯,花很多时间参加各种培训,但这些培训往往重视的是提升职业技能、个人技能,而忽略了对内在自我的完善。

二、心理解读

近年来行政事业单位已成为很多毕业生择业的首选,因此,公职人员群体也在不断壮大。《中国国民心理健康发展报告(2017—2018)》指出,在我国公职人员群体中,处于中高等焦虑、抑郁和压力水平的比例分别达到35.2%、33.2%和52.2%。调查表明,不同性别、年龄、婚姻状况、受教育程度的公职人员心理健康水平差异显著。情绪的控制对公职人员维持良好的工作环境、幸福的家庭生活以及和谐的人际关系有很大的促进作用。因社会的快速发展与国家间的效能竞争,各国政府不断推动组织再造的工作,任务复杂化与人力精简化几乎是不可避免的趋势。在人少事繁且要求不断提升服务品质的情况下,现在的公职人员面临着前所未有的工作压力。因此,现代公职人员要学习面对压力、提升沟通能力、提升服务效能并维护自己的心理健康。

良好的情绪管理是构建心理健康的基础,然而情绪的表达与控制远远没有大众想象中那么简单。情绪一般分为正面情绪和负面情绪两种,我们感到的压力常常是负面情绪的结果。我们可能会因为一些过于消极的情绪而产生压力,很多时候自身没有能力去抵抗一些负面的情绪,只能任由自己被负面情绪吞没,然后变得"易燃易爆炸",甚至对生活失去信心。其实我们要理解,人本来就是情感动物,首先要学会承认情绪的存在,然后想办法调节情绪,不要让情绪主宰自己。

(一)公职人员常见的情绪与压力问题

要想控制好情绪,我们必须清楚地了解自己的压力状况。近年来,行政机关明确了用人权和辞退权,公职人员的工作不再是"铁饭碗"。同时,各种淘汰机制、新旧更替、政策文件的出台更是加大了公职人员的压力。另外,在实际工作中,工作标准的不断提高、工作节奏的不断加快,加班加点、连续作战已成为家常便饭,公职人员不得不把大量的精力和时间放在工作中,进而无暇顾及家庭和生活,导致职业认同感下降、家庭矛盾激发、子女教育失衡等一系列问题出现,从而造成巨大的心理压力。

1.工作标准不断提高,焦虑情绪加重

经常在害怕犯错的焦虑心态中纠结度日。当下,公职人员面对的约束越来越多、要求越来越高、管理越来越严,以往的隐性福利也没有了,即便工作很体面,但在社会中平行对比同学、朋友、亲戚的经济收入,很容易产生落差,长期处于焦虑和紧张的情绪中。

2.工作内容重复,职业认同感低

公职人员随着年岁增长极易产生职业倦怠和能力退化恐慌。相关问卷调查分析显示,公职人员是职业倦怠比例最高的群体。对于公职人员而言,一旦产生职业倦怠,身心都会有一种疲惫感,尤其是心理上会对工作丧失热情,产生消极态度,延缓行动力,从而影响工作效率,一再降低对工作的认可度。

3.人际关系复杂,职务晋升压力较大

职务晋升压力是公职人员群体面临的最大压力之一,几乎贯穿整个年龄段。中央国家机关职工心理健康咨询中心的调查数据显示,30~50岁这个阶段的干部,其压力水平要大于30岁以下和50岁以上的干部。这些人看似很强势,大部分已经成家,工作也非常熟练,在单位的地位也比较稳固,但很多人发现自己进入了职业发展瓶颈期,工作的挑战性下降,晋升的机会越来越少,很容易感到局限性,从而引发一系列不良情绪。这些情绪主要表现为:

(1)易怒

个体在感受到压力后,容易把压力发泄到其他的人和物上,即迁怒于他人和他物,这造成的结果对公职人员的影响巨大。

(2)情感退化

就公职人员而言,情感退化指的是当公职人员感觉压力大时,表现出的一种与自己年龄和地位不相称的幼稚行为,如不愿承担责任、难以做出决策、不能很好地明辨是非等。对于普通的公职人员来讲,朝九晚五的作息意味着他们每天重复着两点一线的生活,他们每天都有三分之一甚至更长的时间在面对自己的工作,工作热情、工作能力、工作目标都极易逐渐退化。"我每天回家都只想躺着,不知道为什么就很累,然后自己吃得也很多,身材逐渐走样了。"某局科员发表感叹。随着工作的创新性降低,工作的创造性和主动性都会降低,进而影响工作的效率、原地踏步,安于现状成了这些人身上的标签,慢慢地产生职业倦怠。有心理学家将倦怠描述为动机或激励的消亡,特别是当一个人对事业或关系的付出未能产生预期的结果时更容易产生倦怠。一如大家所说:付出得不到对等的回报,无效社交,若有若无的恶意,合作伙伴的消极对待等,都会使人丧失激情。

(3)逃避压力

公职人员感受到压力后,便产生一些怪诞心理,如不敢讲真话,害怕祸从口出。逃避虽然可以缓解心理压力,但是治标不治本,长此以往会压力倍增。越是焦虑,人就往往越想逃避。电影《百元之恋》里面的女主角最开始一味地逃避自己本该承担的责任,被家人嘲笑,被同事戏弄,但她找到了自己人生的兴趣——拳击,自此以后变得勇敢、坚强,不再逃避问题,刻苦训练,不过在首场比赛中,面对年轻而强大的对手,她还是输了。虽然比赛失败了,但她不再逃避自己的责任,开始微笑,勇敢表达爱,失败更让她意识到了努力生活的意义。

(4)冷漠特征显现

当公职人员感受到压力后会产生麻木不仁、无动于衷的表现。冷漠是把心中的怒火深埋心中,极力控制怒气爆发,但冷漠的背后潜伏着更大的攻击行为。在工作中,公职人员见过太多事情,处理过很多复杂问题,耐受力逐渐建立,所以很难有某件事或者某个人能够触发情绪。就像《人间世》这部纪录片里面的医生,在诊治病人时,他们能秉持着一个医生的职业操守,但他们已经适应了面对生死,由于见了特别多这样的事情,在面对亲属的痛苦时,所以就显得麻木。

(5)厌世情绪

当公职人员感受到压力后,如果不能很好地消化压力带来的负面情绪,就很有可能陷入绝境而万念俱灰。此时若得不到有效的疏导,当事人就可能自暴自弃,把自己作为发泄对象,甚至厌世轻生。

(二)改变不合理认知

美国哈佛大学心理学教授丹尼尔·戈尔曼(Daniel Goleman)对情绪的解释为:情绪是指情感及其独特的思想、心理和生理状态,以及一系列行动的倾向。有很多的指标可以对情绪进行衡量。消极情绪不可能被完全消灭,但可以有效疏导、有效管理、适度控制。健康情绪是组织机构在日益加剧的竞争中,需要不断重视的重要资本,也是团队相互信任、高效协作、达成目标的基石。虽然压力看不到、摸不着,但它存在于我们生活和工作的方方面面,我们每个人都能感受到它的存在。压力是环境因素给我们造成的一种紧张感。人无压力轻飘飘,适当的压力可以使人充实和上进,但是压力过大或者紧张感过于持久会使我们的生活变形。公职人员在整个职业生涯过程中,会遇到来自工作晋升、恋爱关系、生活负担以及家庭矛盾等多重压力的困扰,这些困扰很多时候源于公职人员习惯性地将问题归因于一些非理性因素,从而产生一些不客观的认知。因此,公职人员要学会处理非理性观念,找到压力的根源,解决根本问题,才能真正地提升心理抗压力,拥有更加健康和幸福的生活状态。

公职人员可以采取理性情绪行为疗法处理情绪问题,去改变生活中的不理性信念,使之转变为理性信念。以下是根据理性情绪行为疗法提出的应对压力的策略,具体分为五步。

1. 找寻原因——找到让自己心情不好的原因

工作的时候,变得特别焦躁易怒。比如"我感觉好像总是控制不了自己,即使面对别人的一个小小差错,都很容易暴躁,但是自己也说不清楚为什么""最近的单位年度最佳人物评选竞赛我失败了,我很难过,对身边的人爱答不理,遇到问题,情绪就像装了炸弹一样"。失败感和挫折感对心情的影响是持续性的,公职人员可以试探性地去找到引起心情不好的直接原因,并分析背后的根本原因。

2. 描述情绪——描述出自己真实的情绪

当出现某种情绪的时候,可以试着用描述性语言来表述,比如"我感觉我的头皮都发麻了""我感觉我紧张得心脏都要跳出嗓子眼了"……

3. 自我反思——反思情绪背后真正的想法

比如,被上级领导批评后,虽然自己很难过,但同时也需要反思,难过背后的本质是"担心领导以后不会重用我了",或是"感觉自己永远干不好事情"等,不要盲目陷入消极情绪之中。

4. 自我反驳——反驳上面两个想法

如果因为一件事情没有做好,就"担心"领导以后不会重用我了,那么就是我想多了,工作过的人都知道,我们在工作过程中难免会犯错,别的同事也会犯错,领导也会犯错,是人就会犯错。而且领导不会因为一件事情就做决定,也不会轻易存在"放弃你了"这种个人情绪,职场就是很多不同分工的员工在一起合作,达到利益最大化。所以在职场中,职业化一点,个人情绪少一点,如果我们还能从错误的事情中领悟到什么不足,然后及时进行补救,就已经很优秀了。

"感觉自己永远干不好事情"的自我反驳就相对简单一点,我们以后再仔细一点、认真一点,做事情再周全一点,那么事情就可以做得更好一点。

5.树立新的信念——经过了第四步的反驳,我们会产生新的信念,新的想法

比如,人会犯错,而后就会有成长,虽然我这次没做好,不代表我下次还做不好。那些同样犯错而不会有心理负担的人,他们对做错的事情没有我们这么有感触,下次还是会继续犯错,而我们由于心理压力比较大,所以进行了深刻的反省、学习,这样我们下次犯错的概率就相对较小,或者我们改进的空间就比较大。

(三)提升情绪灵敏度

《中国国民心理健康发展报告(2017—2018)》显示"过半公职人员处于中高水平压力中",其中主要的压力来源是人际交往、孩子教育、自我调节、职业指导等。面对当前复杂、骤变的知识经济时代,公职人员想要在事业上获得成功,学会管理自我情绪是不可或缺的措施。相关研究表明,较高的情绪灵敏度可以帮助人们减轻压力、减少错误、变得更具创新力,并提高工作绩效。有时候面对工作上的压力,我们常常会在内心跟自己进行对话,在外界施加压力之前,自己先给自己施加了很多的压力,所以提升情绪灵敏度能够很好地帮助我们遏制负面情绪转变为压力。提升情绪灵敏度的方法,主要包括以下三个步骤。

1.把想法和情绪,标记成它们原本的样子

例如,将"我在工作上不会成功"这个想法,变成"我有我在工作上不会成功这种想法"。这种专注当下的做法,可以在脑海里闪过的念头之间,创造一个空间。切记,你的想法和感觉,不代表全部的你。

2.留意所有的想法和情绪

留意所有的想法和情绪并不表示要根据你的每一个想法去行动,而是让你的经验保持原貌,不奋力对抗它。深呼吸十次,留意你的想法和感受。不要立刻下结论,而是运用好奇心看待你的经验,将自己工作上出现的问题都当作经验来看待,学会接受在工作上出现的问题。

3.依据你的价值观来行动

人的想法和情绪通常处于变动的状态,但价值观相对稳固。在工作的过程中,时常反思自己的想法或者情绪,根据自己的价值观来行动。

"情绪灵敏度"能够很好地帮助公职人员去厘清自己生活中的一些情绪,提高自我反思的能力,在不断反思的过程中学会积极地获得正面能量抵御内在和外在的负面情绪,不会一味地将自己的负面情绪归结到各种不顺心的事情中,也不会产生错误的情绪认知。

三、掌控情绪——避免陷入"情绪陷阱"

"情商之父"丹尼尔·戈尔曼(Daniel Goleman)认为:情商就是管理情绪的能力。管理好自己的情绪,是你做好任何事情的先决条件。否则当你情绪失控的时候,你的思维和行为也会跟着失控,后果十分严重。

就公职人员的心理健康而言,负面的情绪被视为头号压力来源。全球权威情绪专家巴瑞特(Barrett)提出了"情绪构建理论",认为情绪是由我们大脑自己构建出来的。当有事件发生时我们的身体会做出各种反应,当身体感觉和外界事件产生共鸣时,情绪就发生了。所以我们可以把情绪的构建比喻成生活食谱,通过"食疗"方式进补,然后逐渐调整身体与社会之间的关联性。在"食谱"的构建过程中,我们要找到身体与社会之间存在的可渗透的切入点,找到这个切入点,设计食谱去针对性地治疗自己的情绪。在设计食谱的过程中,我们会慢慢摸清自己的情绪爆发点,然后针对性去突破和解决负面情绪,让自己的身体处于一个平衡的状态,当我们储存了大量丰富的"食谱"后,就拥有了一个可以让自己的生活变得有意义的工具箱。

掌控自己的情绪,及时调整负面情绪,跳出情绪陷阱,打造良好的对话状态,是创造良好人际关系的关键。那么公职人员如何才能学会掌控自己的情绪、排解压力呢?

(一)公职人员要学会做自己的"情绪管理大师"

1.摆脱消极情绪的恶性循环

情绪的适当宣泄和转移是十分必要的。例如,在2008年汶川大地震中,公职人员冯某的儿子遇难,次年5月初,33岁的他选择了自杀,在面对痛失亲人的现实时,他深陷于悲痛的汹涌浪潮中,每天在微博表达对孩子的思念,听悲伤的音乐,最后选择结束自己的生命。

在工作中如果出现了焦虑、恐惧、抑郁等负面情绪时,公职人员可以用行动带动情绪的发生,运动、深呼吸、听音乐、写作都是非常棒的更新情绪方法。其中,打球是笔者最推荐的一种方式,在打球的过程中当我们回击的那一刻,可以将负面情绪充分发泄出来,起到缓解压力的作用,另外打球也有助于我们保持身体健康,可谓一举两得。公职人员也可以多参加团建活动,比如团体羽毛球赛、篮球赛等,让压力得到释放。

2.驯服无用的"思维定式犬"

在职业发展中,公职人员在得不到晋升时可能会出现"我是不是落伍了""我好像在原地踏步"等想法,进而产生"我不行""他好像比我能力强""领导偏心"等无用的思维。一些思维的固定模式常常困扰着我们,那么如何消除自己在工作和生活中无用的"思维定式犬"呢?首先,我们要学会驱逐这些思维;其次,学会接纳自己;最后,通过训练减少自己的这种定势思维。我们要学会用丰富的情绪赞美词来鼓励自己,提升控制情绪的能力,当我们控制情绪的能力提升到一定的高度时,就能很好地去调节生活中的一些负面情绪。如何去提升控制情绪的能力呢?在生活中多用"棒极了"替代"糟糕透了"。"棒极了"代表了快乐、满意、激动、放松等正面情绪,而"糟糕透了"却充满了生气、愤怒、暴躁等负面情绪。多用正向积极的词语去表达自己的情绪,养成用正向思维面对工作、家庭和生活。如武林当中有很多门派一样,认知行为疗法是心理咨询中的一个重要流派,而且在现代心理咨询界中声名显赫,具有举足轻重的地位。

认知行为疗法与情绪相关的最主要理念就是,我们的情绪并不是由某一件客观的事情直接引起的,而是由我们对这件事情的思维方式所导致的。例如,不同的人看待半杯水的思维方式不同,则会导致不同的情绪,有的人会感到满足,有的人则会感到失落。因此,公职人员要学会调适自己的心态,学会驯服无用的"思维定式犬",认识到每个人都是独一无二的个体,都有存在的意义。

(二)学会锻炼"弹性肌肉"

公职人员行使着管理国家的权力并且履行着相应的义务,各部门是否有序运转在一定程度上取决于公职人员队伍是否正常有序地开展工作,公职人员素质的高低直接影响着行政效率的高低、社会公共管理的公正性和政府在公众心目中的形象,进而影响到经济的发展和社会的稳定。所以,公职人员不仅要有完成本职工作的能力和健康的体魄,还应具有良好的心理素质。

什么叫作"弹性肌肉"？例如,爬山的时候我们需要相应的体能,同时我们也需要一定的意志力来支撑,这时候我们需要的"心理体能"就被称为"弹性肌肉"。在经验积累过程中产生的处理问题时的冷静和长期坚持不懈的毅力都是我们所说的"弹性肌肉"。"弹性肌肉"包括身体、心理两个方面的素质,在社会学的某种"优势视角"理论中,与"抗逆力"有着异曲同工之妙。那么如何锻炼"弹性肌肉"呢？

1.培养自我效能感

自我效能感和一般的自信不同,它是对某个特定领域的目标发挥积极作用的心理能力。想要达成目标有四种途径:

(1)实际体验:直接完成,亲身感受成功带来的愉悦感,此方法效果最佳。

(2)范本:即榜样的力量,很多看似不可能完成的任务,如果被某一个人达成过,我们就会产生"我也可以"的信心,增强自我效能感。有偶像是好事,但是不要对他们盲目崇拜,重要的是找到那些具备自己所需能力的人,以他们为榜样,向他们学习如何掌控好情绪,让情绪为我所用。

(3)鼓励:接受来自他人的鼓励,有助于重拾信心,增强自我效能感。鼓励教育法一直被提倡,人在收到夸奖和赞许的信号时,执行力会大幅提升,事情的完成度也会高于日常状态。

(4)氛围:让生理和情绪兴奋是培养自我效能感的一种方式,举一个极端的例子,传销组织的洗脑就是营造氛围让生理和情绪兴奋。对于我们而言,奖励自己就是一种很好的兴奋方式,用实物肯定自己,提醒自己"我能行"。比如,在春日充满阳光的下午,漫步在草坪上,阳光洒在身上,每一个细胞都被春日的暖阳唤醒。或者通过实验和反思去找到让自己放松和舒适的氛围,记住当下的感受,并不断地去重温。

2.发挥自我优势

找到自我的价值是提高我们自信心、增强抗压能力的关键。克服弱点确实可以带来满足感、成就感,但是克服弱点的成功率并不高,而且很难做到卓越。与其花更多的精力在弥补弱点上,不如将焦点集中在强化优势上。

3.建立心灵后盾

给自己的心找一个安顿的地方,累了的时候就回家休息。家人、朋友、同事、恩师都是我们人生路上最重要的人,在我们遭遇困难、失败的时候他们会给予我们精神上的支持,鼓励我们重新振作起来。抑郁的人倾向于制定宏大或者模糊的目标,比如"我想要快乐起来""我想要摆脱孤独感";而不抑郁的人,会想"我打算每周给我好朋友打两个电话"。前者令人更加惶恐,后者让人更有掌控感,事实上后者也更能促成积极改变。

人在抑郁的时候,容易深陷迷思,所有糟糕的念头都一起袭来,如"我完蛋了""我再也好不起来了""我很糟糕""我怎么才能好起来""别人都瞧不起我""我就是一个彻头彻尾的笨蛋"等。当然,大部分人都有过这样的自我怀疑,甚至是无比绝望的时刻。我们可以这样去尝试,给自己一个非常具体的目标,比如写一篇500字的文章,自己煮一碗面,跟朋友约一个饭局等。让哲学家去思考人类终极的问题,我们认真做好吃喝拉撒等事情。

或者你可以通过冥想给自己创造一个情绪上的安身之处。有的心理治疗技术会让来访者在冥想的状态下,回忆或想象一个让自己感到舒适、安全、快乐的环境或情境,这个环境可能是你小时候居住的房子、山清水秀的野外,或是年幼时好朋友的家,甚至是你想象出来的让你舒服和快乐的地方。但重要的是,你念头里面有这样一个地方,且这个地方能够给你带来好的感受。当抑郁侵袭的时候,你可以偷偷跑"回去"休息一下,积攒些能量,让自己的心灵得到短暂放松。2022年某网站的统计报表显示,最令人满意的工作排在第一位的是教师,所占比率高达49%,很大部分原因是教师拥有寒暑假,可以让人在工作之余有足够的时间去体验不一样的生活,或者反思自己工作的不足,调整自己的工作方式。

4.常怀感恩之心

懂得感恩的人常是幸福感充盈的人,学会感恩可以有效抑制压力,减少不安,帮助我们更加积极地面对压力与挑战。

提升感恩之心有三种方法:

(1)写心情日记

每个情绪都有意义,读懂每个情绪发出的信号更为重要。为了帮助大家更好地记录与观察自己的心理情绪,有一本书介绍过一种九宫格日记法,类似于手账本,能够反映和记录我们的心情变化,可以将感恩纳入九宫格日记中,写下值得自己感恩的事情。

(2)做三件温暖的事

每天给自己规定要做三件温暖的事,比如关怀生病的同事,定期参加公益募捐等。

(3)写感恩信

给那些曾经帮助过我们的人写信。写信的过程也是我们恢复"弹性肌肉"的过程,有助于提升我们的幸福感。

拓展阅读

聚光灯效应

心理学教授托马斯·季洛维奇(Tomas Gilovich)和肯尼斯·萨维斯基(Kenneth Savitsky)曾做了一个关于"聚光灯效应"的实验。

他们随机挑选了几组被试,并让其中一组组员穿上一件奇怪的衬衫,上面印着一位有着尴尬表情并说着低俗语句的歌手,随后问该组成员有多少人会注意到这件夸张的衣服,很多人回答应该有50%左右的人注意到了这件衣服,然而事实证明只有25%的人关注了这件衣服。为了证明实验的准确性,他们又选择了一组穿上相对之前不那么夸张并印有其他人头像的衬衫,被试还是认为有50%左右的人看到了这件衣服,而实际上这一比例

> 降到了10%。
>
> 　　这个结果表明,大多数情况下我们都高估了外界对我们的关注,害怕自己不好的表现遭到别人异样的眼光,怕因为自己拙劣的行为而被人轻视,所以学会了束缚自己的行为,别人推荐自己的时候连忙拒绝,更谈不上毛遂自荐了。
>
> 　　总之,在人前会紧张,在人后也很忐忑,只有在一个人的时候才会稍微放松一些。
>
> 　　但现实和自己想象的场景有很大出入,尤其是现在整个社会都处在快节奏的生活方式中,每个人每天因为自己的事情都忙得晕头转向,哪有多余的精力去关心和自己不相干的事情呢?

　　生活中,我们都曾在工作中或者生活中执着于过去某一瞬间的小事或者我们认为尴尬和出丑的事情。比如当遇到升职瓶颈期的时候,臆想身边的人都在嘲笑和讽刺自己;当衣服上出现一个污渍时,觉得同事都在看笑话,从而变得小心翼翼,走在路上都觉得大家都在看你。其实如果你去询问同事,他甚至都不知道你今天穿的什么衣服。显然,没有人会格外在意你的一举一动。聚光灯效应告诉我们,不要把自己看得太重要,但这并不等同于你可以轻视你自己,我们要明白,我们所经历的事情,唯一的观众是我们自己,在人群中、在生活中,每个人都只注意自己、围绕自己,没有人有太多时间去关注无关紧要的人。学会摆脱聚光灯效应,让自己活得更轻松、更潇洒。

四、建立"洋葱式"心理健康机制

　　随着互联网的发展,相关的心理健康知识不断地以更为便捷的方式,呈现在大众的视野中。公职人员可以通过网络延伸阅读、拓宽视野,并运用实践操作方法提升自己的情绪管理和压力调适能力。以剥洋葱的方式,一层一层地剖析自己,提高解决问题、提升心理的能力,让职场与生活变得更健康与丰富。

关于如何认识公职人员常见的心理亚健康问题,以及如何提升公职人员的心理承受能力、工作效能,促进生活幸福感,在此提出以下建议与措施。

(一)公职人员常见的不健康心理

1.自私心理

自私心理是一种病态心理,有很强的渗透性。少数公职人员在工作和人际交往过程中,只考虑自身需要,强调个人感受,办事过程中注重自身利益,讲究经济利益回报,缺乏社会荣誉感和责任感。这样做的后果是公职人员利用权力进行寻租进而产生腐败犯罪,对社会风气危害极大。

2.嫉妒心理

嫉妒心理通常表现为嫉贤妒能,包括焦虑、恐惧、悲哀、猜疑、羞耻、憎恶、怨恨、报复等心理状态。有少数公职人员看到别人比自己的荣誉多、进步快、职务提升快,心里就不舒服,想方设法影响他人的进步和发展。这种扭曲心理如果得不到及时纠正,不仅会影响组织团队建设,还会阻碍自己的进步和发展。

3.多疑心理

多疑心理就是内心充满了疑问、疑虑,在工作和人际交往中就是敌视心理或戒备心理。现实中有少数公职人员对自己的能力缺乏正确的认知和评价,平时又缺乏自信心和满足感,从而担心或害怕别人看不起自己,遇事总是无端猜疑他人,胸襟狭隘、目光短浅,遇到小事就会焦虑烦躁,长此以往最终影响工作效率和身体健康。

4.紧张心理

心理学研究表明长期紧张容易导致人患神经症、失眠等疾病。就公职人员而言,工作任务重、压力大,总担心被他人超越是常态。这种常态化的焦虑会造成长期失眠,进而导致精神过度紧张,并可能发展成抑郁症,影响工作效率,甚至无法正常开展工作。

5.失落心理

近年来,社会在不断变化,不满足于自己的职务和收入现状的公职人员越来越多,导致公职人员内心失落,情绪状态不佳,工作时缩手缩脚,工作热情减退。有些公职人员可能会辞职创业;有的则可能因失落心理而逐渐脱离群众;

有的铤而走险,产生贪腐走向人民的对立面。

(二)拒绝阴霾,拥抱真实自己

每年的10月10日是世界精神卫生日。2022年世界精神卫生报告指出,2019年,全球大约10亿人患有精神健康疾病;2020年,全球抑郁和焦虑患者暴增了25%。报告也显示,患严重精神健康疾病者比一般人早亡10年到20年。由此可见,心理疾病离我们并不遥远,那么对于公职人员来说,如何预防外界负面因素对心理健康产生严重冲击呢?

1. 识别负面情绪产生的信息

每个人都有负面情绪,每个负面情绪里包含着非常多重要的信息,我们需要通过这些信息真正地了解自己。下面来说说负面情绪的价值和好处。

(1)压抑

在生活中,难免遇到让自己觉得难挨的情况,我们时常会忍一忍,虽然觉得压抑,但至少当下获得了安全。在你没有能力或者准备去应对那个冲突时,压抑反而保护了你。压抑虽然保证了安全,但是确实委屈,有些人还会形成习惯性的压抑,甚至在不需要压抑的时候依旧压抑,扭曲了真实的自己。

(2)愤怒

当没有学会如何正确地表达情绪,总是压抑再压抑后,情绪无法控制了才被迫爆发。所以愤怒就成了暴力与发泄的代名词。但真正需要解决的,并不是愤怒本身,而是不再压抑愤怒。要认识到:我们身体就像一个容器,当情绪压抑积攒到一定地步,就会像火山爆发一样失控。学习在每一次情绪升起的时候合理地表达真实的自己,合理地表达愤怒,而不是去压抑愤怒。压抑愤怒才会造成无法控制的后果和令人害怕的状况。

(3)嫉妒

嫉妒来源于我们想要却暂时还没有得到的东西,或者自己觉得不屑但又没能获得的东西。简而言之:嫉妒就是我们没能看见、回避和逃避的内在需要。嫉妒本身是一种饥饿感,它不来源于肉体,而来源于精神。填补精神饥饿最好的方法是:首先,接纳自己精神是饥饿的这个事实;其次,如果真的很想要某个东西,那就去努力得到,如果自己不想要,那就彻底地把它放下。

(4)悲伤

很多人都不喜欢悲伤,但细细回忆一下,每一次悲伤之后,我们的内在都会进行一次蜕变和升级。我们经历悲伤之后,会变得越来越强韧,接纳能力越来越强,也越来越成熟。

2.正确看待和区分负面情绪

健康的情绪并不是指天天开心没烦恼,也不是所谓的正能量,而是一种具有适应性的心态,当我们了解了负面情绪产生的原因后,能及时调整心态并尝试做出积极改变的心理能力。同时,负面情绪需要区分开看,例如如果我们还愿意承受压抑,那就要接纳自己暂时就是这样的,不要自责和自我伤害。害怕、压抑的惯性是客观存在的,解除任何一个习惯都需要时间与力量,不能一蹴而就。

下面笔者列举了一些心理危机出现的几个征兆:

(1)你正在经历很多事情:不论是过去的旧事让你每天都感觉像负重爬山,还是最近发生的一件事让你感到备受打击,或者是许多事情的累积让你感到不堪重负……在生活中的某个时刻,你可能会感到被压垮了,对正在经历的压力无法承受。在这些时刻,如果能和一个人坐下来聊聊,让自己的压力得到释放,是非常有效的调节负面情绪的途径。

(2)你无法与你的家人和朋友谈论正在经历的事情:在你需要帮助的时候,你的家人和朋友有时可能是很好的资源,但是有的时候你觉得你无法向他们求助。也许是因为你需要解决夫妻关系问题,而你的家人和朋友与你的配偶相熟,和他们谈这个问题会很尴尬;或者你觉得如果你想与他们讨论改变职业,他们会有偏见。

(3)你觉得你没有能帮助自己的资源:当你感到外部资源(如生活中愿意/能够帮助你的人)和内部资源(如你没有更多的应对方式处理正在经历的事情)耗尽时,寻求专业帮助是一个明智之举。

(4)你周围的人很为你担心:有时你可能不认为自己需要专业支持,直到你身边的人提出你需要帮助时,你可能才认识到自己需要改变了。无论是像配偶或朋友这样的亲近之人,还是像老板这样的职场人士建议你需要转变一些行为,或者是你周围的人建议你需要进行心理咨询时,那么你可能需要注意一下这件事了。

(5)身体问题频发:饮食或睡眠习惯的变化也可能是一个线索,比如发现自己食量增多或大幅减少,睡得更多或更少,体重减轻或增加,或有其他生理迹象如胸部疼痛、头痛等,都可能是你身体受到情绪压力影响的迹象,应予以重视。

当出现以上的一些行为或者想法之后,我们可以主动寻求心理咨询师的帮助。近年来,随着心理咨询的发展,越来越多人在孩子出现心理问题的时候会选择带着孩子去做心理健康咨询,但忽视了自己的心理健康问题,成年人的心理健康问题也应给予同样的关注并尽早就医。

3.公职单位应加强公职人员心理健康管理

公职单位应加强公职人员心理健康管理,创造良好的心理健康环境,具体内容为:

(1)严格考核公职人员的心理素质。定期进行公职人员心理测试,掌握公职人员心理动态,重点关注核心岗位人员心理健康水平,发现问题并及时干预和疏导。

(2)加强公职人员心理疏导队伍建设。开展针对性培训,营造和谐工作氛围,探索合理的考核机制,培养兴趣爱好,设立保健办公室。

(3)建立公职人员心理档案。针对公职人员机构改革、职务升迁、家庭变故等不同时期出现的心理问题,及时予以沟通和疏导,帮助公职人员及时调整状态。

五、正向解决负面情绪

公职人员作为政府管理、社会事务的组织者、推动者和实践者,其工作压力始终居高不下,相关数据显示60%以上的公职人员存在焦虑、抑郁等心理问题,直接影响其工作效率和家庭幸福感。因此,公职人员做好情绪管理和压力疏导十分必要,以下是帮助公职人员疏导情绪、增强心理能力的方法。

(一)建立积极的自我意象

1.学会用积极性的词语

我们谈到的痛苦、磨难、挫折、沮丧、愤怒、嫉妒等,都是人类的情绪。虽然这些情绪是负面情绪,但这些情绪有自己存在的价值。在工作中出现负面情绪的时候,千万不要怨天尤人,千万不要自怨自艾,千万不要抛弃自己,因为它只是让你产生一种警觉。当然,长期处于负面情绪之中肯定会给身心带来伤害,所以心理学家提倡用积极情绪来替代负面情绪。快乐、满足、自豪、爱、感恩等积极情绪可以弥补负面情绪带来的伤害,修补负面情绪对身心的负面影响。

2.增强积极的自我意识

无论是优点还是不足,都对我们有意义,要学会接纳自己的一切。但一定要培养积极的自我意识,且尽可能发现自己的优点。我们可以发现那些自我控制能力强的人,他们可能会获得较大的成就,生活也比较幸福。

情商高的人很擅长同人打交道,他们往往能够很好地控制自己的情绪,这样的人不仅能让自己感到很舒服,也能让别人感到很舒服。公职人员如果能够很好地提升自己的情商,那么他们就可以很好地适应自己的工作,并且有助于更好地完成工作。那么,如何提升自己的工作情商呢?在职业健康心理学中有以下五个要点。

(1)学会自我察觉

自我察觉要求公职人员能够很好地了解自己的情绪爆发点,认清当下最真实的感受,当意识到自己情绪不好的时候要及时冷静下来,收集更多信息,再来做重要的决定。回顾自己有多么幸运,思考并记下自己一生中最感恩的事,感受和表达感激之情等不仅能改善情绪和社会关系,也能提升对感恩之情的神经敏感性。

(2)学会自我约束

将不必要的消极情绪从脑海中赶走之后,你便可以将心态引导到更有建设性的、乐观的方向上。研究发现,要想使精神状态保持在健康的平衡状态,过上良性循环的生活,要求我们接收到的积极刺激比消极刺激多三倍。其重点在于,人要想蓬勃发展,就需要更多的积极体验而不是消极体验。芭芭拉·弗雷德里克森(Barbara Fredrickson)博士对"积极"做出了这样的解释:积极的心态不只会改变你的思想内容,用坏的思想换取好的思想,还将改变思想的范围或边界,拓宽你所看到的可能性的范围。控制自己的情绪有利于不因情绪阻碍自己的本职工作,因此不能带着负面情绪去工作,要学会摆脱负面情绪并回到解决问题的建设性轨道中去。比如作为一个窗口服务人员在面对客户的投诉时,不能与客户争吵,而是尽量多地收集关于这件事情的事实材料,帮助客户解决问题。

(3)遇到困难会自我激励

在职业晋升过程中,要坚持自己的目标,不能浑浑噩噩地工作。在工作的瓶颈期要学会找到突破口,克服挫折,坚持自己最初的目标和理想,任何时候都不能忘记自己的初心。练习自我激励,不管是写日记,还是花点儿时间来沉思,都应该专注于个人价值观、特质和行动,以及你看重它们的原因,这能让你在面对挑战时体验到强烈的胜任感、良好的自我感和自我效能感。自我激励还可以提高你的自我控制感,提升自我形象和整体幸福感。

(4)共情

学会洞察他人的情绪并理解他人的感受,感受他人的情感需要,这样能够缓和自己与同事之间的关系,塑造良好的员工形象,营造良好的工作氛围。良好的工作氛围对我们的工作也会起到锦上添花的作用。共情的目的是培养对自我的仁慈、理解和同情,认识到自己的负面情绪和想法正在伤害自己,并通过改变头脑中的对话让自己放松一些。提醒自己,世上没有完美的人,大家偶尔都会判断失误或犯错。

(5)良好的社交技能

良好的社交技能能让人在不同的社交场合扮演好自己的角色,顺利与他人互动,形成自己的社交网络;能够以自己的经验去引导他人的情绪和行为,做有益于他人或整个世界的事,增加积极情绪、减少消极情绪,从而使心理更加健康。

所有提升工作情商的思维练习都涉及刻意的情绪调节,目的是不让大脑的杏仁核(恐惧中枢)控制人的感觉,把感觉带偏。事实上,所有的策略都是在把大脑中造成情绪和心态崩溃的消极思维过程转换成治愈性的、激励性的积极思维过程。这样,便能从一个更加平衡的视角审视自己的思维,以明智的、有建设性的方式塑造自己的思想或质疑它们。除了有助于恢复情绪平衡外,这些健康的思维控制方式还有助于进一步改善自己的生活和周围的世界。

(二)增强自我心理能力

人的一生中会经常面临痛苦、失败、挫折、失望等常见的负面情绪。对负面情绪的处理,有些防御机制效果很好且持久,有些防御机制效果不是特别理想。很多时候特别想追求一种东西但结果总是适得其反,特别想得到快乐反而得不到,特别想逃避抑郁反而深陷其中。正确的心理防御机制不是简单的、消极的、短暂的防御方法,而增强自我心理能力有助于形成正确的防御机制。下面介绍三种增强自我心理能力的方法。

(1)不断挑战自我、锻炼自己。比如,不习惯左手写字,那么就试一试用左手写字,这就是一种挑战;单腿站立很不舒服,那么就试一试单腿站立;早上不想出门,那么就试一试挑战早起锻炼身体。所有这些对自己心理欲望的抑制、挑战,反而能够让我们的心理能力更加强大。

(2)培养理想、目标、追求。当目标清晰的时候,我们就很容易忍受各种痛苦磨难、挫折与失败;当理想不清晰的时候,我们就很容易放弃、沮丧、怨天尤人。所以培养理想、目标、追求是心理调节特别重要的方法。

(3)学会接受。生命中你所经历的一切可能也是别人会经历的,并不是只有你才有不好的遭遇,要用开阔的胸怀去接纳发生在自己身上的一切,你所经历的一切不论是好是坏,都值得你去汲取经验,并转变成人生的智慧。

正确认识压力是公职人员需要面对的长久问题,只有用积极的心态去理解这些压力的存在,然后激发自己的能力,摆正自己的位置,保持积极乐观的心态,才能更好工作和生活。

六、学会排解压力

在公众眼中公职人员一直是"铁饭碗"的代名词,具有待遇好、福利多、工作稳定等优点。每年有几百万人报考公务员,在2022年国家公务员考试中,报名过审人数首次突破200万,达到212.3万人,最热岗位报考比例高达20813∶1。不过,没有一种工作是轻松的。随着生活节奏加快、社会竞争加剧,公职人员的角色逐渐从管理者向服务者转变,各类媒体对公职人员的监督力度加强,这些因素促使公职人员的压力骤增,心理健康问题日益凸显。与其恐惧压力,不如拥抱压力。那么,公职人员该如何拥抱压力呢?

(一)调节压力的方法

如果你最近因为工作上的事情忙得焦头烂额,压力大到难以入睡,那么这种时候,任何形式的鼓励和安慰恐怕都作用甚微。所以,如何在压力之下尽量调整状态以应对一个个棘手的困难,就变得十分急迫。这可能是一个比"如何消除压力"更有实际意义的问题。因为对大多数人来说,将压力完全清除是很难达到的理想状况。很多人也许会说:"压力会令我们非常难受,最好的情况是只有动力没有压力。"但现实生活中,往往充斥着各种压力,可以把压力分为慢性压力和急性压力两种。

一般情况下,当我们说"有害的压力"时,一般指的是慢性压力。通常,急性压力不但无害,反而对我们是有益的,为什么呢?因为急性压力的本质,是对大脑的一种锻炼。

急性压力会给我们的机体发送信号"注意,我们正面临威胁,需要迅速进入应敌状态"中,促使机体从日常状态中"醒"过来,调整自己的状态,更好地应对外界威胁。适度的急性压力,可以帮助我们在日常状态和应敌状态之间来回切换,从而提高大脑对环境的适应能力,避免我们的大脑"生锈"、怠于现状。但一旦这种急性压力超过限度,就可能转化为慢性压力。这时,机体这种来回切换的能力就会失控,陷入长期的应敌状态,无法抽离出来。心理学家麦克尤恩(McEwen)研究发现:当人长期暴露在"并不紧急,但是持久"的压力下时,大脑的HPA轴(下丘脑—垂体—肾上腺轴)就会失衡,从而无法抑制激素的释放,使得我们长期处于"高唤醒、高警觉"的应敌状态。这就像一台机器,长期以120%的速度全力运转,那当然会造成损耗。

我们可以从四个方面管理压力,分别是压力源管理、体力管理、脑力管理和心力管理。

1.压力源管理

我们可以思考一下,既有的生活安排是否可以做些调整,尝试拿掉压力源,特别需要注意的是识别那些隐性的日常琐事,并做出改变。另外,尝试创造轻松时刻,安排休息时间,这并不会减缓你应对压力的进度,反而会帮你管理压力。

2.体力管理

人们在感到压力时,肌肉会紧张收缩、心跳加快、想法变多、情绪产生波动……然而我们可能甚至从来没有注意到这些体力消耗,只是突然就觉得累了、没力气了。我们可以有意识地做一些练习,有效帮助我们节省更多力气应对压力情境。这里列举两种。

(1)渐进式肌肉放松训练

渐进式肌肉放松训练采用先收紧然后放松的方式,跟随指导语从头到脚对全身肌肉逐步进行训练,使全身肌肉得到放松,从而引导中枢神经放松,整个训练时间为15分钟。

(2)自我暗示放松训练

自我暗示放松训练通过中枢神经的引导,训练个体主动分配注意力,关注心跳、呼吸和手心温度,让周围系统逐渐放松。这种训练每次持续10分钟,有助于我们更好地管理情绪。

3.脑力管理

在认知上,我们可以尝试重新评估压力源的性质和我们拥有的资源,比如,尝试问自己以下问题。

(1)"这件事真的一定是具有伤害性的吗?"

(2)"我真的没有足够的资源应付吗?真的没有人可以帮我吗?"

(3)"这件事真的跟我有关吗?"

另外，我们也可以花一些时间去辨识并整理压力源对自己的意义，识别不适应性的想法，比如问自己是不是认定"很重要的事情一定要做好，否则我就是个loser""这件事必须做得完美？"然而，事实是没有哪一件事的成败能决定你是不是个失败者，也没有哪一件事能确保完美完成。

4.心力管理

在情绪方面，可以尝试调整压力带来的紧张、焦虑和其他情绪。情绪和想法是密不可分的，当我们认定一件事做不好就证明自己很差劲时，自我概念就会受到威胁，可能会激活内在的各种情绪体验，如紧张防备、内疚自责、焦虑不安、茫然无助，甚至自暴自弃、被动攻击等。因此，觉察自己的情绪体验，寻求情绪支持、倾诉、宣泄等都是很有效的方法，如果你觉得这对你来说很困难，可以尝试寻找专业的心理咨询师帮忙。

总的来说，感到压力是面对压力源时可能出现的应激反应，如果能对压力的产生过程有更深入的了解，有意识地对上述环节进行管理，将压力感调整到合适的程度，有助于成功应对压力源，并且在应对压力的过程中节省体力、脑力、心力，从而我们就有可能在这个过程中累积愉悦体验，促进自己的成熟和成长。

(二)寻找生活的意义

美国斯坦福大学的心理学教授凯利·麦格尼格尔(Kelly McGonigal)在一次演讲中指出：最幸福的人并不是没有压力的人，相反他们是那些压力很大，但把压力看作朋友的人。这样的压力，是生活的动力，也让我们的生活更有意义。我们的压力伴随着生活而存在，没办法逃离，努力找办法释放压力，才能获得成长，在努力的过程中去实现自己的潜力和价值。我们愿意承担压力，是因为总有那些我们爱的和爱我们的人，让我们为之奋斗；我们愿意承担压力，是因为压力的背后，正是生活的意义。

有报告显示，80%的人会因为"事业无成"感到压力。在现代社会，面临着种种来自自我、家庭与社会的压力，许多人都感觉到在职场上的压力越来越大。能敏锐地察觉到自己与他人的情绪与压力，并及时加以调适与管理是相当重要的。首先，我们要了解自己的情绪特色，生气时找到消气的方法又不会引发冲突或伤及别人,难过时如何向他人求助或找到情绪宣泄的途径是必备的知识。其次,要多关注他人的情绪,在对方难过时,自己或找个人去加以安慰或听对方倾诉一番,并给予情绪支持,或者写张卡片、为对方倒杯水等,或者至少不要去报告坏消息,使事情雪上加霜。最后,向专业人员求助。要善用缓解情绪与压力的方法,以提高我们应对压力的能力,也就是提升我们的心理能力。

初入职场,我们忙着适应快节奏的工作,忙着跟上同事的步调,但是往往不能立刻就达到预期目标,这时候就会产生很大的心理压力。在职场上已经摸爬滚打多年的职场人,没时间和精力"充电",还要面对上司苛刻的要求和来自竞争者的压力,情绪也会越来越焦虑。职场压力的存在,会给身心带来伤害,需要对症下药才能拯救倦怠的心态问题。一般而言,纾解情绪与压力有八种主要的方法。

1.给予自己表达的空间

给予自己表达的空间就是使自己的情绪有适切的宣泄途径,他人或活动的协助可以让自己的压力有个良好的出口,对于自我的表现不要力求完美并能接纳自己的有限性……这些都是有价值的做法。

2.学习生理调适之道

通过身体的保健、生活作息的调整与适切睡眠时间的安排,学习生理放松之道,包括洗个热水澡、按摩、跑步、游泳、做瑜伽、打太极拳……都是非常有用的方式。

3.洞悉信念、适时转化

通过自我觉察或他人协助,觉察和洞悉自己所面临的压力,调整自己的想法,转化对自己造成压力的信念……这些都是可以避免陷入自己所设下的压力陷阱的解决之道。

4.多元价值、多元休闲

拓宽个人视野,让自己的休闲活动更多样化,或是让生活内容更具有多面性,让自己对生命或生活的价值观更多元化……这些都是突破压力与生命困境的重要策略。

5.面对问题的发展策略

面对新的工作挑战与生活经验,我们可以通过自主创新与借助别人的经验提高我们面对困难与挑战的勇气,并学习到新的方法与积累应对问题的经验。

6.自信乐观、弹性成长

面对压力与挑战时能乐观地看待它,不过分夸大其难度,能采取弹性应对策略而不受限于固定的做法,通过不断的在职进修与创新做法追求自我的成长,且能以较佳的方式处理工作与面对挑战。

7.敏觉情境、向外求援

当我们认为面对的问题与压力相当棘手或已超过我们的负荷时,及时觉察自我的身心状况与压力负荷程度非常重要,适时地向外求援与运用资源有助于我们解决问题。

8.善于咨询专业人员

当我们感到压力太大或发现自己身心已出现不适时,了解我们身边有哪些专业资源并寻求协助是十分必要的,善用心理专业人员的协助以增进对自我的照顾,是现代人维护健康之道。

由上所述,我们可以发现压力的觉察、辨识与应对确实是非常重要的,也有可行的方法与策略来应对压力。公职人员应多加学习与妥善运用,并根据个人的实际状况与需要,选用适切的策略与方法,因人而异、因时因地而制宜,通过科学合理地调适压力、管理情绪提升自我心理能力,从而增进个人的心理健康。

七、增强社会支持度——职场沟通

公职人员加强与他人的沟通有助于增强社会支持度,因此沟通与协调的能力对现代公职人员来说至关重要。沟通一词我们常挂在嘴边,但是真正实践起来并不容易。在此提供一些提升沟通能力的小技巧。

(一)职场沟通五部曲

在职场,沟通常被误以为是说服、教导或训勉。常听人说"你去和他沟通一下",其中所指的沟通常常是说服、教导或训勉,这些有其价值与应用时机,但并不是沟通。沟通不是说服、不是教导也不是训勉,其本质是相互间的表达与同理、是彼此的了解、是共识的建立,沟通是平等的,其核心技巧是倾听、是同理心的表达、是信息的传递。也就是说,沟通的重点技巧在于听,这个听是专心的听。在希望让对方了解我们的想法与感受时,特别是当我们要表达对对方的负向情绪时,不以"你+否定"(你+负向的行为批评,比如:你这样做实在很糟糕)的方式表达,而是用"我+否定"(我+负向的情绪感受,比如:你这样做我实在很生气)的方式表达,这样既可以避免彼此发生冲突,又可以增加彼此之间的了解。

基本上,人与人之间不免有立场对立的时候,在相互协调的过程中若是能充分沟通、互退一步、达成共识,那么协调就有了结果。协调的结果有三等:下等是一方通吃,中等是赢者未全赢、输者未全输,上等是双赢。要双赢并不容易,但是,良好的沟通与协调是可以制造双赢局面的,有时候是一方赢了面子,而另一方赢了里子,有时候是因为兼顾了双方的立场从而实现了双赢。

沟通要成功也是有方法的,并不是完全没有公式可套,在此提供职场沟通五部曲给大家参考。

1. 了解对方状况、同理对方感觉

要向别人提出沟通协调的要求,得先掌握对方的情绪状况,同理对方的感觉,才能建立良好的沟通关系与友善气氛。也就是说,要先让对方感受到你的善意,通常要先肯定对方,若对方亦友善回应,则可进入下一步。

2. 说出自己状况、表达自己感受

当气氛营造不错时,则进一步提出沟通协调的主题,通常是说明自己遭遇的问题与困难,特别是要表达自己的感受与困境,须委婉说明此等问题与困难的产生与解决是与对方有关的,若对方亦友善回应,则可进入下一步。

3. 表达我方期待、提出可能方案

说明我方的期待,并提供需要对方配合的解决方案,以寻求互相协调的空间,若对方亦友善回应,则可进入下一步。

4. 协调相互差距、达成彼此共识

由于彼此的立场会有差异,期待亦会有所不同,因此要互相协调、各自表述,以寻求彼此共识的建立,若对方亦友善回应,则可进入下一步。

5.给予对方回馈、建立双赢关系

当共识建立,沟通协调已获得良好结果时,应给予对方正向肯定与回馈,以增强彼此的关系,并鼓励对方在未来能持续维持此等友善沟通行为。在得到良好结果的同时,一定要照顾对方的感受与需要,以达成双赢关系,使双方的良性互动更长久。

其实,沟通协调成功的关键是对事不对人,对事可以表达不同看法与意见,对人则要表达肯定与尊重,即对事可否定、对人要肯定。比如,当我们对同事的行为表现并不满意时,我们可能的表达方式是"你是我们办公室的好同事,但是你今天做的这件事实在让我很伤心",或者"你是我们办公室很优秀的同事,但是你今天的表现实在让我很不满意"。沟通协调基本原则是对人要维持长远良好关系,对事要就事论事,才能够解决问题,而不是和稀泥,沟通技巧与气氛还是要讲究的。

(二)有目标的沟通

所谓目标,就是你想通过这场沟通体现的价值与成果。设定目标有两个功能:第一,是为沟通提供理性、清晰的指引,从而校正我们的行为。关于这一点,笔者想到了一个隐喻,这个隐喻来自刘易斯·卡罗尔(Lewis Carroll)在他著名的《爱丽丝梦游仙境》中的一段寓言式的对白。爱丽丝发现自己正处在妙妙猫现身的十字路口,爱丽丝问猫:"请问,离开这里我应该走哪条路呢?"猫回答:"这主要取决于你想去哪儿。"爱丽丝说:"我并不在乎去哪儿。"猫打断她的话,回应道:"那么,走哪条路都无关紧要了。"是的,如果你不知道自己想要实现的目标到底是什么,那在沟通中,你就不会清晰地知道何时该说"是",何时该说"不",从而进入一种进退失据的忙乱状态。如果双方的对话已经不愉快了,例如明显地受到情绪的干扰,那拥有一个沟通目标,并去明晰与强化它,就显得更加重要,因为这样的做法可以让对话重新回归理性的轨道,这就是明晰目标的效果。在沟通中明晰目标时,我们可以使用一个简单的表达结构,即"不是……而是……"。例如,"我们不是来吵架的,而是来解决问题的""我们不是来指责对方的,而是来想办法的""我们不是来搞事情的,而是来搞定事情的"等。这些表达都可以帮助我们准确设定目标,纠正行为偏差。科里·帕特森(Kerry Patterson)在《关键对话》中提出,设定对话的目的,并在对话过程中不断检视自己的行为和设定的目的之间的落差,是一种高水平沟通者才具备的习惯。所以,沟通的重点不仅仅是在准备时设定目标,还是在对话过程中,保持行为和目标的一致性。

善用沟通、协调的方法与技巧可以增进公职人员的人际关系、提升公职人员的社会支持度,也是情绪管理与压力调适的重要技能,亦是公职人员不可不知的工作能力与生活知识。

八、多管齐下:走出压力下的健康危机

在正确认识和感受生活中的情绪和压力之后,公职人员要学会找到适合自己的应对策略,找到生活和工作的平衡点,拥有一个正确的生活方式。1992年,世界卫生组织发布了《维多利亚宣言》,指出健康的四大基石,即合理膳食、适量运动、戒烟戒糖、心理平衡,并将此作为人类健康生活的文明准则。如何拥有健康的生活,可以尝试做到以下几点。

(一)转变生活方式

相关的研究显示,近一半的公职人员检出肥胖或者超重,这表明饮食结构问题在公职人员中普遍存在。另外,近六成的公职人员每周有四天在23:00后睡觉,考虑到我国大城市的交通拥挤,早起上班成为必然,这样一来睡眠时间无法保障。此外,公职人员的应酬也多,有时需要饮酒。这些不健康的生活方式,往往对身心都有负面影响。每当我们吃水蜜桃或者薯片时,不仅是在补充能量,还会体验到愉快、不愉快或者介乎两者之间的一种感受。洗澡不仅可以抵御疾病,还能让人感受到温暖的水流经皮肤带来的舒适感。交朋友不光是为了获得群体的力量,还希望在感到压力时,能够得到朋友的慰藉,或者分享快乐。这些例子表明在我们的身心之间有一个特殊的连接,每当我们的身体发出一个动作消耗身体预算时,我们的心理同时也会利用概念有所行动,每一个心理活动都会有一个身体反应。让这种连接为人所用,有助于我们掌控情绪、提高适

应力,从而成为更好的朋友、伙伴或者爱人,甚至改变自己。根据情绪构建论和以该理论为基础的全新人性论,我们可以通过不断地调节情绪,从而掌握情绪,进而实现自我发展与改变。

(二)找到减压途径

压力大是公职人员普遍存在的心理问题之一,针对这个问题,相关部门需要开展心理压力工作筛查,为心理压力过大的公职人员提供咨询。加强领导和同事的支持力度是应对工作压力的另外一个较好方法。具体方式包括营造较好的上下级沟通方式、同事间友好工作关系以及团结和谐的工作氛围。公职人员心理健康研究结果也表明,职业对身体健康的影响,往往是通过影响心理健康,进而引发疾病,尤其是高血压等心血管疾病。有研究发现,级别低的公职人员较级别高的公职人员更易患心血管疾病。对公职人员的睡眠进行调查研究,发现级别较低的公职人员常出现睡眠问题,表现为入睡困难、早醒及睡醒后仍不清醒等。害怕、焦虑、过于敏感的抑郁个性可能会成为心脏病的心理诱因,这类人患心肌梗死的概率明显高于普通人群。对冠心病患者的回顾性分析发现,大多数人的患病诱因与其心理状态有一定关系,包括情绪反应激烈、有过强的竞争意识、容易焦虑烦躁、时间紧迫感过强、心情急躁易发怒等。因心理健康与身体健康密切相关,这些职业心理健康问题有可能成为身体疾病的诱因。

(三)劳逸结合

相关的调查结果显示,每日使用电脑的累计时间超过8小时的公职人员比例高达68.6%,然而长时间使用电脑会导致肌肉僵硬、颈椎问题高发。因此,公职人员在工作期间要注意休息、适度活动、缓解眼睛疲劳。此外,公职人员需要加强体育锻炼。调查结果显示,每周坚持三次以上体育锻炼的公职人员比例仅占到四成,这表明大部分公职人员缺乏锻炼。有诸多研究表明,运动不只能够在短期内让人的心情舒畅,从长远看,运动也能预防抑郁症状的发作。最近,笔者和跑马拉松的朋友聊天,大家一致反馈说"长跑是修行,也确实能够舒缓压力和让人感觉更好"。抑郁发作的时候人特别不想动,那就在抑郁发作之前,运动起来吧。

(四)定期参加体检

根据相关调研,一部分公职人员对体检有恐惧感,害怕查出问题影响到自己的情绪。针对这部分公职人员的恐惧感,相关单位需要有组织地开展健康教育,用体检带动健康意识的提高,将体检的过程作为提高健康水平的推动力之一。联合国卫生组织(WHO)曾指出,健康,不只是没有身体缺陷和疾病,还要有完整的生理、心理状态和社会适应能力。人们对身体健康往往比较重视,公职人员所在单位都会定期组织员工进行身体健康体检,但如何培养和提高公职人员的心理健康水平却没有引起关注,大部分人没有真正意识到心理因素在调节人体正常生理功能活动中的重要作用。相关研究表明,精神愉快、情绪饱满、积极的心理状态是强身、健体、增寿的关键。愉快而平稳的情绪能使人的大脑处于最佳活动状态,保证体内各器官系统活动的协调一致,使人食欲正常、睡眠安稳、精力充沛,能提高学习和工作的效率。愉快的情绪还能使机体的免疫功能处于激活的平衡状态,从而增强对疾病的抵抗力。豁达乐观的积极情绪还能使别人更喜欢接近自己,有助于建立良好的人际关系。情绪和情感对人体健康具有比较明显的调控作用。

❋ 心灵小结

1.尝试理解自身扮演的角色所面临的压力,将压力客体化后再分析其产生的原因,提升自身"情绪灵敏度",增强心理韧性,学会接纳和拥抱生活中存在的压力问题,让自己成为情绪的主人。

2.公职人员应使用正向的方式去理解负面的情绪,掌握情绪的处理方法,从内在和外在两个方面去增强自身应对问题的能力,内在调节压力和寻找生活中的意义,外在增强自身身体综合素质,进而得以分泌"快乐因子",形成长期且稳定的情绪。

3.除去心理问题,公职人员的身体健康问题,也是不容忽视的,身体出现问题也会影响心情,公职人员也应关注自己的身体,拥有强健的体魄才能走出压力,拥抱健康。

❋ 心理自测

压力知觉量表

问卷介绍：压力知觉量表（perceived stress scale，简称PSS），意指个体经历事件后，自身对压力的感受程度及压力水平，进而造成心理或生理上的反应，例如紧张或身体不适。科恩（Cohen）等人在1983年提出的压力知觉量表，有三种版本：PSS-14，共有14题；PSS-10，共有10题；PSS-4，共有4题。压力知觉量表能测量个体感知到的压力，亦能测量个体对压力的处理能力以及相关的应对特征。压力知觉量表已被多个国家翻译成不同语言，极具普遍性，本节介绍PSS-14版本。

压力知觉量表

题目	评分				
	从来没有	几乎没有	有时	经常	总是
1.当无法预期的事情发生时自己会感到烦躁					
2.感觉自己无法控制生活中重要的事情					
3.感觉自己紧张不安和有压力					
4.感觉自己可成功地处理恼人的生活琐事					
5.感觉自己正有效地处理生活中发生的重大改变					
6.感觉自己能有信心处理私人问题					
7.感觉事情顺心如意					
8.感觉无法处理自己所有必须做的事情					
9.感觉自己能控制生活中的恼人情绪					
10.感觉自己能驾驭所有事情					
11.感觉自己常因无法掌控发生的事情而生气					
12.常想到有些事情必须自己完成					

续表

题目	评分				
	从来没有	几乎没有	有时	经常	总是
13. 感觉自己能控制时间安排的方式					
14. 自己常感到困难的事情堆积如山无法克服					

评分标准:量表具有两个维度,分别是紧张感和失控感,采用5点计分的方法,最后统计量表的总得分,得分越高说明被试的心理压力越明显。标准"1"表示从来没有,"2"表示几乎没有,"3"表示有时,"4"表示经常,"5"表示总是。其中4、5、6、7、9、10和13题为反向题。

第四章　公职人员心理问题及干预

内容简介

公职人员作为我国行政管理事业的代表,扮演着多重角色,承受着来自社会、职场、家庭、自身的各种挑战和压力,这些压力若长期得不到宣泄,可能出现不良情绪、睡眠障碍等躯体化症状,进而影响机体免疫功能,因此公职人员的心理健康问题值得我们高度关注。尤其是在我国社会转型期间,伴随着文化多元性的冲击,加之公职人员在职业竞争、行政层级、执行特性、人际关系等方面的职业特点,我国公职人员在政府职能转变、组织机构调整和业务重整中受到的影响较大,承受着更大的心理负荷并处于较高的应激状态,常出现焦虑、抑郁、自卑、人际关系敏感等心理问题。此外,社会各界对公职人员的期待也很高,在职业压力和角色冲突的双重影响下,公职人员需要运用更多的心理资源来调适和干预心理问题。公职人员的心理健康不仅关乎其个体自身的健康,同时也涉及我国公共行政工作的高效运行。只有充分了解并认识公职人员常见心理问题的表现、成因及其影响,才能更好地发现公职人员的心理健康问题,进而采取针对性措施进行积极应对。

本章主要介绍了公职人员心理问题的表现、成因及其影响,给出了调适和干预心理问题的措施。希望本章内容能够帮助公职人员全面了解心理问题,从而针对自身的心理问题进行调适和干预。

一、案例分析

小唐大学本科毕业之后,参加了公务员考试,并如愿成为某地机关单位综合处的一名办事员。综合处的工作主要是负责该机关内各类文件的起草、审核和下达,还有各级文件的拟办、传阅、信息管理、档案归类、协调等,这与小唐所学的专业几乎没有关系。但是小唐考虑到将来可能会有接触到业务的机会,要是有合适机会赶上机关单位内部工作调动的话,这或许还是个不错的跳板。抱着这样的想法和心态,小唐一直坚守在机关单位综合处的办事员岗位上。工作五年以来,小唐百感交集,几许失落、几许郁闷、几许压抑,还有些许无奈。按道理说机关单位的福利待遇也不错,工作时间也较为规律,小唐对当前的工作状态应该较为满意。但是现实情况与之相反,小唐不仅对当前工作的满意度较低,还会经常感觉有一种无形的压力和难以挣脱的束缚。这种感觉并不完全是因为工作强度太大,而是他觉得机关单位的这些日常事务性工作内容枯燥、简单乏味。特别是当小唐逐渐了解到自己调动到其他业务部门的希望渺茫之后,他再也提不起对工作的热情,每天只是在失落和郁闷中打发时间,盼着下班。并且小唐一想到未来自己将会一直从事着机关单位综合处琐碎繁杂的工作,心中就会感到焦虑和抑郁。此外,小唐最近也会经常性失眠,到医院看过几次也没有什么好转。每当心中感到焦虑和郁闷时,小唐总是发自内心地后悔当初选择这份工作。

由上述案例可以看出,小唐在工作过程中已经产生了心理问题,主要是焦虑和抑郁。此外,小唐还出现了睡眠障碍,会经常性失眠。进一步分析后我们发现,小唐产生这样的心理问题主要有以下两个方面的原因:一是角色冲突导致的心理问题。在工作过程中,小唐的工作意向更加倾向于业务这一块,因此对于综合处的工作认同感较低,并且综合处的工作与小唐所学专业几乎没有关系,不能发挥小唐自身的专业优势,使得人员和岗位的匹配程度也较低。二是工作倦怠导致的心理问题。小唐觉得综合处办事员的工作内容枯燥、简单乏味,尤其是当小唐得知自己调到业务部门的希望较小时,便失去了工作热情,每天就只是打发时间,产生了工作倦怠。其实,在现实工作中像小唐这样的例子不在少数,他们往往在毕业时为了追求稳定所以选择考公务员,没有对自己进行职业规划,对报考的公务员岗位职责也存在认识不清的情况。直到工作后才发现所学专业与现实工作内容有所脱节,无法施展自己的才能,同时也不符合自己的职业期待,后期就容易产生角色冲突和工作倦怠,最后导致一系列心理问题。

公职人员作为依法履行公共权力的工作人员,保障着国家和社会的正常运转,为人民群众提供着各种各样的服务。虽然他们的职业性质不尽相同,并且有着各自不同的岗位和分工,但是作为社会管理者和为人民服务者的他们承受着来自多方面的压力,例如工作任务压力、职位晋升压力和自我实现的压力。公职人员代表着国家和机关单位的形象,且公众对公职人员的期待较高。从大的方面来说,公职人员必须对国家、社会、公众和自身负责;从小的方面来说,公职人员的工作量大,领导要求高,很多工作任务都是责任制的。这都在无形之中加大了公职人员的心理压力,而在应对压力的过程中,他们往往容易产生焦虑、抑郁、自卑、人际关系敏感等心理问题。因此,为了保证公职人员的工作效率,促使他们更好地履行为人民谋幸福的职责,社会应该积极关注公职人员的心理健康,帮助公职人员对自身心理问题进行合理的调适和干预。

二、心理解读

快节奏的社会生活使公职人员承受着在更短的时间内完成越来越多工作任务的压力。此外,现代社会分化所造成的大量繁杂的公务亟须处理,各种复杂的人际关系需要适应和应对,同时个人恋爱、婚姻、家庭及其他种种日常生活问题堆积在一起,使得公职人员疲于应付以致心力交瘁。公职人员作为国家决策的主要执行者,繁重的心理压力直接导致公职人员的工作热情、工作效率和工作能力下降,影响各项工作的正常开展和运行。特别是公职人员由不良心理问题引发身体不适的趋向日益加重,抑郁、焦虑、工作倦怠等问题愈加突出,若不能有效排解压力,可能导致工作兴趣减弱,对工作任务敷衍、搪塞、推诿,工作效率不高,工作失误增加等问题。公职人员的心理健康不仅是个人的健康,更涉及公共行政工作的良性运行。因此,认识公职人员常见心理问题的表现,并分析这些心理问题产生的原因以及对公职人员造成的影响,就显得格外重要。

(一)公职人员心理问题的表现

目前,我国公职人员的心理问题主要表现为:心理亚健康所占比例较大;容易出现不同程度的工作倦怠、抑郁、焦虑、人际交往敏感等。

1.焦虑情绪

在日常生活中面对压力和应激时,每个人都会感到担忧和焦虑,大多数情况下这些情绪反应是正常的,不会给身体和心理造成损害,甚至有利于人的生存。但是当担忧和焦虑反应过分强烈,或者反应强度与事情的严重程度不相符时,就可能对身心产生危害,成为焦虑症。

焦虑是公职人员常见的心理问题之一。《中国国民心理健康发展报告(2017—2018)》显示,有5%的公务员的焦虑水平较高,有35.2%的公务员处于中高等焦虑水平;在教师群体中,焦虑也是主要的心理问题之一。公职人员的焦虑伴随着工作而存在,对于公职人员来说,工作任务繁杂、时间紧迫等所导致的工作压力和人际关系紧张,容易使个体产生焦虑情绪。因此,焦虑是公职人员在工作中不可避免的一种情绪状态。虽然适度的焦虑会使人产生一种压力感,促使其充分发挥工作的积极性,但是过度的焦虑则会严重影响公职人员正常的工作,使他们产生精神负担。

2.抑郁心理

抑郁症是一种常见的精神疾病,以心情低落、思维迟缓、意志活动减退为典型症状,以连续、长期而持久的心情不好为主要临床特征。抑郁症是一种严重危害人类身心健康的常见病,很多人都曾有过抑郁的体验,而抑郁症在成年人中的终身患病率达5%~10%,成为世界第五大疾病。2015年,据世界卫生组织估计,全世界的抑郁症患者达3亿人,我国有几千万人患有不同程度的抑郁症。同样,抑郁也是困扰公职人员的常见心理问题之一。《中国国民心理健康发展报告(2017—2018)》显示,有5.5%的公务员的抑郁水平较高,有33.2%的公务员处于中高等抑郁水平;并且抑郁也是困扰教师群体的主要心理问题。公职人员的工作相对来说较为程序化,比较枯燥乏味。久而久之,公职人员会觉得自己工作缺乏挑战性,从而产生抑郁心理,导致他们对日常活动的兴趣减退、对前途悲观失望,遇事常往坏处想。抑郁心理的特征包括悲观、绝望和厌世,通常表现为言寡、行独、厌恶社交、抑郁苦闷,常常被失望、孤立无援及凄凉等情感所包围,从而对生活失去信心。他们可能出现睡眠不佳、食欲减退、体重减轻的情况,严重者希望逃脱令他们不能忍受的生活环境,摆脱身体上、精神上的痛苦,甚至可能企图自杀。

美文赏析

切开忧郁的洋葱

忧郁是一只近在咫尺的洋葱,散发着独特而辛辣的味道,剥开它紧密粘粘(黏黏)的鳞片时,我们会泪流满面。

我们都认识忧郁。每一个人,在一生的某个时刻,都曾和忧郁狭路相逢。

随着现代社会的发达,忧郁更成了传染的通病。"忧郁症"已经如同感冒病毒一般,在都市悄悄蔓延流行。

忧郁像雾,难以形容。它是一种情感的陷落,是一种低潮的感觉状态。它的症状虽多,灰色是统一的韵调。冷漠,丧失兴趣,缺乏胃口,退缩,嗜睡,无法集中注意力,对自己不满,缺乏自信……不敢爱,不敢说,不敢愤怒,不敢决策……每一片落叶都敲碎心房,每一声鸟鸣都溅起泪滴,每一束眼光都蕴满孤独,每一朵脚步都狐疑不定……

不要嘲笑忧郁,忧郁是一种面对失落的正常。不要否认我们的忧郁,忧郁会使我们成长。不要长久地被忧郁围困,忧郁会使我们萎缩。不要被忧郁吓倒,摆脱了忧郁的我们,会更加柔韧刚强。

(本文出自毕淑敏.毕淑敏散文[M].北京:中央编译出版社,2005.)

3.自卑心理

自卑是一种通过不合理的方式,尤其是过多地与他人进行不科学的比较而产生的自我否定、自惭形秽的心理体验。自卑情结,根植于潜意识,是过低的自我评价,它使人漠视自己的潜能,销蚀自己的意志,淡漠自己的情感,妨碍自己的认知,令自己的心理机能减弱乃至退化。自卑感起源于个体察觉到自己不能达到自己理想中的完美标准。人在生活中时刻都可能产生自卑感,比如先天的、生理上的缺陷,出生后在家庭中的地位,走上社会后人与人之间的利害冲突等都可能让人产生不完美、不得志、感觉比别人差的情绪。公职人员的自卑主要是工作能力不足导致的自卑心理,如演讲能力、社交能力不足等。有时为了完成工作任务,公职人员需要出席一些公众场合,而这种公众场合对于性格开朗大方的人来说无疑是展现自我的大好机会,但对于那些不太擅长公众发言的公职人员来说,很容易产生怯懦、自卑心理,如果长期发展下去,则会产生严重的身心疾病,影响正常工作。

4.人际关系敏感

人际关系敏感主要是指人际交往中的自卑感、心神不安、明显的不自在,以及不良的自我暗示、消极的期待等,特别是与其他人相比较时人际关系敏感表现更加突出。人际关系敏感主要表现为:不能正确处理个人与社会的相互关系,在人群中感到不自在,与人相处时有较强的戒备、怀疑和嫉妒心理,在人际关系上存在着种种困惑。人际关系敏感也是困扰公职人员的心理问题之一,良好的人际关系不仅有利于工作的顺利开展,也有利于个人的心理健康。在机关单位里面,公职人员的人际关系是比较复杂的,包括与同事的关系、与上级领导的关系、与人民群众的关系。在同事关系上,表面上单位规模较大、部门较多,打交道的人也多,但是真正能够遇到相互欣赏、志同道合的同事甚至发展为挚友的却很少。公职人员在知识水平、经验能力以及个人喜好和习惯等方面存在差异,故在与上级领导和人民群众相处的过程中,并不是所有的公职人员都能做到游刃有余。因此,有的公职人员会产生强烈的不安全感、孤独感。此外,性格内向、不善沟通等个人原因也会使公职人员产生自卑和不自在等感觉,导致人际关系敏感。

(二)公职人员心理问题产生的原因

公职人员产生心理问题的原因比较复杂,大致可以归纳为以下几个方面:一是社会结构的变化,随着经济体制深刻变革、社会结构深刻变动、利益格局深刻调整、思想观念深刻变化,社会竞争加剧,工作生活节奏加快,如果个体的心理状况滞后于急剧变化的社会状态,就容易出现心理落差、心态失衡。二是不善于表达的基因,传统教育的"面子文化"渗透到一些公职人员的日常社会生活中,严重的自我防御阻碍了思想感情正常、健康的沟通和交流,长此以往,堆积的焦虑和压力无法得到释放,进而产生疲惫、孤独、失落等心理困扰。三是缺乏职业经验与历练,一些年轻的公职人员缺乏艰苦的社会历练和严格的工作锻炼,一旦面对职业压力,在工作中受挫,就容易陷入失落、沮丧等情绪。

就公职人员来说,职业压力是导致他们出现心理问题的主要原因之一。适度的压力可以促使公职人员进步,但是过重的心理负担会对其心理造成不同程度的伤害。具体来说,职位晋升、自我实现和工作倦怠等职业压力,以及自我认识不足、角色认同感低、人岗匹配度不够等角色冲突,容易导致公职人员产生一系列心理问题。

1.职业压力

(1)工作任务压力

当今公职人员正处在新时代社会转型、公共责任压力增大的状态中,面对各项工作接连开展、上级要求高、监督问责严的考验,他们承受着较大的工作任务压力。具体来说,公职人员在日常工作中,要应对很多人,处理很多临时事务。很多时候当下的工作还没完成,又来了新的任务。面对繁杂的工作任务,总感觉时间不够用,不能灵活主动地处理问题,总感觉神经紧绷,心里总有放不下的事情。长期处于工作任务压力中的公职人员,极易产生不良的心理问题。

(2)职位晋升压力

公职人员的职位晋升压力主要有两个:一个是职位晋升前的压力,另一个是职位晋升后的压力。一方面,随着社会的发展和进步,群体竞争加剧是现在社会的一个普遍现象,在公职人员队伍中,越来越多的高水平人才加入,而那些只熟悉部分岗位工作、能力相对有限、文化水平较低的人员不免会被社会洪流淘汰,并在干部选拔和提升中不被采纳。有的公职人员表示在工作中个人成就感不高,很多基础工作耗时耗力不显成绩,很难得到领导重视,时间一长难免产生挫败感和失落感。此外,入职要考试,任职要竞聘,升职还要考核。因此,公职人员想要在职位上有所晋升必须承受激烈的竞争和考核的压力。另一方面,公职人员在职位晋升之后也不完全像想象中那样满心欢喜,同样也会出现很多问题,承受许多压力。比如,职位转变之后对新职位的适应导致的压力,自身的职业成就期待导致的压力等,主要体现在以下几个方面。

①自我实现压力

人本主义心理学家亚伯拉罕·马斯洛(Abraham Maslow)提出了需要层次理论,他认为人的需要有高级和低级之分,在满足低级层次的需要之后,人们会追求更高层次需要的满足。马斯洛在需要层次理论中将人的需要从低到高分为:生理需要、安全需要、归属与爱需要、尊重需要和自我实现需要。其中,自我实现需要是最高层次的需要,是指实现个人理想抱负,将个人能力发挥到最大限度的需要。对于公职人员来说,自我实现需要是他们当下较为重要的需要。尤其是对于刚入职的公职人员来说,他们的自我实现需要更加强烈,他们怀着满腔热血和抱负踏入工作岗位,本以为到单位会承担重要的工作任务,为社会做贡献,但是工作之后,发现自己做的都是一些小事,感觉工作没有挑战性,自己的才能也没有得到充分发挥。在梦想与现实的冲突之下,强烈的自我实现需要会对公职人员造成较大压力,很容易产生心理问题。

②工作倦怠

工作倦怠容易在工作时间较长的情况下产生,有时也会在新的工作环境里出现。其产生的原因主要有两个:一是个人因素,包括过于理想化的期望、过强的个人责任感、完美主义、性格特征与工作特性不契合、个人能力不足等;二是职场因素,包括缺乏奖励、考核制度不合理、缺乏明确的职责划分、角色冲突、上级领导情绪化、晋升无望、工作前景不好、工作负荷过重等。出现工作倦怠的公职人员,通常有巨大的压力感,容易产生挫折、愤怒、紧张、焦虑、神经质、恐惧、压抑、猜疑、拖延、逃避、对抗、偏执和注意力难以集中等情绪问题。因此,工作倦怠产生的负面影响较大,会降低积极进取的动力、影响人际关系和业绩考核,进而导致心理问题的产生。

2.角色冲突

除了职业压力会导致心理问题外,角色冲突也是公职人员心理问题产生的重要原因。具体来说,公职人员的角色冲突主要体现在以下几个方面。

(1)自我认识不足

自我是指人的自我意识。卡尔·罗杰斯(Carl Ransom Rogers)认为,自我概念是个人现象场中与个人自身有关的内容,是个人自我知觉的组织系统和看待自身的方式,对个性与行为具有重要意义。国外学者对个体自我概念与心理健康的关系进行了大量的实证研究,发现个体自我概念与心理健康存在相关关系,并且自我概念对心理健康的作用是积极还是消极的,取决于自我概念的性质,即主动性或被动消沉性。国内也有研究发现,自我概念水平越高,心理越健康;自我概念水平越低,心理问题也就越多。有些公职人员在择业的时候,并没有充分认识自己,不了解自己的兴趣所在,导致自身兴趣和工作之间发生冲突。如果一个人对某一项工作有强烈的兴趣,那么,他就能很好地发挥自身的才能,并且能够长时间保持较高的工作效率而不感到疲倦。然而,如果对某一项工作没有兴趣还要硬着头皮去做的人,不仅不能够发挥自己的才能,而且更容易疲乏,进而导致不良心理问题的产生。

(2)角色认同感低

角色认同是指个体或群体对所拥有的社会角色的认同,是对社会规定的该角色的规范和特质的认同,角色认同发生在个体或群体与社会的相互作用中。公职人员的职业特点决定了公职人员社会角色的多样性和复杂性。公职人员在工作中扮演着为人民服务者、社会的管理者、社会道德的实践者和示范者,在生活中扮演着父母、子女、朋友等诸多角色。角色认同感低的公职人员对自己在社会中的角色缺乏正确、全面和理性的认识,很难运用心理资源或通过寻求社会支持来克服工作中的困难和免除不必要的忧虑,容易导致一些心理问题的产生。

(3)人岗匹配程度不够

弗兰克·帕森斯(Frank Parsons)的"特质因素理论"(常被人称作"人职匹配理论")明确阐释了职业选择的三大要素和条件,他认为职业与人的匹配分为两种类型。第一,条件匹配,即需要专门技术和专业知识的职业与掌握该种特殊技能和专业知识的择业者相匹配。如,累、险等劳动条件差的职业,就需要吃苦耐劳、体格强壮的劳动者与之匹配。第二,特长匹配,即某些职业需要具有一定特长的人,如具有敏感性、创造性、个性强、理想主义等人格特性的人,适合从事审美、自我情感表达的艺术创作类型的职业。职业与人的匹配程度越高,越能最大限度发挥个人的才能,同时也有利于工作效率的提高。反之,职业和人的匹配程度不够,就会抑制个人潜能,导致不良心理问题的产生。对于刚入职的公职人员,人岗不匹配主要体现在条件上的不足。刚刚步入职场的公职人员,其人际交往能力、组织协调能力以及随机应变能力等还存在一定程度的欠缺,这些能力需要通过长时间的锻炼和经验积累去发展和提升。

(三)公职人员心理问题的影响

1.心理问题与身体健康

心理健康与身体健康的关系极为密切,健康的心理有助于维持身体的健康。例如,积极、愉快、自信、平和的心态有助于提高人的免疫力,使人能有效地抵抗疾病的侵袭,从而促进身体的健康。若是心理不健康,如长期的过度焦虑、忧愁、抑郁、愤怒,则会导致身体出现异常或病变,例如高血压、神经症、失眠、偏头痛、胃病等。人们常说的"病由心生"就是这个道理,精神的崩溃势必导致身体的崩溃。

2.心理问题与工作效率

心理健康有助于提高工作效率,而心理问题则会导致工作效率降低。一个有心理问题的公职人员,在智力、情感、意志和个性等方面都会受到一定影响,不容易形成健康、积极的人格。此外,也很难自如地运用自己的智慧和才能去应对客观环境,不能让自身的心理倾向、行为与社会大众的要求协调一致,很难获得与环境的积极平衡。如此一来,不利于公职人员的工作开展,导致工作效率降低。另外,有心理问题的公职人员很难以正确的态度应对矛盾和解决问题,因而不利于化解矛盾,不利于团队的分工与合作,也会导致工作效率降低。

3.心理问题与生活幸福

心理健康水平与总体幸福感呈显著的正相关。总体来说,人们所能体验到的幸福感在很大程度上与心理健康程度有着密切的关系。在物质条件或客观条件等同的情况下,心理健康程度高的人比心理健康程度低的人更能体验到生活的幸福。因此,拥有健康的心理是生活幸福的一个重要的前提,心理问题会导致生活幸福感下降。究其原因,是有心理问题的人常常会伴有一些不良情绪的存在,这会带来不好的情绪体验,进而影响生活幸福感。

三、培养心理调适能力

心理调适是指当人感受到工作和生活的变化所带来的压力时,积极采取措施应对各种心理状态的能力,主要表现为人的情绪及行为与环境的和谐。心理调适能力对人保持心理健康、消除不良心理问题有着重要的作用。《国家公务员通用能力标准框架(试行)》中,将心理调适能力列为公务员必须具备的九种通用能力之一,明确提出公务员要培养心理调适能力。

(一)公职人员心理调适能力的特点

能力对每个人来说都有差异,公职人员也不例外。有些人的心理调适能力强一些,有些人则弱一些;有些人对压力有较强的抵抗力,哪怕经历接二连三的压力事件,但仍未崩溃;有些人即使经历低水平的压力事件,也会崩溃。那么,具备一定心理调适能力的公职人员有哪些特点呢?

1. 乐观的心态

乐观是抵抗各种压力,保持身心健康的首要特点。研究表明,乐观的性格能加速心脏手术后的康复。与乐观相联系的是幽默,性格幽默的人能够化解挫折的困境和尴尬的场面,使生活充满乐趣和活力。

2. 自觉控制力

心理调适能力高的人对生活中发生的压力事件有较强的自觉控制力,因而感觉不到压力和无助。自觉控制力能降低对压力的感觉,能更好地认识情境,直接影响免疫系统和内分泌系统的功能,并能增进健康行为的有效性。

3. 思维的灵活性

心理调适能力较强的人能积极地投入工作与生活中,有较大的灵活性和改变倾向。他们面对压力情境不会固守一种思维模式和看问题的方式,而是根据实际情况,做出恰当的判断和评价,从而采取正确的应对方法。

4. 高自我效能感

自我效能感是对自己能否胜任某种工作的主观评估。研究表明,心理调适能力较强的人会拥有较高的自我效能感,遇事能理智处理,乐于迎接挑战,能够抑制自暴自弃的想法,能适时发挥智慧和技能;自我效能感低的人则常常容易畏缩不前,情绪化地处理问题,在压力面前束手无策,易受惧怕、恐慌和羞涩的干扰,不能适时发挥智慧和技能。

5.较强的自我控制和自我弹性

自我控制指通过延迟满足、抑制攻击、做出计划控制冲动的能力,自我弹性指通过自我调控适应环境要求的能力。二者都属于经历压力事件时调整自己身心的能力,心理调适能力较强的人往往有较强的自我控制和自我弹性。

(二)公职人员培养心理调适能力的重要性

虽然公职人员的职业性质不尽相同,并且有着不同的岗位和分工,但是他们都同样面对复杂的工作,承受着工作带来的压力,存在不同程度的心理问题。这些问题的应对和解决都要求他们发展相应的心理调适能力。因此,运用积极的应对策略,提高自身的心理调适能力显得尤为重要。具体来说,良好的心理调适能力的重要性主要体现在以下三个方面。

1.良好的心理调适能力有助于保持乐观的心态,促进身心健康

长期的高度紧张会使身体的防御系统被迫持续处于高度警觉状态,能量渐渐衰竭,自身的免疫功能受损,这不仅会降低抵抗压力的能力,而且可能导致疾病。而具有较高心理调适能力的人恰恰能够在压力中保持乐观的心态,以减轻压力导致的心理负担,从而减少不良心理问题带来的危害,由此将人体维持在一种最佳的状态。简而言之,提高公职人员的心理调适能力有助于保持自身乐观的情绪,从而增强机体的免疫力,免受疾病的侵袭。

2.良好的心理调适能力有助于减少压力源,合理地评价问题

人生难免会碰到许多想象不到的突发事件,或者遭遇困难、逆境,抑或面临许多挑战,但并非任何事情都会造成压力。压力与不愉快、厌恶、愤恨、焦虑等消极的感觉或评价密切相关。同样是竞选某个岗位失败,如果一味指责自己,认为自己无能、人缘不好、领导不看重自己,则会十分自卑、沮丧、痛苦;但是如果换一个角度想,新岗位压力大、担子重、不太容易出成绩,或许会开怀许多。因此,良好的心理调适能力可以通过积极心理暗示减少压力源,使人们更加理性地看待问题,而不仅仅是以结果去评价。

3.良好的心理调适能力有助于建立良性的人际关系

良好的心理调适能力有助于公职人员在工作、生活中建立良性的人际关系。如果能在平时的工作生活中学会抛弃怨恨、宽容他人、善待自己,不仅对自己的健康有利,还有益于建立良好的人际关系。拥有良好的人际关系,就具备了坚实的社会支持。每当遇到压力和困难时,社会支持力量就会发挥作用。此外,良性的人际关系有助于降低无助感,增强个体应对压力的信心。反之,则会使已有的压力加重,减弱个体的承受力。

(三)明确公职人员心理调适的范围

公职人员在面对心理问题时,首先要了解心理调适的范围,以及培养心理调适能力的基础。主要包括以下三个方面。

1.职业压力调适

从公职人员的职业特点和工作要求来看,时间要求紧、责任重大、工作缺乏刺激和挑战性、工作内容单调等都会引起消极情绪,如担忧、焦虑、抑郁等。从职业发展来看,组织的高度集中化、形式化、规模宏大、变动性小、工资待遇不公,以及经常调动、交流不够、任务不明、矛盾冲突、反馈不足等,都可能是压力源。此外,在工作中缺乏接受、承认、信任以及充满竞争等,也都可能形成压力。面对诸如此类的工作压力,有的公职人员会产生焦虑、抑郁等情绪反应,有的甚至出现溃疡、心脏病等躯体疾病。如果不及时进行心理调适,那么心理上感受到的压力就可能越来越沉重,从而产生心理障碍甚至心理疾病。

2.家庭压力调适

对绝大多数人来说,家庭发生的事情常常会影响到他们的情绪,如夫妻矛盾、孩子教育、家人健康、经济问题等。家庭压力不可避免地会对个人的工作造成影响,因此为了保证公职人员的工作效率和工作质量,需要及时对家庭压力进行调适。

3.环境压力调适

环境刺激并不是必然的压力源,只有当个体视它为危险或威胁时才会成为压力。对环境压力的调适,主要是指对工作环境的压力和对人际关系的压力两方面的调适。比如,岗位调动、人际关系复杂等情况都会使一些公职人员尤其是刚刚进入这个群体的公职人员感到不适。一定程度的压力对正常的发育和正常的机能都十分重要,但环境压力过大会损害身心健康。有的公职人员心理承受能力强,对压力的自我调适能力强,环境等因素不会成为他们的心理负担;反之,则会成为沉重的心理负担。

4.公职人员应掌握心理调适的方式

掌握心理调适的方式是培养公职人员心理调适能力的关键,这里主要介绍以下四种心理调适的方式。

(1)调整认知方式,提高积极性认知

著名心理学家阿尔伯特·埃利斯(Albert Ellis)的理性情绪行为疗法指出,诱发事件(B)只是引起情绪(C)的间接原因,而人们对诱发事件所持的观点、态度和解释即认知(A)才是引起人的情绪及行为反应的主要原因。不同的公职人员的个人经历和经验不同,认知也不同,对同一事件的观点、态度和解释也会有所差异。有研究表明,人们的幸福感与积极认知方式呈显著正相关,与消极认知方式呈显著负相关。因此,公职人员要学会从不同角度看问题,正确看待工作中的各种压力,特别是要学会从客观或积极视角来解释、评价问题。由此,公职人员的情绪也就会更加积极。

(2)调整行为模式,增强自身行为的可控性

认知理论[如贝克(Aaron T. Beck)的理论]认为,认知图式指导着人的信息加工过程,对内外环境的信息表现出主动选择的趋势,赋予知觉信息不同的意义,评估自己的情境,通过心理构建各自的现实。而内外环境信息多种多样,可能会造成信息加工系统发生紊乱或认知发生曲解。从这个意义上来说,完全避免认知偏差或信息加工错误是极其困难的。因此,公职人员在工作中要学会尊重差异、容忍差异,这样才能建立和谐的同事关系、群众关系。

要学会及时宣泄不良情绪。向他人倾诉往往是减轻工作压力对自身影响的最好途径之一。公职人员在遇到巨大心理压力,且自己无法进行自我调适时,要敢于向亲人和朋友倾诉,通过合理的方式及时宣泄焦虑、抑郁等不良情绪,减少不良情绪的积压。

要善于表达和沟通。公职人员要尽量克服怯懦心理,要敢于在大家面前展示自己,多跟同事交流沟通,适当表达自己的情感。

要学会权衡工作与生活的关系。公职人员对自己的工作期望要适度,否则容易产生过大的心理压力。当然把期望值适当降低并不等于不重视工作,而是说公职人员能通过自身工作能力的提高就能达到期望值。

(3)掌握放松方法,学会让自己的身心放松

松弛与压力是相对的,放松能减慢心跳、降低血压,以及减小压力带来的其他不良生理反应。首先,可以学习一些放松方法。如腹式呼吸技术、冥想放松技术、生物反馈和音乐放松等,这些放松方法对压力引起的焦虑、忧虑情绪有较好的缓解作用。其次,加强体育锻炼,使身心达到平衡。国外学者认为,健康状况与人的主观幸福感之间有着密切的联系,并将它列为影响主观幸福感的第一大因素。因此,公职人员在工作之余,还应该加强体育锻炼,一方面可以提高身体素质,另一方面可以保持健康心态。

(4)认识自己的个性,培养健康的人格特征

心理健康的核心是人格的成熟,真正的心理健康代表着一种心理发展的层次。公职人员要正确认识自己的人格特点,了解自己的长处和不足,了解自己的思维特点和情绪特征,加强自我修养,培养乐观、开朗、宽容的个性,以积极的心态面对工作中的人和事。

四、提升职业自我效能感

自我效能感是由美国著名心理学家阿尔伯特·班杜拉(Albert Bandura)提出的一个重要的概念,是个体对自己能否利用所拥有的技能去完成某项工作行为的自信程度。自20世纪80年代以来,一些研究者将班杜拉的自我效能感理论运用到职业领域中,研究职业领域中的问题。一开始,他们运用自我效能感理论去研究大学生在职业选择中的性别差异问题。之后,自我效能感的理论就从职业问题的应用研究转向了所有人的一般职业选择与发展的研究。随着自我效能感在职业选择与发展中应用范围的扩大,研究者开始使用职业自我效能感的概念,来表达与职业选择、发展的活动、决策以及行为等有关的职业效能。简

而言之,职业自我效能感是自我效能感在职业领域的具体应用。主要包括两个方面的内容:一是与职业内容相关的自我效能感,即个体对自身完成某一职业所规定的有关内容和某些具体职业的任务等的信念,比如该职业所需的教育经历。二是相关职业行为过程的自我效能感,即个体对自身完成有关职业行为过程,实现行为目标的信念,比如职业探索、职业选择、职业决策等。班杜拉指出:职业自我效能感高者往往会对自己的职业生涯更有信心,不会因为信心不足而限制他选择职业的范围,同时会有更积极的求职行为,更容易成功做出职业决策并成功就业。

(一)职业自我效能感的影响因素

职业自我效能感作为个体在自身与环境发生相互作用时所产生的自我判断和信念,并不是凭空产生的,而是以一定的经验或信息为依据的。班杜拉认为影响职业自我效能感形成的因素主要有以下五个。

1. 与职业活动有关的成败经验

成败经验是来自个体的亲身体验,对职业自我效能感的影响力度最大。人们常通过自己在现实中的经历来获得对自身能力的认识。成功的经验可以明显提高个体的职业自我效能感,进而对自己的能力充满信心,最终有勇气尝试更有难度的挑战。而失败的经验则会降低个体的职业自我效能感。不断的成功与失败会使人建立起或高或低的稳固的职业自我效能感,不会因一时的挫折而降低,也不因一时的成功而提高,而且还会将成功或失败的经验应用到类似的情境中去。

2. 与职业相关的替代性经验

替代性经验是通过观察榜样或他人的行为而获得的经验,对职业自我效能感的提升也有重要的影响。当我们看到与自己能力相似的人在某项职业活动上获得成功时,能够提高我们对该职业的自我效能感,并且相信自己也能够完成相似的行为。当我们看到与自己有相似能力的人在某项职业活动中遭遇失败时,则会降低我们在这方面的职业自我效能感。替代性经验影响自我效能感的关键在于学习者与被观察者的一致性问题,通常,学习者通过与被观察者的比较来评价自身效能感。

3. 言语劝说

言语劝说是凭借说服性的建议、劝告、解释、引导,改变人的知识与态度,进而改变人的自我效能感,从而确立行动目标,去完成更有挑战性的事情和任务,言语劝说主要指来自社会的鼓励和劝说。社会说服的效果与劝说者的威望、地位、专长及劝说内容的可信程度紧密相关。父母、教师、权威、偶像、领导、同事等的鼓励都非常有利于个体职业自我效能感的提高,但如果劝说者把对个体的职业能力信念提高到不切实际的高度,则会导致个体在具体职业活动中失败,并由此降低个体的职业自我效能感。

4. 情绪唤醒

班杜拉在"脱敏"的研究中发现,心理状态是影响职业自我效能感的重要因素之一。轻松愉快、适度紧张的状态有助于职业自我效能感的提高;而身体不适或焦虑、抑郁等身心状态则会降低个体的职业自我效能感。一般来说,平和、中等强度的情绪有助于自我效能的形成,而过度强烈的情绪则会削弱自我效能的作用。

5. 情境条件

不同的环境提供给人的信息是大不一样的,某些情境比其他情境更难以适应和控制。当一个人进入陌生且容易引起焦虑的情境中时,其职业自我效能感水平和强度就会降低。

但是,来自任何渠道的效能信息都不能完全影响个体的职业自我效能感。

(二)提升公职人员职业自我效能感的重要性

与职业倦怠相关的研究表明,职业自我效能感能有效预测职业倦怠程度,对预防和缓解职业倦怠也具有重要作用。职业自我效能感水平与职业倦怠水平有着紧密的相关性,个体职业自我效能感越高,出现职业倦怠的可能性就越低;而个体职业自我效能感越低,出现职业倦怠的可能性就越高。虽然职业倦怠只是个体的行为表现,但如果任其发展,不采取相应的应对措施,就会影响组织绩效,甚至阻碍整个社会的发展。因此,提升公职人员的职业自我效能感,对公职人员队伍建设具有重要的现实意义。具体来说,提升公职人员的职业自我效能感的重要性包括以下四个方面。

1.决定人们对职业活动的选择以及对职业的坚持程度

在实际工作中,人们通常会进行各种选择,职业自我效能感在很大程度上会决定其对职业活动的选择及该行为的持续性。职业自我效能感水平高的人,在工作中更倾向于选择富有挑战性的任务,从而使自己的潜能得到开发。而职业自我效能感低的人,在工作中则更倾向于选择挑战性比较低的任务。在具体行为中,积极的职业自我效能感会培养出积极、乐观的心态,并且最终促进该职业行为的完成,实现预定的行为目标。

2.影响人们在困难面前的态度和努力程度

一般情况下,职业自我效能感高的人和职业自我效能感低的人,面对困难的态度和采取的措施是截然不同的。职业自我效能感高的人在工作中能够勇敢面对困难,会把压力和困难进行自我消化,并转化为获取成功的动力,进而更努力地面对挑战。此外,职业自我效能感高的人具有非常强的自信心,相信通过自己的努力能够克服困难。而职业自我效能感低的人对工作中遇到的困难常采取逃避的态度,会把压力转化为焦虑,遇到困难不知所措,工作效率低下。同时,职业自我效能感低的人缺乏自信,也不愿意甚至会完全放弃尝试和坚持。

3.影响新行为的习得和习得行为的表现

职业自我效能感高的人在进行新的学习时,确信自己能够很好地掌握有关知识和技能,因此他们能够把注意力放在应该集中的地方,有助于取得更好的学习效果,并能自信地运用新习得的知识和技能。而职业自我效能感低的人在接受信息的时候会有一些错误处理,比如把实际困难想象得更加严重,这种思维导致他们会将更多的注意力放在不利因素方面。职业自我效能感低的人在进行新的学习时,不能确信自己能够很好地运用有关知识和技能,因此他们不能把注意力完全集中,不利于取得最佳的学习效果。

4.影响工作时的情绪

职业自我效能感高的人,通常在工作中更加自信,会以更饱满的热情投入工作中,因而工作效率高。而职业自我效能感低的人在工作中遇到困难便会自我否定,因此对工作产生恐惧及焦虑,影响工作效率。

(三)公职人员提升职业自我效能感的方式

职业自我效能感是在自我效能感的基础上发展起来的,是综合各种信息,对自身某种职业行为能力的判断以及评估,从而形成的对自身能力的信心或信念,对职业行为有着非常大的影响,与人们的现实生活也紧密联系。那么,公职人员应该如何提升职业自我效能感呢?

1.树立能力成长观

个人所持有的能力观会对职业自我效能感的形成和发展产生一定的影响。持有这种能力观的人,相信能力可以改变,并且随着实践经验的积累会不断提高。他们在职场中会累积每一次成功经验,激发工作热情和潜力,进而增强职业自我效能感,即便是失败了也只会认为是努力不够或策略不当造成的,不会怀疑自己的能力,职业自我效能感也不会降低。

2.养成积极的归因方式

个人归因方式与职业自我效能感相互影响。归因理论认为对行为结果的归因可以从内部/外部、可控/不可控、稳定/不稳定三个维度来衡量,可归结为能力、努力、运气和任务的难度四个有代表性的原因。公职人员在进行归因的过程中,不要自我轻视,将自己成功的经验归因于自己的能力或努力,避免将失败经验归结为自己能力的缺陷,这有助于提高自身的职业自我效能感。

3.做好情绪监控

公职人员在工作过程中,要学会监控自身的情绪。当考虑或者开始某项工作任务时,要时刻监控自身的情绪。如,焦虑情绪表明个体职业自我效能期望较低,而兴奋则表明职业自我效能期望较高。对个体自身情绪的识别是判断职业自我效能感的一个关键途径。同时,公职人员也可以通过调节自己的情绪,提升职业自我效能感。经常体验到积极情绪的个体,比悲观厌世的个体更相信自己能把一件事情做好。

4.设置合理的工作目标

目标是衡量工作绩效和个人能力水平的标准,同时也是自我效能和工作绩效之间的一个重要中间变量,达到目标会使个人产生能够胜任该任务的能力感,有助于职业自我效能感的形成和提升。一方面,设置具有挑战性的目标对于职业自我效能感的发展非常有利。所谓挑战性的目标,是指对自身来说有一定难度但经过一定的努力可以达到的目标。设置过高的目标容易产生挫败感从而降低职业自我效能感，而过低的目标本身就是效能感不足的表现，也无助于职业自我效能感的提高。另一方面，目标的具体性也是影响个人职业自我效能感形成的一个重要因素。具体的目标能使人们在实现目标的过程中产生自我满足感，进而促进职业自我效能感的进一步发展。因此，在职业活动中，设定明确、具体、具有挑战性且通过个人努力能够完成的目标，可以提高工作绩效，增加成功的机会，进而有效提升职业自我效能感。具体来说，公职人员在完成工作的过程中，可以将一些长期目标或任务分解成若干个中短期目标或任务，一步一步完成，这样有助于提高工作绩效，从而提升职业自我效能感。

5. 增加正面的职业自我效能感信息

增加正面的自我效能感信息，可以提高个人的职业自我效能感。具体来说，首先，公职人员可以通过接受专业的培训提高自身的实际工作能力，从而提高工作绩效，获得更多的成功经验。其次，公职人员要积极关注在本职工作中获得成功的人物并把其作为自身的榜样，不断激发自身的信心和斗志，有助于职业自我效能感的形成和发展。最后，公职人员可以适当接受正面的言语劝导。公职人员接受正面的言语劝导尤其是在事实基础上的言语劝导，比如上级对下属、同事之间的言语鼓励以及公职人员自身的自我说服和自我激励等都有助于提高自信心，促进职业自我效能感的形成和发展。

6. 重视绩效评估过程中的反馈方式

工作单位进行绩效评估的目的是提供信息反馈，在评估的过程中反馈方式非常重要。积极的反馈方式有助于个体获得心理上的满足，调动工作积极性，进而帮助公职人员提升职业自我效能感。消极的反馈方式会伤及公职人员的自信心，进而降低其职业自我效能感。因此，领导干部在管理中必须学会如何为下属提供积极的语言支持和管理方面的信息。

公职人员的职业自我效能感与其工作表现、工作绩效密切相关，这一点无论是在理论上还是在实践中都得到了充分证实。职业自我效能感高的公职人员能够实现自我调节、自我激励，进而适应新的组织形式要求，保证组织目标的实现。因此，公职人员要采取有效措施提高职业自我效能感，进而以个体效能的提升促进组织整体效能的提升。

五、合理宣泄不良情绪

(一)不良情绪的表现

在情绪心理学中,情绪指具有主观体验、生理变化和外显表情的心理活动的整体过程,一般认为,情绪是以个体愿望和需要为中介的一种心理活动。其中,情绪的主观体验是大脑的感受状态,是心理活动的一种带有独特享乐色调的知觉或意识。不同的人对同一事物可能会产生不同的情绪体验,这就是情绪体验的主观性。情绪的生理变化包括在情绪活动中产生的所有生理变化。当处于情绪状态时,体内由自主神经系统支配的内脏器官和内分泌活动会发生变化。情绪的外显表情指表征具体情绪的面部表情和身体姿势。在情绪活动中,人的面部、四肢和躯干的动作、姿态会发生明显的变化,这些变化可以被他人直接观察到,往往成为情绪活动的表面特征,所以被称为表情。

不良情绪是指一个人对客观刺激进行反应之后所产生的过度体验,焦虑、紧张、愤怒、沮丧、痛苦、难过、不快、忧郁等情绪都属于不良情绪。不良情绪主要包括两种体现形式:一种是持久性的消极情绪体验,是指在引起悲、忧、恐、惊、怒、躁等消极情绪的因素消失之后,个体仍数日、数周,甚至数月沉浸在消极状态中,不能自拔。另一种是过渡性的情绪体验,是指心理体验过分强烈,超出了一定限度,如狂喜、过分激动等。持久性的消极情绪体验和过渡性的情绪体验都有严重的危害性,危害的程度因人而异。当情绪出现波动和异常的时候,会影响正常的生活和工作,同时也很容易引发疾病。具体的伤害包括:一方面会对生活和学习产生影响。不良情绪导致个体出现不想工作、工作分心、生活懒散等情况,会影响个体的生活和工作的质量。同时,由于情绪是可以传染的,周围的人看到某个人的情绪不好也会远离他,从而影响人际关系。另一方面,会影响个体的身体健康。不良的情绪会引发胃肠疾病,个体在伤心的时候会感觉到胃部疼痛,导致食欲变差或者暴饮暴食,从而影响肠胃健康。长期处于情绪不良的人易患胃溃疡、胃炎、冠心病,严重者还会出现胃出血等疾病。此外,长期沉浸在不良情绪中的个体,其抵抗力也会下降,容易产生一些其他的身体疾病。

(二)公职人员宣泄不良情绪的方式

随着工作和生活压力越来越大,公职人员更容易体验到不良情绪,这会降低其工作效率和生活质量,危害到人际关系,严重的还会威胁个体的身心健康。面对不良情绪,我们或许不能阻止不良情绪的出现,但是我们可以对不良情绪进行引导和疏解。那么,公职人员应该如何合理宣泄自己的不良情绪呢?

1. 学会倾诉

倾诉是一种能力,将心中的苦闷忧郁向他人诉说,他人的理解和关爱会消除个体心中的不良情绪。个体在倾诉的过程中要掌握倾诉的对象、场合和方法,不是任何人都可以作为你倾诉的对象,也不是任何场合都适合倾诉。在适当的场合向适当的人倾诉才能达到宣泄不良情绪的目的。通过倾诉可以使倾诉者获得宁静、释放和心灵的慰藉,感到快乐和轻松。

2. 习惯记录

记录能让人抒发个人感受,有利于心理健康。有些话,即使是再好的朋友或亲人,也不能完全告知,他们也不一定有耐心听我们诉说和完全理解我们的感受。不妨把一些不能跟别人说的事情或者感受写下来,这既可以让我们毫不顾忌地诉说情感,也可以随意宣泄不满和抑郁。

3. 适当哭泣

哭泣对于缓解压力是有益的。哭作为一种常见的情绪反应,对人的心理健康起着一种有效的保护作用。强烈的负性情绪会造成心理上的高度紧张,而当这种紧张得不到释放时,会引起机体自主神经系统功能紊乱,久而久之,会损害身心健康,引起某些疾病的发生与恶化。而哭泣是一种释放能量、缓解心理紧张、发泄情绪压力的途径,能有效地避免或减少不良情绪的产生和发展。

4. 积极暗示

在工作和生活中,我们每个人都渴望得到别人的鼓励。同时,我们更要学会鼓励自己——进行积极的心理暗示。积极暗示能使人进入一种乐观状态,这种状态可以带来认知、情绪情感以及行为上的改变,让人变得镇定、注意力集中等。一个人在痛苦、打击和逆境面前,只要能够进行有效的积极暗示,就会感觉到有力量,就能够在痛苦中振作起来。经常性的积极暗示有助于逐步培养积极的心态,及时缓解自身的不良情绪。

5. 转移消极环境

环境对人的情绪同样起着重要的影响作用,不良情绪的产生也与环境相关。因此,转移消极环境,也能起到调节情绪的作用。比如说,当我们感受到不良情绪时,可以暂时放下手头的工作,远离当下的工作环境,利用周末时间给自己放假,去爬山、吹吹风、远足旅行等,给自己换一个喜欢的环境,开阔一下心胸,转移自己的注意力,宣泄不良情绪。

6. 给予心理补偿

在很多情况下出现的不良情绪,是因为个体自身期待已久的事情没有实现,或期待已久的东西没有得到。这个时候,可以适当给自己一点心理补偿。工作不顺心或者职业晋升失败时,不妨给自己买一点想要的东西,去看一场期待已久的电影,或者去吃一顿想念已久的美食。于是,我们会发现,除了工作上面的期待之外,我们生活中还有很多值得期待的东西,不必为了一次的不满足或者失利而产生不良情绪。

7. 培养逆向思维

有些人在经受挫折时,由于自身心理承受力不强,便越想越不是滋味,很容易走向极端。这是因为挫折所引起的心理情绪对思维起了支配作用,即人们容易顺着情绪的指向去考虑问题。而"逆向思维"正是对这种情绪指向的逆转,要求人们在遇到挫折时"回头想",多想想有利因素,把自己的思维从情绪指向中拉回来,从而平息情绪波动。个体采取逆向思维有助于保持冷静、理智的情绪,避免做出过激的行为。

8. 动机升华

动机升华法是指当个人欲望因条件限制不能满足时,其原有的内部动机转化为社会性动机,追求更高一级目标的方法,是人们消除因挫折造成的心理压力和不良情绪的有效办法。个体经受挫折时,可以将挫折转化为对工作的执着追求,从而达到心理平衡和情绪稳定的目的。

9. 进行自我反省

某些特定事件引发的不良情绪,除了某些意料之外的原因之外,其实还有很多因素来源于自身。等到自身情绪相对稳定之后,一定要自我反省,争取在下一次获得成功。要认真反思是自己的目标定得太高不符合实际情况,还是工作方法出现了失误,或者是自己的人际关系不是很好。了解了失败的原因,不良情绪自然就会有目的地释放。当然,并不是每次产生不良情绪的情况都要反省,与自身无关的错误,也不必过分自省甚至自责。

情绪稳定和拥有良好情绪的个体,无论是在工作中还是在生活中,都更容易向前一步。工作和生活纷繁复杂,每天都有各种事情接踵而来,有无数外界因素干扰我们,如果我们对每一件事都过分在意的话,只会让自己疲于奔命。每次都被各种不良情绪塞得满满的话,只会让自己无暇顾及工作和生活。如果情绪总是处于失控状态,人就容易被情绪牵着鼻子走,丧失自由。所以那些精神自由、能独立思考的人,往往都是擅长控制和宣泄自己情绪的人。因此,公职人员要懂得接纳情绪,管控好自身情绪,合理宣泄不良情绪。

六、寻求社会支持

(一)社会支持的相关研究

社会支持研究始于20世纪60年代,是在人们探求生活压力对身心健康影响的背景下产生的。但是直到20世纪70年代初,社会支持才首次作为专业概念在精神病学文献中提出。

1. 社会支持的相关概念

当前对社会支持概念的界定,整体来说可以划分为以下四个方面。

(1)亲密关系观

人与人之间的亲密关系是社会支持的实质。这一观点是从社会互动关系上理解社会支持,认为它是人与人之间的亲密关系。同时,社会支持不仅仅是一种单向的关怀或帮助,它在大多数情况下是一种社会交换,是人与人之间的一种社会互动关系。

(2)帮助的复合结构观

帮助的复合结构观认为社会支持是一种帮助的复合结构,帮助行为能够产生社会支持。

(3)社会资源观

社会资源观认为社会支持是一种资源,是个人处理问题的潜在资源,是通过社会关系、个体与他人或群体间可互换的社会资源。

(4)社会支持系统观

社会支持系统观认为社会支持需要深入考察,是一个系统的心理活动,涉及行为、认知、情绪、精神等方方面面。

2.社会支持的三个维度

(1)客观支持

客观支持也称实际社会支持,包括物质上的直接援助和社会网络、团体关系的直接存在与参与,是客观存在的现实,是人们满足社会、生理和心理需求的重要资源。简单来说,就是身边的人给个体提供的一些比较实际的帮助。不管是经济上的,还是能力上、知识上的。这些实际的帮助对个体的心理也是一种支持,会让个体意识到身边的人是可以帮助自己的,从而个体在平时就会感到更有力量。

(2)领悟社会支持

主观体验到的社会支持也称领悟社会支持,即个体所体验到的情感上的支持,也就是个体因在社会中受尊重、被支持、被理解而产生的情感体验和满意度,与个体的主观感受密切相关。领悟社会支持主要是心理上和情感上的支持,身边的人不一定能给自己多少钱,或者帮自己做什么事情,但是能倾听自己的诉说,给予一些支持,给予一些鼓励。这种心理上和情感上的支持对一个人的心理健康是非常重要的。一个人在心理出现危机,或者遇到了很不痛快的事情时,不管情节是严重的还是轻微的,都特别需要身边有人能够听自己诉说。当个体能够把这些问题讲出来的时候,很多情绪就已经得到了宣泄。那么,个体就能够以更加理性、更加全面的角度来看待问题。

(3)对支持的利用度

对支持的利用度是个体对社会支持的利用情况。有的人虽然身边能够找到帮助他的人,也能够找到愿意倾听他诉说的人,但是这类人没有充分地去发挥这些社会支持的作用。可能因为自己的性格,这类人更倾向于遇到问题自己一个人解决,觉得向别人寻求帮助是一件非常丢脸的事,或者显得自己很无能。所以在遇到问题时,这类人就不跟别人沟通,往往自己憋着。这种情况下,这类人身边的支持系统就不能够有效发挥作用。

社会支持与个体心理健康有着直接、密切的关系,它在缓解个体心理压力、消除个体心理障碍、增进个体心理健康等方面具有重要的作用。具体来说,当一个人出现不痛快、有情绪等状况时,社会支持是一个非常好的宣泄、疏导的渠道。如果身边有人能够及时地倾听他的诉说,他的情绪就可以很快得到疏导,不会积压在那里,也不会造成非常严重的心理问题。另外,社会支持对提高一个人长期的心理健康水平,以及应对变化的能力都有着非常大的作用。良好的社会支持有利于身心健康,一方面社会支持为处于压力状态下的个体提供保护,即对压力起缓冲作用,另一方面社会支持对维持良好的情绪体验具有重要意义。

3.社会支持的作用形式

社会支持对个体身心健康的作用形式主要有以下两种模型。

(1)缓冲效应模型

社会支持的作用主要发生在处于压力状态下的个体身上,这被称为缓冲效应模型,即社会支持的作用是针对这种压力性事件的,社会支持缓冲了压力事件对个体的影响,使压力状态下的个体免遭伤害。

(2)主效应模型

一定的社会关系资源始终具有一种潜在的维护个体身心良好状态的作用,而不论个体是否处于压力状态下,社会支持的作用是稳定的、持续存在的,这被称为主效应模型。稳定的社会支持系统是每个人健康生活的保证,所以每个人都要建立属于自己的社会支持系统,包括良好的原生家庭、内心亲近的朋友,以及职场关系亲近的同事、领导等一切可以给我们力量支撑的系统。

(二)公职人员寻求社会支持的方式

1.扩大社会支持网络

公职人员的社会支持来源可以划分为单位、家庭和社会三个主要的方面。单位方面包括领导、同事、下属等;家庭方面包括长辈、伴侣、子女等;社会方面包括朋友、社会媒体、群众等。一般来说,若一个人的社会支持网络规模越大、密度越高、异质性越强,则社会支持越容易发挥出心理保健功效。原因是规模越大、密度越高、异质性越强的社会支持系统,可以给无论是在家庭、工作或社会中感知到有压力或问题的公职人员提供帮助。公职人员对社会联系有归属感,可以促进正向情绪的产生,增加个人对外在环境变化和问题的控制。通过扩大社会支持网络,公职人员可以重新评估环境变化或问题给自己带来的伤害,从而增加有益于自身健康的行为,促进身心的健康发展。因此,公职人员要积极扩大社会支持网络的规模、密度和异质性,构建集单位、家庭和社会于一体的社会支持系统,缓解自身的职业压力。

2.提高社会支持的强度

在大多数情况下,社会支持的心理保健功效与社会支持力量的强度呈正相关,即社会支持力量越强,社会支持的心理保健功效越强。因此,公职人员在构建自身的社会支持系统时,有必要构建稳定和深入的人际关系,当公职人员面临心理问题时,单位、家庭等可以提供强有力的社会支持,从而减轻公职人员的心理压力。

3.积极主动寻求社会支持

研究表明,社会支持的心理保健功效与被支持者的个性特点直接相关,会受到个性倾向性的影响。例如,与性格外向的人相比,性格内向的人在遭遇类似生活事件的困扰时,不容易及时得到社会支持并加以有效利用,因而更容易产生应激反应,甚至出现心理障碍。此外,性格内向的人往往把注意力指向自身,特别是当自己所做出的行为无效时,就会加剧消极的情绪体验,从而使应对行为更加无效,加剧了压力事件对个体心理健康的负面影响。因此,公职人员,尤其是性格内向的公职人员应该积极主动寻求社会支持,在应对心理问题的时候要主动告知他人并寻求帮助,从而减轻自身的心理障碍。

4.加强对社会支持的主观感知

研究表明,个体感知到的社会支持并不完全等同于实际所得到的社会支持。对社会支持主观感知较低的人对他人的评估比较消极,而对自己本身,则会产生人际交往无能、焦虑及社会排斥感。因此,要想加强公职人员对社会支持的主观感知,就要提高社会对公职人员群体的认同,即建立对公职人员的合理期望。具体来说,要从多角度加大对公职人员的正面宣传力度,塑造榜样典型,树立公职人员的威信,扩大公职人员的群众基础,从而让公职人员真切地感受到群众对他们工作的支持和理解。同时还应尽量减少公职人员与民众的冲突,避免因不理解而造成的误解,尽量争取群众的理解和支持,降低公职人员在工作中的心理负荷。

社会支持与个体心理健康有着直接密切的关系,它在缓解个体心理压力、消除个体心理障碍、增进个体心理健康等方面具有重要的作用。因此,公职人员要充分认识到社会支持与个体心理健康之间的关系,充分发挥社会支持的心理保健功能。

美文赏析

谁是你的支持系统?

人最珍惜的,是他在孤独时得到的支持。

我们每个人都有一个支持系统,就像一个好汉三个帮,一个篱笆三个桩。比如说,柱子是宫殿的支持系统,双脚是身体的支持系统,绿叶是花朵的支持系统,桥墩是高架桥的支持系统……一个人,在世界上行走,没有好的支持系统是不能持久的。它是我们闯荡江湖的根据地,它是我们长途跋涉的兵站。当我们疲倦的时候,可以在那里的草丛栖息。当我们忧郁的时候,可以在那里的小屋倾诉。当我们受到委屈的时候,可以在那里的谅解中洒下一串泪珠。当我们快乐的时候,可以在那里的相知中聊发少年之狂……

这种精神的疗养生息之地,你有多少储备?

我的支持系统是,从我幼年的朋友到最新的职业同事。他们涵盖了我的历程,好似风暴过后海滩上遗下的贝壳。那是经历了考验的生命的礼品。

(本文出自毕淑敏.世上千寒,心中永暖[M].武汉:长江文艺出版社,2017.)

七、在工作中寻求创新

(一)工作创新的必然性

我国改革开放和现代化建设的成功实践,让人们得出一个共同认识,那就是辉煌在于创新,希望在于创新。创新是以新理论、新观点、新思维、新发明、新方法和新描述为特征的一种概念化过程。创新意识、创新能力和创新性人格构成创新的三维结构,与个体心理健康相互影响、协调发展。具体来说就是,创新能力这个认知系统的活动需要有创新意识这个动力系统和创新型人格这个个性系统的支持。心理越健康,创新动力系统就越强劲,创新意识和创新精神就越浓厚、越饱满,表现出的好奇心理、探究兴趣、创造的动机和需要、对新事物的敏感,以及对真知、发现、发明、革新、开拓进取的追求等就越强烈。创新作为人类的认识能力和实践能力,是人类主观能动性的高级表现形式,是推动民族进步和社会发展的不竭动力。创新的一个鲜明特征就是要想没想过的、做前人没做过的,使人的思想和认识更加符合变化了的实际。

创新有大有小,且无处不在。重大的发现、重大的创造、重大的改革是创新;拓展工作思路,改进工作方法,提出合理化建议也是创新。我们每个人都应该有创新意识,也都有创新的舞台。创新不是盲目蛮干,而是要有科学精神。不遵循客观规律,或调查研究不仔细,或专业知识不精,抑或急于求成,都是不行的。创新也不是一帆风顺的。从一定意义上来说,创新就是要打破旧模式,改变一些习以为常的东西,要学会把"体现时代性"和"把握规律性"统一起来,把"富于创造性"和"符合规律性"统一起来,把"大胆"和"稳健"统一起来。正确处理好各种矛盾,把握好各种关系。希望在于创新,未来在于创新。"发展要有新思路,改革要有新突破,开放要有新局面,各项工作要有新举措",这是对各项工作提出的新要求,也是开创新局面的强大动力。

(二)工作创新的来源

创新的体现和实践主要来源于人的主观能动性,来源于人对社会发展进步的感知能力,来源于人对实践的探索和对社会的有效作为。创新的来源,归纳起来主要是学习、敬业、奉献和团结。

1.学习是创新的源泉

创新离不开知识的积累,知识积累是创新的基础,没有学习,创新就是无本之木、无源之水。因为创新并不是从无到有全新的东西,而是在对前人的经验、成果进行了综合分析、利用的基础上提出的新观点、新理论和新方法,从而取得新的突破,产生新的成果。知识的广度和深度在很大程度上制约着能力的发展和思维的空间。因此,在工作中,必须培养自身的学习精神,善于学习新东西,接受新事物,不断积累自身的知识经验。

2.敬业是创新的原动力

敬业就是敬重自己所从事的事业,专心致力于事业,竭尽全力将工作做好。中华民族历来有"敬业乐群""忠于职守"的传统,敬业十分重要,社会的生存和发展都要依靠它。人类历史上记载着很多人兢兢业业、坚持不懈的攻坚精神,比如牛顿在七十五岁时还在解决数学难题,李时珍经过二十多年的辛劳才完成《本草纲目》,他们是敬业的典范。世界上所有的财富,都是劳动者用自己的心血和汗水创造出来的。没有劳动,没有敬业精神的灌注,没有对创新的执着追求,财富从何而来?所以说,敬业是创新、改革、发展的原动力。

3.奉献是创新的要件

要做到忘我工作讲奉献,俯首甘为孺子牛。在工作中要认识到岗位的重要性,珍惜岗位的来之不易;要有非常强烈的奉献精神,安心定志,躬身做事,恪尽职守,竭尽全力地工作;要有高度的责任感,对于领导交办的事情,要尽心尽力地办好,做到事事讲质量,项项能落实,件件有回音,让领导放心;要淡泊名利,宁静致远,过好名利关,做到不过分计较个人得失荣辱,真正忘我工作,鞠躬尽瘁,创造性地、出色地完成自己的各项工作任务。所以说,没有奉献就没有创新。

4.团结是创新的必要条件

"同心山成玉,协力土变金",这句古话形象道出了团结的强大威力。团结出凝聚力、出创造力、出生产力,团结可以创造一个适合创新的良好环境,可以搭建一个适合创新的平台,可以给予创新足够多的思想、物质来源。在工作中,要树立团结意识、配合意识和协作意识。同事之间要开诚布公、平等相处、谦和冷静、注意礼貌、互尊互谅;在工作上要相互支持、相互配合、密切协作、取长补短、拾遗补缺;生活上要相互关心、相互帮助、相互爱护;要胸怀坦荡、不拨弄是非、不制造矛盾,努力营造团结融洽、亲和友善的良好工作环境。

(三)公职人员在工作中创新的方式

创新对国家的重要性不言而喻,对个人也同样重要。如果个体能在重复、枯燥的工作中投入更多的时间和精力,挖掘创新的可能性,通常会让人觉得斗志昂扬、精力充沛,而不会觉得辛苦和倦怠。创新有利于增强自我效能感,缓解工作倦怠,创新精神对心理健康也有重要的促进作用。因此,要鼓励公职人员在工作中不断创新,加强培养公职人员的创新精神,提升公职人员的创新能力,更新公职人员的工作观念。那么,公职人员应该如何在工作中不断创新呢?

1.思维创新

思维创新是人脑对客观事物进行有价值的创新探索而获得独创成果的思维过程,是创新能力的灵魂和核心,也是工作创新的首要前提。思维创新强调要打破常规,发挥个体的自主创新能力,以超越常规的眼界观察思考问题,从而提出全新方案解决问题。因此,公职人员要培养自身的创新思维,要努力更新工作观念,即创新看待问题的角度。"塞翁失马,焉知非福",当公职人员在职位晋升或者是在自我实现的过程中遇到了挫折和阻碍的时候,要学会辩证地看待问题,以长远的眼光看待问题。或许在失败的背后会暗藏着机会,又或许这次的失败是为了下一次的成功做准备。一时的失利并不能说明什么,不要给自己施加过多的压力。偶尔的负重前行或许会让我们变得更加强大,适当的减负能让我们走得更远。

2.思路创新

思路创新强调的是新思路和新理念。具体来说,一方面,公职人员要增强自身在行业和领域的专业功底,时刻关注行业最前沿的信息。这样在想问题、出对策时才能从长远考虑,具有前瞻性。另一方面,公职人员在制定工作计划时要体现独特性和新颖性。不能什么事情都沿用以前的做法,要结合当下的情境适当创新。一味地因循守旧只会让公职人员陷入事务性工作的循环,工作能力也得不到提升。但很多时候因循守旧不是因为自己没有新想法,而是因为害怕犯错、害怕承担责任。在这个瞬息万变的世界里,只有勇于创新,不畏惧失败和犯错的人,才能更好、更快地发展。

3.工作创新

工作创新要求在业务能力上创新,是创新成果转化的重要途径。在信息化时代,知识更新的速度极快,面对新形势的需要,公职人员要不断加强政治理论学习、业务技能学习,并不断加强培训。相关理论知识的学习和自身业务能力的提升,有利于公职人员加强对自身职业的角色认同感,以及自身和岗位的匹配度。

首先,工作要走一步想三步。就跟下棋一样,要有通盘考虑的思路,要有很强的计划性,要有件件事情到位、项项工作落实的责任精神。其次,事务性工作要一步三回头。当完成事务性工作之后,要多检查几遍,重要的活动要做到滴水不漏。同时也要学会反思,如何能将工作更好地完成。最后,本职工作走一步是一步。干好分内的事情,做好本职工作。

4.方法创新

公职人员要不断学习新知识,掌握新手段,应用新设备、新载体,主动地、能动地做好工作。方法上要不断改进、不断创新,摒弃陈旧落后的、形式主义的东西,创造新颖的、有效的新方法、新载体,从而创造出工作新效果,拓宽工作新途径,开创工作新局面。

首先,坚持拿来主义,为我所用。善于运用网络、计算机和各类办公软件提升自身工作效率。其次,钻进金字塔,加强钻研。学会调查研究,对业务知识不能只是一知半解,要深入调研,要通过实际调研掌握一手资料。最后,不依不饶,迎难而上。创新其实并不是高不可攀,我们只要足够努力,就能在工作中做到推陈出新。具体的方法就是不管是哪一个工作任务,在条件允许的情况下,都往前多走几步,而不是仅仅满足于完成任务。思考如何才能取得更好的效果,就能在探索中找到一些新的工作方法。

心理健康是人类个体各种心理机能的协调和完善,并以最佳组合发挥最佳效能的心理状态。就这个意义来说,创新作为人类心理机能的最高表现,其发展水平是心理健康的重要标志,二者相辅相成、密切相关。因此,公职人员要善于在工作中不断创新。一方面,创新可以促进自身的心理健康;另一方面,通过创新保持对日常事务性工作的探索,从而增强自我效能,缓解职业倦怠,进而获得更好的职业成长。

❋ 心灵小结

1.良好的心理调适能力有助于公职人员保持乐观心态、减少压力源以及建立良性的人际关系。公职人员要不断提升心理调适能力,运用合理的调适方式应对心理问题。

2.职业自我效能感,是个体对自己完成的职业任务或相关活动所需能力的主观评价以及在此基础上产生的信念或信心。职业自我效能感高的人往往会对自己的职业生涯更有信心,同时会有更积极的职业行为。

3.当产生不良情绪时,要及时为不良情绪提供一个情绪出口,在可控的范围内将不良情绪宣泄出来,这是一种积极的、有效的压力释放方式。

4.社会支持与个体心理健康有着密切的关系,在缓解个体心理压力,增进个体心理健康等方面具有重要的作用。面对心理问题时,要积极寻求社会支持。

5.心理健康是人类各种心理机能的协调和完善,就这个意义来说,创新作为人类心理机能的最高表现,其发展水平是心理健康的重要标志。公职人员应在工作中不断创新,增强自我效能,缓解职业倦怠,促进心理健康。

❋ 心理自测

沃里克-爱丁堡积极心理健康量表(WEMWBS)中文版

问卷介绍:沃里克-爱丁堡积极心理健康量表由坦南特(Tennant)等人于2007年编制,其中文版由刘永闯、郭丽娜和刘堃于2016年翻译修订。在青年人和老年人群体中,WEMWBS中文版量表,均表现出良好的信效度。

沃里克-爱丁堡积极心理健康量表(WEMWBS)中文版

题目	评分				
	从不	很少	有时	经常	总是
1.面对未来我很乐观					
2.我感觉自己很有用					
3.我感觉很放松					
4.我很乐意和别人相处					
5.我感觉精力很充沛					
6.我能很好地处理问题					
7.我的头脑一直都很清醒					
8.我一直都自我感觉良好					
9.我感觉和别人的关系很亲近					
10.我一直都很自信					
11.对问题,我能做出自己的决定					
12.我一直都有被关爱的感觉					
13.我对新事物很感兴趣					
14.我感觉很愉快					

评分标准:WEMWBS中文版共14个项目,采用5点计分(1=从不,2=很少,3=有时,4=经常,5=总是),总分范围为14~70分,分值越高代表积极心理健康水平越高。

第五章　公职人员的职业心理健康

内容简介

　　许多研究表明,无论是刚步入职场的毕业生,还是已经具有一定工作经验的公职人员,都会面临工作压力,甚至出现心理亚健康状态。一项关于职业心理健康管理调查结果显示:99.13%的在职白领受"压力""抑郁""职业倦怠"等职场心理因素困扰;56.56%的被调查者渴望进行心理咨询,但从未尝试过;79.54%的职场人士意识到"职业心理健康"会直接影响工作。此外,媒体和社会公众对公职人员的要求也越来越高。面对越来越复杂的工作内容,公职人员需要更丰富的心理资源来应对压力。

　　本章主要介绍了公职人员常见心理健康问题的分类以及公职人员心理健康的标准,并且聚焦在五个主题上,分别是心理防卫、心理支持与心理休闲,重燃工作热情,工作家庭平衡计划,提升职业认同感,心理危机自我调适。本章不仅运用了心理学的科学知识解释公职人员在工作、生活中常见的心理现象,还提供了具有可操作性的应对方法,一方面提高公职人员应对心理健康问题的能力,另一方面也帮助公职人员学习一些心理学的理念和方法,学会采用积极有效的方式来应对心理健康问题,最终的目的是让公职人员能自觉运用科学的心理学知识来提升职业心理健康水平,提高工作质量和效率,并收获健康幸福的职场生活。

一、案例分析

刘某硕士毕业后考入某地政府机关单位。刘某工作认真，有责任心，多次获得先进分子荣誉。最近一段时间，单位要组织一场大型活动，领导让他来负责落实，事前他细致地考虑了每一个环节，然而在实施过程中却并不顺利，同事总是达不到他的高要求，因此耽误了进度。大家把情况反映到了领导那里，领导为此批评了他，认为他工作效率太低。可刘某认为自己工作细致，追求完美并没有错，还觉得同事都针对他，领导也不信任他，越想越郁闷。于是，刘某后来在工作上越来越懈怠，每天都不想上班，整日焦虑抑郁，生活也受到了影响，还总是头痛失眠，无法克制情绪，对家人发火。近段时间刘某表现得更为明显，对工作不再像以前那么热情和投入，甚至对自己的工作能力产生怀疑，对同事越来越疏远，认为自己对单位、对他人没有什么贡献，更谈不上职业成长与职业成就了。与此同时，在一次同学聚会上，他发现当年的大学同学或是经营自己的生意，事业有成，或是婚姻幸福、家庭美满，反观自己，在工作中没有志同道合的伙伴，家庭生活也不尽如人意，由此产生了强烈的无助感与失落感，回想自己刚步入职场时的满腔热情和美好愿景，心中更是落差巨大，困惑而迷茫。好在员工心理援助中心的同事发现了刘某的问题，在进一步了解并查明原因后，为刘某提供了心理咨询服务，通过心理干预协助刘某自主学习解决问题的正确方法，重新以积极的态度投入工作和家庭生活中。

可以看出，案例中的刘某由于职场工作不顺利已经出现了心理健康问题。公职人员出现心理问题的原因比较复杂，不同领域、不同岗位的公职人员所遇到的心理问题也不尽相同，单就案例中刘某产生的心理问题而言，具体包括以下三个原因。

1.过高地追求职业成就导致职业压力

刘某对职业成就的过高追求体现在他在工作中不切实际地追求完美，认为交不出完美的成果就等于失败。适度追求完美是一种积极的工作状态，可以让我们充分发挥主观能动性，全面细致地做好工作。但凡事都要讲究效率，如果完全不顾时间成本而追求十全十美的状态，并因此耽误工作进度，那就得不偿失了。

2.人际关系压力

同事间遇到工作意见不同时,应坦诚沟通、相互体谅,保持信任和尊重,寻求相互理解和支持,如果总是因为与同事的想法不同、观点不一致而自我否定、妄自菲薄,个体就容易变得焦躁、易怒,长此以往就会对工作失去热情,不仅会导致工作投入降低,还会产生躯体症状,影响生活质量。刘某现阶段出现的身心疲劳与耗竭状态,明显已经产生了职业倦怠,并表现为情绪和行为等方面的机能失调。

3.不合理的社会比较

因社会比较的评估结果不同,会对个体产生或积极或消极的影响。有研究发现,员工的社会比较倾向与工作压力之间呈显著正相关,也就是说个体越喜欢进行社会比较,其感受到的压力可能越大。案例中的刘某正是如此,他只看到了大学同学美好的生活状态,却自动忽视了别人背后的辛苦付出,由此产生了心理不平衡、自怨自艾等消极情绪。

2012年,中央国家机关职工心理健康咨询中心对20个中央部委共2500名职工进行了一项调研,结果显示有63.3%的职工认为自己承受着中等以上程度的压力,13.5%的职工选择了重度或极重的选项。不仅如此,很多与公职人员心理健康相关的文章也在公职人员的朋友圈中引发共鸣,这也从另一个层面反映出广大公职人员对自身健康状况的关注与担忧。拥有良好的职业心理健康状态才能保持积极的工作状态,工作中的各项活动不仅是社会组织功能的体现,还是个人生命意义的追求。马斯洛需要层次理论指出,每个人都有"自我实现"的需要,即在工作中充分激发自我的潜能,展现个体的才华,进而获得归属感和获得感。公职人员的健康心理状态应该体现为:对本职工作有充分的适应能力,对自身的工作能力有正确的评估,工作目标切合实际,与现实环境保持接触,人格健全,具有主动学习的能力,能保持良好的人际关系,能控制情绪。公职人员嵌套于行政系统,这就决定了其工作具有服从性高、规定性强的特点,故成就动机高的公职人员更容易有无奈感,进而发展为倦怠感。此外,随着公职人员改革的深入,选任制、问责制等措施加大了公职人员之间的竞争压力,需要及时调整工作状态,否则容易产生心理问题。另外,公职人员职位呈金字塔结构,这种晋升的压力也容易使公职人员长期处于焦虑状态。公职人员作为国家各项事务的管理者和为人民服务的直接窗口,其心理健康问题如果不及时调节和干预很容易发展为心理障碍,直至产生心理疾病,这不仅直接影响政府效能,还影响社会的经济、文化等事业的发展。深入研究公职人员的心理健康问题,帮助公职人员丰富心理资源,提高心理韧性,培养自觉调适心理健康问题的能力,对于公职人员实现自我的价值,以及维持国家行政管理的良好运行具有重要意义。

二、心理解读

初入职场的公职人员正处于探索求知阶段,迫切想要实现自我价值,获得职业成就感。在这种情境下,新入职的公职人员很容易产生冲动、亢奋的情绪,当现实与理想不一致时,又会产生挫败和抑郁等心理问题,也就是职业心理健康问题,即在工作中或者处理与工作相关的事情时所体现出的低心理安全感和情绪不稳定性,并且不能以社会上认可的常见形式适应外部环境。职业心理健康问题主要表现为在遇到任何与工作相关的障碍和困难时,不能及时做出调整,容易出现难以克服困难的心理状态,心理容易失衡。据中国人力资源开发网2004年的调查显示,公职人员是职业倦怠比例最高的群体,心理健康问题已经严重影响了公职人员的身体健康、情绪情感、思维和行为方式,如果长时间得不到有效调节与干预,极有可能发展为更加严重的心理疾病,如抑郁症等。关注公职人员心理健康问题,是维护公职人员切身利益,改善公职人员工作环境,推动公职人员自我发展的有效途径。所以,在公职人员队伍建设过程中,心理健康教育也必须提上日程。

(一)职业心理健康的相关研究结果

《中国国民心理健康发展报告(2017—2018)》指出,在不同职业群体中,心理健康状况差别较大,其中在公务员群体中,10.2%的公务员压力水平较高,5.5%的公务员抑郁水平较高,5%的公务员焦虑水平较高。中央国家机关职工心理健康咨询中心主任、中国科学院心理研究所国家公务员心理健康应用研究中心主任祝卓宏指出,中国科学院心理研究所国家公务员心理健康应用研究中心于2015—2017年调查了32436名公务员压力与心理健康状况,结果显示,公务员生活压力最大,其次是职业发展压力,然后依次是工作任务压力、角色定位压力和人际关系压力。公务员整体上有10%的人焦虑水平比较高,8.4%的人抑郁水平比较高,15.2%的人压力水平比较高。有研究显示,员工长期受到较大的工作压力的消极影响,会导致工作效率下降,表现能力下降,缺乏进取心,工作兴趣减少,思想越来越刻板,缺少对单位和同事的关心,缺乏责任感。

从以上研究结果可以发现:近年来,公职人员的压力水平较高,心理健康问题较严重,其主要压力源为职业发展、工作任务、角色定位与人际关系等。由此可见,公职人员的职业压力问题已经成为影响其职业心理健康的主要因素。

(二)公职人员常见心理健康问题的类型

1.工作压力过大

公职人员产生工作压力的原因有很多,如在工作中过于追求完美,给自己和同事带来负担;工作任务繁杂,精神压力大;职位晋升困难,内心困惑迷茫;拖延症状严重,工作效率低下;工作内容单一重复,感觉无法实现自身价值。公职人员的工作压力源遍布工作生活的各个方面,通过各方面因素的积累和强化,个体的压力水平将持续升高。公职人员的压力水平也与自身所处的岗位层级有关,有研究发现,在公职人员队伍中,离基层越近,心理健康问题越多,专业人士指出主要原因可能是基层公职人员承担的职业压力较多。基层公职人员需要更多地与群众打交道,站在化解矛盾、解决问题的第一线,工作中遇到的琐事多、工作量较大、细节要求多,导致工作量增大、工作积极性降低。另外,越需要与人直接打交道的工作,就越需要情感投入。基层公职人员在服务的过程中,需要得到公众的理解与认同,当没有得到服务对象的理解和正确评价时,就有可能陷入低效能感状态,若长期处于这种状态,则会滋生烦躁与紧张的情绪,从而产生心理健康问题。

2.人际冲突加剧

人际冲突是组织中人与人在接触过程中由于认识、行为、态度以及价值观的差异而产生的分歧。工作中的人际冲突主要表现为工作方式有分歧，无法获得同事的认同；性格不合群，感到孤独；过于严肃，缺乏亲和力，无法从组织中获得归属感。人际冲突比较普遍，但冲突程度与影响程度却有很大差别，人际关系对个体的影响其实更多属于个体的外部环境因素。公职人员尤其是基层公职人员工作负荷较大，同事之间的交往较少，加之各自性格与成长环境不同，容易导致人际冲突的发生，这是各个行政组织部门必须重视与解决的关键问题。从积极心理学视角来看，运行良好的组织系统要做到能够给员工提供一个和谐融洽的工作环境，包括设施环境以及人际互动环境。因此，对于公职人员来说，各级行政组织部门需要重整环境资源，营造积极向上、公平公正的工作氛围，这有助于化解人际冲突问题。

3.职业倦怠感强

有研究显示，95.6%的基层公职人员出现了不同程度的职业倦怠，其中84.8%出现了中度职业倦怠，10.8%出现了高度职业倦怠。长时间的工作重压让个人的能力没有发挥的机会，公职人员普遍会面临身心疲倦与情绪耗竭的问题。长期的职业倦怠会给基层公职人员的家庭、生活带来严重影响，也会给政府绩效、社会稳定、人民安居带来危害。因此，探究公职人员职业倦怠的成因并提出相应对策是非常有必要的。公职人员职业倦怠的产生与工作自主性、责任心、心理成熟度都有着紧密联系。有研究显示，工作心理成熟度可以正向调节工作自主性、责任心。不同的挑战和刺激，有助于维持大脑的功能和身心健康，但如果长期面临固定的、单一的、毫无挑战和创新性的工作，则容易产生倦怠感和疏离感。表现为工作热情丧失、烦躁易怒，对职业前景感到困惑迷茫，甚至产生睡眠紊乱、焦虑等问题，最终影响身体健康；工作态度消极懈怠，认为工作是枯燥无味的繁琐事务，不能发挥自身才能；对同事漠不关心，合作协同意识淡薄，在职场人际关系疏离；职业成长和职业成就感降低等。

（三）公职人员心理健康的标准

心理健康的标准是多方面的，不仅有客观指标，也有主观感受。就公职人员来说，心理健康的标准主要有以下几点。

1.自我认知正确

自我认知正确需要公职人员通过知行合一达到职场与生活的和谐一致。正确认识自己,就是在日常生活中发现自己的闪光点,发掘自身的优势,从而达成工作与生活的和谐统一。经过努力拼搏而成为国家公职人员的人,都是优秀的人才,但也要不断反思自我,理性客观地分析职场中理想自我和现实自我的差距,并且不断努力地缩小差距,形成积极的自我认知。

2.情绪积极稳定

公职人员的工作事务繁忙,精神压力大,情绪容易冲动亢奋,而健康的情绪状态应该是稳定性与波动性、外显性与内隐性并存,情感丰富,并且积极情感体验占主导。如果不能很好地控制和表达自己的情绪,且这种状态持续一定的时间并达到一定的强度后,就会成为心理疾病。积极稳定的情绪的形成,需要公职人员树立正确的工作、生活态度,完善自我,在集体中建立有效沟通方式,在生活中尽量避免不良情绪对自身造成困扰。

3.人格体系健全

人格体系健全是公职人员健康和谐发展的前提之一。人格发展偏离或人格发展障碍等问题会影响公职人员对职业的正确认知与态度,健全人格是每个个体人格培养的目标,健全的人格表现为积极协调的思维模式、情感反应和行为方式的整合。公职人员不仅要具有娴熟的专业技能,还要能够在困难和挫折面前采取合理的应对方式,即理性的思维、积极的情绪、自觉果断的行动,以及高度的社会责任感。西南大学心理学院(认知与人格教育部重点实验室)对4000多人进行了测试,结果表明人格健全的人有六个标准,分别是体验幸福、人际和谐、积极乐观、控制情绪、有所追求、勇于挑战。公职人员可以从这六个方面来努力健全自己的人格体系。

4.热爱工作和生活

社会生活是复杂的,心理健康的公职人员能够勇敢面对问题和解决问题,有明确的角色意识,能正确处理各种困难和挑战,善于发挥自己的潜能,能欣赏工作和生活中的美好,选择适当的方式增加自己在工作和生活中的获得感与成就感,摆脱倦怠及其他心理问题的困扰,从而建构出欣欣向荣的人生蓝图。

三、心理防卫、心理支持与心理休闲

随着生活水平的提高，人们对心理健康越来越重视，良好的心理状态有助于人们在工作和生活中获得幸福体验。大量研究显示，对个体或特殊群体的心理问题和性格特点进行及时准确的调查和跟踪检测，可以有效预防和控制心理问题，并降低社会消极事件发生的概率。近年来，随着政府职能转变、业务重整以及组织缩减进程的加快，我国公职人员受到的影响不断增大，应激水平保持在较高水平。作为承担行政职能和管理职责的政府机构，一方面，公职人员要应对繁重的日常事务、标准化定期考核、不定时加班和出差等工作压力；另一方面，又要面临心理支持缺失、晋升渠道狭窄、人文关怀不足等职场问题。在这些压力和问题的共同作用下，公职人员群体相较于其他普通群体更容易出现心理健康问题。那么，如果公职人员产生了心理健康问题又该如何应对呢？

简单来说，应对心理健康问题主要有三种方式：自我心理调适、心理咨询、心理治疗。自我心理调适：是通过科学的心理治疗方法对事物认知、心态平衡、欲望压力等心理活动进行必要调整，以保持或恢复个体或群体正常心理状态的实践活动。各类公职人员在日常工作和生活中出现较为轻微的心理不适时，可由个体自行运用该方法解决。心理咨询：指运用心理学的方法，为出现心理失衡或其他心理问题并寻求帮助的咨询者提供必要的心理援助的过程。该方法主要应用于中度心理问题，可由咨询者所在单位的员工心理援助中心的工作人员给予指导和协助。心理治疗：是一个正式的咨询者和心理治疗师双方互动的过程，双方通常都是一个人，但也有可能以小组形式进行治疗。该方法主要用于治疗较为严重的心理症状，需要由专业人士进行科学治疗。帮助公职人员增强心理保健意识，培养对心理问题进行自我调适的能力，正确认识心理咨询与治疗，促进其心理发展，是心理学工作者的职责所在。那么，公职人员面对心理健康问题具体该如何应对呢？

（一）建立心理防卫机制

心理防卫机制（self-defense mechanism）最初由奥地利心理学家西格蒙德·

弗洛伊德(Sigmund Freud)提出,又称防卫机制。心理防卫机制是个体为适应现实情境而运用的心理保护机制,即用自己能接受的、不使自己产生痛苦的方式,来保持心理平衡,减少消极情绪。一般说来,心理防卫机制具有以下功能:①减少情绪冲突;②在自身内在具有危险的冲动中保卫自己;③缓和伤感经验和情绪的感受;④减轻失望或沮丧的感受;⑤减少个人内在态度与外在现实之间的冲突;⑥协助个体保持充实感和价值观。具体而言,心理防卫机制的作用是保持个体在精神上的稳定,预防个体在心理层面上产生过多诸如悲伤、痛苦、愤怒的消极情绪,属于"自我"内在的一种功能。通过合理地运用这种功能,可以使"自我"摆脱因内心冲突造成的不愉快的负面情绪,控制过度的冲动、情感和本能欲望,从而保持内心的平衡。心理防卫机制的形成是基于"自我"为了限制"本我"的欲望,消化"自我"和"本我"两者之间因不协调而引发的冲突。在日常生活中,心理防卫机制可以帮助个体有效地维持正常心理状态,它在人的无意识层面中以不经意的状态调和个体不良的心理状态,通常是借助自我装饰和贬低他人等方法,提升本体的自信心与自尊心,从而实现保障本体免受伤害的目的。

当个体需求不能得到满足时,要学会转换实现目标的方式方法,切合实际地调整自我。作为公职人员,无论是在个人发展的层面还是工作任务完成的层面上,都离不开上下级同事的支持和帮助。在工作中,与同事关系融洽有利于保持良好的情绪;如果与同事关系紧张、互相不理解,便会影响工作的效率。那么如何与同事建立良好的人际关系呢?当面对意见不一致,发生矛盾冲突时,又该如何做呢?

1.解决问题时,换位思考

在与他人交往的过程中,重新认识和解决矛盾的过程就是换位思考,站在对方的立场并从对方的角度客观地、理性地分析和解决冲突能够更加快速地化解纠纷。换位思考要求公职人员遇事多从对方的角度理性地思考问题,避免以己度人,要善于从他人的视角来看待问题。

2.面对压力时,提炼升华

公职人员可以选择一种积极的心理认知,将焦虑情绪升华为一种向上的力量。环境是不会随我们的主观意志发生改变的,我们应该主动改变自己来适应环境。那么,如何改变自己呢？首先要做的就是改变认知,用积极的认知方式来应对工作中的压力和焦虑。当工作压力大时很容易产生焦虑的心理反应,这时可以选择将焦虑情绪以合理的方式释放,运动便是一种很好的将负能量转变为正能量的疏解途径。

3. 陷入困境时,适时倾诉

快乐可以分享,同样心情低落时也可以向信任的朋友倾诉,通过倾诉排解忧思,紧张的精神会缓解很多。公职人员可以适度与朋友倾诉在工作中面临的压力。我们之所以会陷入困境,很多时候都是因为情绪陷入困境,当局者迷,也许在和朋友倾诉的过程中,朋友可以从不同的视角来理解和解释当前的困境,几句简单的引导就可以帮助我们缓解紧张的精神状态。

但是如果心理机制过度保护个体内心,个体就无法察觉自己内心真实的感受,容易逃避工作和生活的现实状况,加深问题的严重性;同时,当心理防卫机制功能失效时,内心的焦虑情感就会更容易被放大并导致心灵受伤、工作受挫。心理防卫机制需要控制在合理的范围内,为了避免心理防卫机制崩溃给个体带来伤害,必要时需要借助外力给予心理支持。

(二)构建心理支持系统

心理支持系统是个体应对压力、降低心理应激水平的重要支持系统,主要指个体得到的来自家庭、朋友、同事等各个系统的心理援助,以及个体体验到的心理上的、情感上的支持、理解和尊重。心理支持系统需要从多个层面和维度进行构建,完善的员工心理支持系统应该包括三个层面:合理的制度建设层面;人性化的文化建设层面;自身调节层面。

1. 合理的制度建设层面

建立健全针对公职人员群体精神卫生方面的法律法规和规章制度,在公职人员队伍中营造身心协调发展的良好氛围,并在各级政府中设立心理卫生大系统,让公职人员在面临困境时,可以在制度层面获得公正的、客观的、坚实的依据。

2. 人性化的文化建设层面

要帮助公职人员在情感慰藉和成就建树方面得到支持。情感慰藉满足的不仅是公职人员对自身家庭亲情的心理需求,更是对同事、领导甚至是社会的理解与认可的强烈需要。而成就建树就是公职人员通过成就自身事业、实现自己的人生价值,来满足自己的期望,增加职业幸福感。这两方面能够让公职人员在需要帮助时,从组织系统获得人文关怀,这其实也是公职人员对单位的归属感和依赖感。同时,单位领导作为机构建设的重要实践者,需要发挥好其在基层公职人员心理支持中的作用。作为领导者,要重视基层公职人员的工作和心理健康状况,对他们给予肯定与支持。如,单位领导要与各科室人员定期沟通,提供人文关怀等;作为组织者与管理者,单位领导可以利用网络资源定期为公职人员群体开设网上专题心理讲座以及同事交流会;作为协调者,单位领导要积极参与公职人员的心理咨询服务,针对出现抑郁、焦虑等严重心理问题的公职人员,积极和单位专门的心理咨询师沟通或者向社会专业机构反映,及时采取措施干预和改善心理问题。

3.自身调节层面

发挥主观能动性和自身潜力来应对压力。要做到这一点,公职人员首先要立足职业发展、加强自我修养。如,主动形成创新型技能结构,进行定期的、系统的工作反思;利用单位丰富的资源,向优秀标兵学习,提升工作能力;关注行政和管理实践智慧,学习与人沟通的技巧,提升自己与队伍中其他人员的交往水平;充分利用职后培训机会,学习维持心理健康的知识,掌握平衡心态、释放消极情绪的具体方法。

因此,公职人员的心理支持系统的构建要基于和谐的工作环境、有效的咨询系统。和谐的工作环境要求个体能换位思考,学会与同事合作,主动根据环境变化来调整自己的认知和行为,与同事共同构建积极健康的机关文化,当个体面对困难时,可以获得来自同事、集体的支持,形成相互帮助、相互促进、共同成长的工作氛围。此外,还要主动寻求心理咨询系统的帮助,积极学习心理保健知识,比如机关单位都会有心理活动室或员工心理援助中心,公职人员在工作之余可以和专业人员沟通交流,学习自我调节的方法,科学有效地应对焦虑、倦怠等心理问题。

(三)注重心理休闲和放松

自我心理防卫机制和心理支持系统二者均属于个体遇到心理问题后的调节措施,公职人员群体需要一种保健式的方式来预防心理健康问题的出现,因此心理休闲也是一种解决心理冲突的重要方式。我国著名的休闲学研究专家马惠娣把休闲概括为"以欣然之态做心爱之事"。德国哲学家约瑟夫·皮珀(Josef Pieper)在《闲暇:文化的基础》一书中指出,休闲是一种使人保持平和、宁静状态的精神态度,也是一种帮助个体沉浸在"整个创造过程中"的能力和契机。皮普尔认为,人拥有休闲并不代表就拥有了驾驭世界的能力,而是通过平和心态使自己感受到生命中的美好和快乐;否则,我们将会把自己推向深渊。法国学者杜马哲迪尔(Joffre Dumazedier)提出,休闲的三个核心功能是放松、娱乐和个性发展,三者共同构成休闲的完整目的。大量研究表明,外在压力广泛存在于个体所处的文化环境和物质环境中。如果说休闲是使个体从外在压力中解脱出来的一种相对放松的活动,那心理休闲就是在日常工作和生活中获得心理愉悦、缓解心灵疲劳的具有心理调适功能的休闲活动。心理休闲和放松主要是个体通过精神的放松,沉浸在某项活动中,从而感到身体放松、内心平和、心情愉悦,实现自我提升并感知生命的快乐和生活的幸福的目的。根据心理压力释放形式的不同和情绪调节方式的差异,积极的心理休闲可分为以下几种类型。

1.简单型心理休闲

简单型心理休闲具体包括程序型心理休闲、转变型心理休闲和互动型心理休闲三类。①程序型心理休闲:公职人员的日常学习或工作需要按计划进行,忙碌中有闲暇,把握合理节奏,进行适度放松,从而使个体能够及时、主动地调整心态。例如,在每天的工作时间中,有计划地抽出一定时间做一些放松运动或者和同事交流一下自己的收获来放松紧绷的神经。这种类型的休闲的特点是能够使精神放松的频率相对固定,但其作用范围和强度相对有限。②转变型心理休闲:当一个人对某个心事或问题的思考时间过长而出现睡眠质量不佳、食欲下降、心情紧张等现象时,可以将注意力转向与问题无关的休闲活动,从而摆脱精神紧张的根源,实现放松。例如,在长时间紧张的工作之后,通过欣赏书法、诗词、音乐等艺术作品,可以放松因工作而紧张的神经,从压力和焦虑中解放出来。这种类型的休闲不仅可以缓解焦虑,还可以帮助公职人员发现生活中的美好事物。③互动型心理休闲:在闲暇时间,与彼此尊重、具有相同兴趣和品位的朋友、同事交谈,满足双方的沟通交流需要,让真诚的情感调节工作中的负面情绪,从而达到"一痛半痛,一乐两乐"的效果。

2.浪漫型心理休闲

浪漫型心理休闲包括愉快型心理休闲和随性型心理休闲两类。①愉快型心理休闲:比如在自然环境之中静坐,一呼一吸之间享受大自然,类似打坐或者冥想。公职人员在完成繁重的工作后,可以利用假期坐在家里的阳台或院子里,享受内心的平静;或者外出郊游和旅行,暂时忘记日常工作、生活和情感等方面的问题,短暂地脱离现代工业化文明的压力,放松并释放情绪,让内心由浮躁逐渐转为宁静。②随性型心理休闲:通过做个人最想做的事情,创造性地发挥被压抑的潜力和兴趣,形成兴奋点,进而消除不良情绪。

3.刺激型心理休闲

刺激型心理休闲包括活力型心理休闲和宣泄型心理休闲两类。①活力型心理休闲:是一种通过改变心理虚弱状态治疗疲劳综合征的休闲方式。当公职人员在工作中出现疲劳综合征,经常感到沮丧和失落时,可暂时改变现有的生活方式,振奋精神。②宣泄型心理休闲:通过各种形式或方式宣泄、释放压力。这是一种在身体极度疲劳时,强行切断紧张神经的休闲放松活动。公职人员可以在下班时间适当用一些比较激烈的运动来解除心理负担。

由此可见,心理休闲影响个体生活的方方面面,可以帮助个体重新发现自我、认识自我、评价自我,从而对困难有正确归因,还可以加强人际交往,增进与他人的感情,促进社会互动。这里尤其要强调的是个人发展,这也是休闲最为持久的组成部分,能够使个体获得自我实现,使生命更有意义。对公职人员而言,心理休闲正好可以帮助其保持内心的安宁和心理平衡,在日常事务的处理中要做到淡化私欲、超越世俗、淡泊名利。需要强调的是,这里的心理休闲是积极健康的休闲和放松,除了前面提到的冥想式活动,还包括欣赏美好事物等,可以是人文艺术,也可以是自然景观,总之是能唤起美好人性的休闲活动,而不是毫无节制的纵欲。

四、重燃工作热情

公职人员长期从事单一重复、压力大的工作,很容易产生疲惫感,对工作丧失热情,对同事冷淡,甚至产生躯体症状。心理学上将这种表现称为"职业倦怠",指个体在工作重压下产生的身心疲劳与耗竭的状态,是个体不能顺利应对工作压力的一种极端反应,是个体在长期压力下产生的情感、态度和行为的衰竭状态。职业倦怠主要表现为个体在思想上对自身职业的认同感大幅降低;态度上消极懈怠,粗心大意;行动上延迟履行,甚至拒绝承担工作责任、履行工作义务。据调查,人们产生职业倦怠的时间越来越短,有的人甚至工作半年到八个月就开始厌倦工作。职业倦怠产生的主要原因是模式固定又没有挑战的工作状态很容易使人失去工作热情,而工作热情是工作中一种基本的动机因素,具体表现为可以在长时间的工作中保持较为充沛的精力,并能够快速恢复精神。而当个体充满精力、积极向上的时候,会以更高的热情和更积极的心态投入工作,更为出色地完成工作任务,甚至胜任一些创造性的活动。

正常情况下,人们需要不断接受外界刺激,大脑才能得到一定锻炼,产生使人愉悦的激素,如果缺乏刺激,就会出现失落、空虚等反应。每天固定的生活模式和定点坐班的工作状态不能刺激公职人员,如果他们不能很好地进行自我调节就容易产生倦怠感,但很多人对这种现象没有足够重视,导致躯体症状越来越严重。职业倦怠不仅严重影响公职人员队伍的素质建设,还影响地区经济发展。党的十九大以来,虽然各级公职人员的工作满意度和幸福感都有所提升,工作热情和积极性也越来越高,但权力、责任、利益三者不对等的情况还是使部分公职人员所承担的心理责任和压力失衡。公职人员作为国家权力机关的代言人和政府人格化的体现,理应全心全意为人民服务,始终追求公共利益,但他们作为拥有多重身份的社会化人,也存在追求个人利益的倾向。因此,公职人员扮演着"公共人"和"社会化的个体"双重角色,当其无法在两者之间找到合适的平衡点或者没有理性协调角色之间的关系时,就会产生认知和角色冲突,心理压力会随之成倍增加。同时,治理型政府问责制下所产生的心理压力也将带给公职人员难以预料的心理压力,进而降低他们的工作热情。那么,公职人员该如何克服工作中的无力感,重燃工作热情呢?

(一)学会自我疏导

个体要经常进行自我心理评估,就像高血压病人要定期为自己量血压一样。注意克服自己无意之间产生的不良情绪,当心中出现负面情绪的"我"时,健康和理智的"我"就应该及时出现并进行开解和抵抗,敢于向负面情绪说"不"。因此公职人员需要学会自我疏导,正确地看待工作所产生的消极影响。自我疏导,本质上是通过改变个体的自我认知,提高工作和生活能力,优化自我发展的心理疏泄方法。遇到困难时,采用正面的思维模式,把困难和障碍当作挑战,积极面对职业倦怠、工作失误等带来的心理压力,不断反思和总结,创新工作方法,提升自己的工作热情和思辨能力,增强对业务和工作的认识,以良好的心态面对工作。

1.明确健康心理的特征,对自己的人格有清晰的认识

大量研究表明,任何一种不健康心理所表现出的特征,都是个体应激状态的反应,与个体性格密不可分,在某种程度上,人格起到决定性的影响作用。心理学家阿尔伯特·班杜拉(Albert Bandura)认为健全和成熟人格通常需要具备自我发展能力、清晰的自我意识、符合社会规范的人生观等特征。公职人员需要深刻认识自己的人格从而进行针对性的自我疏导,这既能够在该过程中产生新认识,也能够避免过分疏导导致的责任感降低。

2.要建立完善的自我认知和评估体系,增强心理调适能力

完善的自我认知和评估体系可以帮助公职人员群体重新找到自己身处的岗位和领域的专业价值,疏通公职人员因长期积累的工作不满而产生的各类心理压力,使其能够以更加饱满的热情和状态投入后续的工作。心理咨询专家约瑟夫·J.卢斯亚尼(Joseph J. Luciani)总结了心理健康自我训练的"自我交谈法",分为五个步骤:认清自身缺点、区分事实与想象、过滤杂音、遗忘、自我激发。实践证明,个体可以对照自己的性格特点反省日常生活中值得改进的地方,并根据"自我交谈法"进行训练,提高认知能力,获得自我疏导的能力,重燃工作热情。

3.寻找适合自己的疏导方式

有研究指出适合公职人员的常用疏导方式是书写表达。书写表达属于自

我表露,有利于个体的心理健康。书写表达是将自己的心绪、感触记录下来,有助于公职人员厘清思路、平稳情绪,找到心理平衡的支点,缓解焦虑、抑郁情绪。公职人员工作压力大,当心理压力积累到一定程度时,必然需要一个舒缓释放的渠道,如果这个突破口朝向同事,就会造成同事关系紧张,如果朝向家人,又会给家人带来伤害。除了书写表达外,还可以选择户外运动、购物采买、和家人朋友敞开心扉聊天等方式来释放自己的压力,缓解过于沉重的焦虑心情。

积极情绪会扩展思维,激发个体探索和创造的冲动,进而让个体出色地完成任务。积极思考可以通过后天学习而习得,如积极认知、积极情绪、积极行为等都可以通过后天的学习得到培养和塑造。保持心态的平和也很重要,静下心来,不骄不躁,放慢工作节奏,让心灵短暂休息,重新去审视工作内容,可能就会收到意想不到的效果。我们要有这样一种意识,即把工作中的挫折看成一次学习和成长的机会,如此便能采取积极的应对方式而不是只有单纯的消极情绪反应。

(二)不断超越自我

在很多情况下,职业心理健康问题是一种"职场能力恐慌",当工作需要消耗的资源大于我们内心拥有的资源时,就会产生情感耗竭。亚伯拉罕·马斯洛(Abraham Maslow)将自我实现的人分为健康型自我实现者和超越型自我实现者。两者除了具有自我实现者的共同特征外还有着各自的特点:健康型自我实现者的特点主要在于其行为表现得更为现实、通俗和干练;超越型自我实现者的行为更容易受到超越性动机的影响而通常能够汇聚统一意识和高原体验(plateau experience),并能够随着意识的觉醒改变个体对世界及其本身的看法。超越自我是现代公职人员在日常工作中追求自我的反映,但是一些公职人员在追求自我途中遇到挫折时容易产生颓废和失落感,究其原因是尚未拥有超越自我的精神。如被市场经济负面思想影响的个别干部表现出使命感和道德感匮乏、荣辱感和是非观丧失、懒政心态和养老思想增长、非理性主义盛行等,严重影响了公职人员的群体形象和社会文化。自我实现后的空虚也会导致公职人员产生负面情绪,自我实现后的公职人员还要不断超越自我。有媒体报道,为人类宇航事业做出过重要贡献的登月人奥尔德林在返回地球后发生了精神崩溃。宇航事业的巨大成功使他返回地球后仿佛生活在一片没有任何意义的废土之上,他感到他的生命价值已经随着登月而消失。这便是典型的自我实现后未继续超越自我的空虚。

因此,无论是心理方面还是技能方面都需要我们及时补充工作中所需的"能量",并通过不断学习、积蓄能量,摆脱耗竭状态,从而超越自我。除了要认真参加工作单位定期组织的职业技能培训外,还要学习新思想,做到与时俱进。此外,公职人员还可以充分利用发达的网络,在线学习网络课程,从而获得更为广泛的知识,如法律知识、医疗卫生常识、统计方法等,丰富自身知识储备,提高个人的综合素质,并不囿于自身所熟知的领域。这样不仅可以在拓展知识板块的过程中发掘新的兴趣点,还可找到超越自己的突破口。公职人员队伍是我国人才队伍的重要组成部分,担负着国家行政管理职能,公职人员自身的素质直接影响国家政策方针的制定和实施。知识经济时代,公职人员只有不断更新知识结构,形成符合现代社会的服务意识,采用新的工作方式,才能高效地为人民服务。公职人员群体要勇于积极地进行心理建设,在工作进入瓶颈期或平原期时,仍要不断学习、超越自己,把为人民服务的工作当成需要用一生奋斗实现的目标才不会产生自我实现后的空虚。马斯洛认为自我实现不应该呈现出一种结局式的状态,而应该每时每刻激发和挖掘个人潜能并继续超越自我。另外,随着公众对政府的要求越来越高,公职人员的重要性越来越凸显,作为政府与人民沟通的桥梁和窗口,要想更好地实现为人民服务,必然要具备专业的技能和素养。因此,公职人员要树立不断学习、终身学习、在实践中学习的理念。

(三)寻找工作的意义

工作是我们实现自我价值最好的方式之一,是社会生活不可或缺的重要内容,体现出社会组织的功能。尽管如此,很多人对工作的目的和意义没有清晰的认识。工作可以是一个养家糊口的岗位,可以是有价值体现、有所贡献的事业,也可以是毕生追求的理想实现的载体。马斯洛认为每个人都有自我实现的需要,自我实现的过程也是追寻生命意义的过程。在工作中充分挖掘和展现自我潜能的一个重要前提便是这份工作带给自己的意义感。工作意义感最早由心理学家借工作特征模型提出,而后在心理学、社会工作等领域对工作意义感展开了广泛的研究。作为一种积极的情绪体验和意识状态,工作意义感会直接为个体在日常工作中带来积极的态度和行为。

根据资源保存理论中的投资原则,相较于工作意义感较低的员工来说,工作意义感较高的员工更能够感受到领导或组织对自己辛勤付出的肯定与赞许,这种员工也将会更有动力、更为主动,以更饱满的工作热情去面对工作难题和压力,最终形成积极情绪与工作成果的良性循环。

工作意义感较低的员工则难以理性看待工作,落入为提高投入和产出比而斤斤计较的陷阱之中。公职人员,作为承担国家管理职能的特定人员,责任感、使命感与意义感的获得对其来说是非常重要的,而这种责任感、使命感和意义感来自全心全意为人民服务的坚定信念。基层工作的公职人员直接服务于老百姓,很多时候公职人员的一个小小举动,就会帮助老百姓解决极大的问题,甚至是解决当地经济发展的问题,也就是其工作能够满足老百姓的需求,并且是获得百姓认可的,这对构建和谐社会、实现中国梦非常有意义。

对工作意义感的追寻是公职人员在日常工作乃至整个职业生涯中的核心表征,其重要性甚至超过了收入、晋升等表征,提升工作意义感是公职人员应对职业倦怠不可或缺的一部分。也可以通过提升自我价值感,与更大的社会价值建立连接,提高对工作的意义感,因为个体的行为往往受到内隐目标的潜在影响,因此公职人员需要认真思考工作是为了什么,即个体更为宏大的目标和方向。个体能够确立自己的价值,有一种付出和奉献的心态,充分建立社会责任感,具有坚定的信仰和愿景,就能够通过热情的工作来完成为人民服务的使命。

在面对职业倦怠和心理压力等问题时,公职人员需要不断提升工作热情来调整工作心态。在此过程中,公职人员应当形成心理疏导、自我超越与工作意义之间的心理结构闭环,当遇到消极情绪的时候,能够通过心理疏导重塑对工作困难和职业倦怠的心理认知,在自我实现的基础上重新超越自己,从而找到新的工作意义并重新投入为人民服务的事业中去。诚然,心态的改变需要个人内心的改变,但同样要平衡工作和家庭,只有计划性地应对个人在工作和家庭之间的角色转变,才能帮助个体最大程度地维持心理健康。

五、工作家庭平衡计划

人们总是以事业有成作为成功的首要标准。虽然说工作是我们实现社会价值和自我价值的途径，但也不能终日沉浸于忙碌的工作中，以免失去本该好好享受的生活。家庭在人的一生中发挥着不可替代的作用，是情感陪伴的主要来源之一，家庭成员在情感上相互依赖，和谐的夫妻关系、亲子关系对个体的身心发展有着积极正向的影响。幸福的人生是工作、家庭各方面的平衡。每一天的辛勤工作，不仅是为了实现自我价值，也是为了让家人生活得更舒适。工作是人生中必不可少的一部分，但它只是一部分，无论工作多繁忙，我们都需要陪伴家人，也需要来自家人的支持和陪伴。和谐的家庭生活能够使个体以更饱满的热情投入工作。如果个体无法平衡好自己的工作和家庭生活，就非常容易产生不良影响，比如配偶怨声载道、子女关系疏远、自己身心俱疲等。

公职人员表面上看起来每天定时上下班、安逸舒适，是众多人心中的理想工作，但实际上经常面临加班的情况，担负着超出自己工作范围的任务，有些人还会将因工作压力大而产生的消极情绪带给自己的家人，影响家庭和谐。对工作过度投入的原因，一方面可能是公职人员企图通过努力工作，得到领导和同事的肯定，满足内心被认可的需要；另一方面可能是情感的补偿作用，试图通过工作麻痹自己，以减轻现实生活中种种压力事件带来的消极影响。而有些人在家庭生活中感受不到家人的支持，于是工作中的认可和成就便成为这些人的情感寄托，他们希望通过工作来获取认同感，从而帮助其建立自尊心和自信心。那么，公职人员应如何平衡工作和家庭生活呢？

（一）及时进行角色转换

每个人都扮演着不同的社会角色，并在社会化过程中不断进行角色转换。有的人在角色扮演中有时会对本身所持有的角色不满意，也不接受本身角色的观念，从而引起情绪上的反感和内心的矛盾。这时，就需要更改其角色，尽可能使角色人格与他自身原有的人格特性相吻合、相一致，减少他们的自然人格与角色交互时的心理和社会矛盾冲突，使角色扮演者的内部矛盾和焦虑得以解除,达到心理上的平衡。从社会心理学视角来看,角色这一概念包含社会关系、社会地位、社会期望和行为模式等要素。人们处在不同的场合中,就会扮演不同的社会角色,而这些不同的角色都被赋予了相应的社会责任,并且要按照社会的要求展现相应的行为模式,发挥该身份独有的社会功能。在工作单位中是员工,要服从上级安排的任务,为组织服务,为人民服务;在配偶面前是爱人,要与对方相亲相爱、相敬如宾,共同维护和睦的家庭氛围;在孩子面前是父亲或母亲,要抚养教育孩子长大成人。在不同的环境和场合中,人们需要进行角色转换,包括沟通的方式、情绪的表现、行为的模式等,切不可把在一个系统中产生的负能量投射给另一个系统中的人。人是角色的主体,是承担责任的主体,有自由意志并且一定会受到环境的影响,所以在进行角色转换时,不同的角色之间容易产生冲突。当个体同时扮演不同角色时,不同的角色期望往往易使个体无法同时满足各种角色的要求,于是这些不同的角色便会在时间、空间、行为模式等方面产生矛盾。

公职人员的工作内容、岗位职责、身份特殊等特点要求他们投入更多的时间去完成工作。在工作中,公职人员面临不同的同事关系,扮演着不同的角色,从而产生上级、下级、平级关系;在家庭中,配偶和孩子又期望公职人员作为家庭重要成员能更多地照顾家庭、陪伴亲人。但人的时间和精力总是有限的,分配给工作的时间过多,那留给家庭的时间就会相应减少。

除了精力的分配外,很多公职人员尤其是基层的公职人员,每天需要处理的事情很多,承受着工作带来的一系列巨大的心理压力。若是心理压力积聚到一定程度且没有得到正确疏导,那他们很容易把工作中产生的怨气借助家庭中的小事件发泄给家人,影响家庭和睦。从工作回到家庭,公职人员面临的情境已经改变了,那自身扮演的角色也必须做出改变,如果还是按照工作情境下的各种反应来处理家庭中的事情,必然会产生焦虑、急躁、心烦等不良反应,这是由于没有及时进行角色转换、角色认识不清。公职人员要想解决这一问题,需要在同事之间、家人之间控制好自己的角色边界,在心理上明确不同角色的情感与态度、责任与义务。对于公职人员来说,角色转换过程中有两点需要特别注意。

1.调整好自己的心态,建立边界意识

工作是工作,生活是生活。公职人员要明晰这两者的界限,尽量不把工作中的负面情绪带进家庭、发泄给家人,要沉浸式地陪伴自己的家人;而在工作的时候也避免将家庭中的琐事带入工作中,保证自己的工作状态。

2.在不同的场景中,注重理性和感性的平衡

家庭不是讲理的地方,夫妻很难说清双方具体的责任和义务,在处理家庭生活琐事时不要用道理来相互说服,所以在家庭中的角色需要付出更多的感性;在工作单位中,每个工作岗位都有明确的责任,公职人员在处理工作实务时,需要动用更多的理性,这和在家庭中扮演的角色完全不同。因此,及时做好角色转换对于公职人员来说是平衡工作和生活的基础。

(二)了解自己内心需要

按照马斯洛的观点,人的需要分为五个层次,依次为生理需要、安全需要、归属与爱需要、尊重需要以及自我实现需要。人们在低层次的生理需要与安全需要得到满足时,会追求更高层次的归属与爱需要、尊重需要以及自我实现需要。家庭是满足归属与爱需要的重要场所,而工作是满足尊重需要以及自我实现需要的重要途径。然而一个人的时间和精力是有限的,不能同时顾及工作和家庭,因此必须了解自己内心深处的真正需求。对工作过度投入,可能会得到领导赞赏、同事钦佩,但为此影响了家庭生活,引起夫妻关系、亲子关系疏远,就需要改变这种状态了。

许多公职人员都是百里挑一的人才,在学校刻苦学习,工作中也努力上进,被领导和同事认可,然而当外部社会环境和人生的发展阶段发生改变,拥有家庭生活后,就需要再次体会和感知自己内心对爱的渴望,对家庭归属感的需求。在这个过程中,公职人员就会发现这些需求不仅仅是工作赋予的,也是幸福的家庭生活给予的。只有家庭生活和谐,家才能成为心灵的港湾,才能在工作和家庭中取得平衡。人是群体性动物,个体需要在群体和社会生活中承担不同的责任,不断通过社会活动来获得自己生存和发展所需要的各种资源。家庭和职场作为两个重要的角色舞台,公职人员每天在这两个舞台上扮演角色,良好的工作和家庭之间的关系,有利于满足物质、心理和社会需求。

心理学研究已经表明,每个人都希望自己归属于某个群体,并在这个群体中获得接纳、尊重与爱,除了工作系统之外,更重要的是家庭系统。家庭是社会的基本组织形式,在人们生活中扮演着不可或缺的角色。工作可以让我们获得职业成就感,体现自身价值,满足自我实现需要,但终日辛苦工作,总有疲倦、困顿的时候,这时我们最需要的往往是家人的关爱、陪伴与支持。加强对家庭的归属感,建立和谐稳定的家庭关系,也是我们非常重要的情感需求。平衡家庭归属感和职业成就感最重要的一点是要了解自己的行为动机和目的,然后根据自己的价值排序,明确目前的生活重心并建立合理适当的选择。

公职人员普遍面临孩子成长和事业发展的冲突,此时需要对二者进行平衡和取舍。如果想要更多关注孩子的成长,满足自己家庭归属感的需要,就要把重心迁移到家庭上来,侧重照顾孩子,亲力亲为,建立亲密、信任的亲子关系,保证孩子的身体健康和心理健康;同时提高工作效率,与领导和同事有效沟通,在工作中高质量完成自己的本职工作,减少自己在工作时间外的职场社交。如果想要获得更多职业上的成就、他人的尊重以及自我实现的需要,可以让家里的老人帮忙照看孩子,或是雇佣保姆照顾孩子,为工作事业的发展提供后盾。总的来说,根据自己内心真正的需要来进行选择是非常必要的。

(三)学会黄金分割

黄金分割比被认为是最能引起人们美感的比例,是艺术表现中的一种和谐美。同样,工作和家庭并不是非此即彼或者二选一的关系,也需要进行黄金分割,即合理安排工作和照顾家庭的时间,有计划地完成工作事务和家庭琐事。有人认为没有事业哪来家庭,稳定的工作可以给家庭带来更高质量的物质保障和生活条件,却忽视了工作和家庭是生活的一体两面,家庭生活是贯彻人一辈子的事情。如果能够合理地安排工作和照顾家庭的时间,会发现二者其实并不冲突,反而是相互促进、相得益彰的。在这种互相增益的情况下,个体的物质和情感资源会得到进一步拓展,所扮演的多种角色也会更加融合,最终让工作与生活更加协调。工作繁忙时,分配较多的时间给工作,但也要留一点时间陪伴家人;工作不忙时,减少与工作相关的社交和活动,用更多时间与家人相处,给予家人关怀与陪伴。

1.建立固定的相处时间

公职人员可以学着更合理地安排和规划时间,如建立固定的相处时间就是一个不错的选择。例如,每天的早餐全家一起吃,周日有半天的时间作为家庭日,因为时间固定,人就更容易把这段既定的时间空出来,全心全意陪伴家人。

2.妥善处理家庭关系

及时与家人沟通,争取家人对自己工作的理解和支持;善于理解和分担伴侣的忧虑,积极表达对伴侣的关心,减少伴侣的压力,学会高质量陪伴,给予对方心灵上的支持;学会包容、赞美孩子,以平静的心态及亲和的语气与孩子对话,帮助他们认识错误、改正错误;享受与家人的闲暇时光。与家人在空闲时间出去走走,感受大自然的美好。哪怕是一次郊游、一次野餐,都是与父母、爱人、子女增进感情的机会,也是使家庭成员间关系更为紧密和更加信任的良好契机。

3.有计划地管理时间

有计划地管理时间会帮助公职人员高效率地完成任务,例如制作每日工作清单,节省时间与家人好好相处;尝试制定一个注明重要日期的家庭日历,这会提醒公职人员要及时完成手头工作,在这个重要日子里免受工作打扰,和家人一起度过美好的一天。此外,公职人员也要管理好自己的体能,保持锻炼的好习惯,这样才能更有活力地投入繁忙的工作和生活,并且一定要找到自己感兴趣的事情作为情绪宣泄的途径,在属于自己的时间里放松。总之,工作和家庭生活不是五五分的既定关系,是弹性的平衡而不是绝对的平均。

此外,公职人员也要积极运用资源寻求帮助。每个人都会需要帮助,当感到自己对工作分身乏术、对家庭力不从心时,不妨尝试借助外界资源,帮助自己缓解压力。在家庭方面,可以寻求自身支持网络或者社区资源的帮助。比如,临时工作出差或加班无暇照顾家中老人、孩子时,可以请亲友到家照顾或者请社区照顾机构的工作人员居家照顾等。在职场中,当公职人员感到工作任务过于繁重无法完成时,尝试寻求组织资源支持,可能会事半功倍;并且也要与同事保持良好的人际关系,这不仅能使自身心情愉悦,更能在家庭遇到困境时寻求到工作上的支持和帮助。在工作和家庭的冲突下感到压力沉重、艰难困苦的时候,公职人员可以向值得信赖的朋友和同事倾诉,也许在交谈中烦恼会减轻很多,听听别人的经历和体验,困惑也会得到一定解答。如果公职人员一直被工作和家庭的冲突压得喘不过气来,并为此焦虑、寝食难安,不要过多担忧,积极寻求医生、心理咨询师等专业人士的帮助,向他们倾诉苦恼,会得到专业的建议和疏导。

总而言之,工作、家庭关系的平衡是非常重要的,家庭和睦才更有动力工作,工作顺心才能继续支撑家庭的运作。明确自身的角色,在不同场景中积极调整自己的角色,在职场中尽职尽责,做高效率的"打工人",回到家庭中扮演好夫妻、父母、子女的角色,和家人好好沟通,收获快乐与幸福。静下心来对自己目前的工作状态进行反思,询问自己工作和家庭哪个更需要你,回顾自己是否将时间精力过度地投入工作中而忽视了家人的感受,进而在不同的场景中做到角色适应,既收获职业成就感又建立家庭归属感。在实际行动中,管理好自己的健康,与家人建立固定的相处时间,尝试借助外界资源缓解自身的压力,以更加积极的状态陪伴家人,以更加坚定的信念处理工作。只有在家庭中享受温情,在工作中获得成就,才能使生活井井有条、欣欣向荣。

> **拓展阅读**
>
> ### 家庭日
>
> 家庭是构成社会的"基本细胞"。1993年,联合国社会发展委员会决定,从1994年起,将每年的5月15日设立为"国际家庭日"。自"国际家庭日"设立以来,历年的家庭日都有自己的主题,其中,2012年"国际家庭日"的主题为"工作与家庭——两者兼顾"。除"国际家庭日"当天之外,如何在日常生活中陪伴自己的家人呢?《中国经济生活大调查(2019—2020)》的数据显示,中国人的平均休闲时间仅2.42小时,同时,国民幸福感也呈现连年下降趋势。心理学和社会学研究均证实休闲的时间和质量与幸福感密切相关。这里推荐两种既能陪伴家人,又能提升家庭幸福感的休闲方式。
>
> 亲子共读时光。可以是一起看故事书、动画片和电影,并且主角不是只有孩子一人,而是父母与孩子一起参与、一起思考。此时的父母和孩子是一种平等的关系,父母不要以长辈自居,要创造机会让孩子表现自己、学

会思考。当碰到孩子的情绪发生变化时,父母应当安抚孩子,问问孩子怎么了、是不是遇到不懂的地方了,协助孩子发现问题、解决问题,提高孩子的逻辑思维能力。亲子共读的重点在于陪伴,陪伴会极大地促进两代人之间的感情融洽以及心理健康。家庭成员的心理相容可以避免冲突,提高家庭幸福感。

家庭趣味运动会。它是通过团体合作促进家庭和谐稳定的一种休闲方式,可以设立两人或者多人运动的比赛,通过彼此之间的交流与合作来完成竞赛,比如两人三足跑、接力游戏等。家庭趣味运动会可以使家庭成员之间的亲密感、温暖感与安全感升高,让家庭成员感到心情舒畅、精神愉快,免疫能力提高,促进身心健康,也是培养默契和维持感情的极佳方式。

根据动静结合、内外相交、柔性变化等原则,家庭休闲应依据个人的工作条件与生活习惯,弹性安排动态和静态、室内和室外的各种休闲娱乐活动,以满足每个家庭成员对日常休闲的合理需求。

六、提升职业认同感

职业要求我们扮演与之相对应的角色,承担相应的责任,履行相应的义务,并做好相应的心理准备。这种心理认知具体包括对本职工作的尊重,对工作本身的意义感、价值感和成就感的认同,由此引出另一个概念即职业认同感,即具备相同知识背景与训练的人对职业标准、规范与价值观的认同。职业认同感是人们努力做好本职工作,达成组织目标的基础,会影响个体对工作的投入。当职业角色和自我角色发生冲突时会产生角色挣扎,就容易发生职业认同危机。有研究发现,职业认同感与自我肯定呈显著正相关,与焦虑、抑郁等负面情绪呈显著负相关。当个体的职业认同感降低,开始厌烦自己的工作,并由此产生一系列焦虑、烦躁的心理表现时,便产生了职业认同危机。职业认同危机表现为工作热情不高、懒政惰政、敷衍搪塞、不作为等。

公职人员的工作态度和心理状态能够影响其公共服务水平。公共服务面向的是群众,这也是公职人员产生职业认同危机的一个重要因素,当公众不能正确评价公职人员,就会对公职人员的声誉造成不好的影响。这种负面声誉以及高强度的工作,容易导致公职人员产生心理落差,影响其职业认同和公共服务动机,严重时可能产生离职倾向。职业认同危机的影响范围远比想象的要广,甚至可能会波及职场之外的正常生活。发生这种情况时,个体需要及时进行心理调适,否则不仅影响自己的职业生涯和长远发展,更容易影响身心健康。由此看来,提高个体的职业认同感不仅可以重新感知生命的意义,也可以维护个体的心理健康。基层公职人员扎根一线,即使面对众多困难也不曾退缩,为人民服务的精神值得大家学习。同时,公职人员也需要职业发展规划,将个人职业规划与社会发展、国家强盛统一起来,三者越是紧密依存,个人的职业认同感越容易升华为职业荣誉感。那么,可以从哪些方面来提高公职人员的职业认同感呢?

(一)获得积极的主观体验

首先是认识自我、悦纳自我。作为一个独立的个体,每个人都具有独特的人格特质和不同的气质性格,在工作中会表现出不同的工作方式,有的雷厉风行、不拘小节,有的耐心细致、谨小慎微。

其次是对自我有一个正确的认识。既要积极主动利用自身的优势,又要正确认识自身的不足,在充分认识自我的基础之上,学会反思,接纳整合的自我。

再次是关注非感官的愉悦体验。积极心理学研究发现,感官娱乐带来的愉悦体验是短暂的,而在工作、生活中通过有意义的事件体验到的满足感、获得感才会带来持久的愉悦体验。公职人员应学会在日常生活的细微之处寻找乐趣,体验职业本身带来的自豪感和荣誉感。尤其是基层公职人员,更要学会发现本职工作的意义。同时,积极心理学强调,人的内心存在着两股力量,分别是积极情绪和消极情绪。这两种力量的关系是此消彼长的,只有当积极情绪不断增长,消极情绪才会被抑制。当然,积极情绪并不是指表面的积极情绪,而是从内心发出的积极情绪。作为公职人员,在工作中要更灵活、更主动、更开放,表现出更高的创造力和工作活力,而不只是空有一腔热血,口号喊得响亮,最后却是一事无成。要知道心理和行为是相辅相成的,积极心理则会支配积极行为,消极心理所带来的就是消极行为。这也就要求公职人员善于发现自己真正的积极情绪,杜绝消极情绪。

最后是培养积极的人格特质。积极心理学指出人类社会普遍推崇的六大美德,分别是智慧、勇气、爱、公正、自我节制、对美和卓越的欣赏。公职人员要善于识别和利用自身的优势,通过发挥优势美德来体验积极情感。

(二)构建和谐的人际关系

首先是利他行为的培养。积极心理学研究发现,与人为善,经常做出亲社会行为的个体身心健康水平越高。这种亲社会行为是一种相互的行为,比如公职人员在工作中主动关心、帮助同事,使他人感受到友善亲和,不仅能给自身带来愉悦体验,也有利于构建和谐的工作氛围。从某种意义上来说,这种利他行为能够提升工作满意度,产生积极作用。

其次是建立积极人际关系。生活在社会这个大集体中,每个人都不能脱离集体而存在。积极正向的社交,不仅能从他人身上学习到知识,还能获得积极的情感体验。马斯洛需要层次理论表明,人的需要分为五个层次,依次为生理需要、安全需要、归属与爱需要、尊重需要以及自我实现需要。在这些需要当中,人际关系属于社交需要,简单来说就是人都有归属与爱需要。每个人都有亲近他人的需要,以及对他人、集体有归属的需要。公职人员在日常互动中表现出归属与爱的行为,能得到积极的情感体验,一方面可以增强自尊心和自信心,另一方面可以更好地得到他人的认同和尊重,有利于保持个体的心理平衡。

再次是积极融入集体。积极心理学研究表明,群体的幸福是个体认同集体的重要依据,集体威望和荣誉能够给个体带来自我价值实现的积极体验。马斯洛需要层次理论认为,当一个人满足了低层次需要以后就会进一步追求更高层次的需要,而最高的需要就是自我实现需要。当一个人得到了他人的认同和尊重后,就会渴望实现自我价值,为社会做贡献。当个体对集体产生了归属需要时,也就意味着个体对集体产生了认同感。一旦认同感形成,个体就会将这种价值认同作为目标,从而通过自己的实际行动去实现这个目标。

最后是营造和谐的氛围。对于公职人员来说,应该主动积极营造和谐民主的氛围,培养健康向上的群体心态,满足个体的归属需要。

(三)追求自我价值的实现

首先是自我决定。有研究表明对自我、环境有控制感以及具有自主性的个体心理健康水平越高。自我决定对维持心理健康和提高生活满意度具有显著的正向作用。科学地安排工作进度,合理地选择工作方式,都有利于公职人员体验到自我价值感。

其次是提高心理资本水平。心理资本包括自我效能感、希望、乐观和韧性等,代表的是一种积极的心理状态。研究表明,心理资本水平和职业认同呈正相关,并且工作投入作为中介起到调节作用。作为公职人员,要增强在工作中的专注力与活力,并且要避免经济压力和职位晋升对工作满意度的影响。

再次是享受工作本身。不要将工作当作是谋生的手段,要将工作当作生活中的一部分,在这种价值观的引导下,就会渐渐激发职业幸福感并克服职业倦怠,从而在工作中体验到尊严和快乐。在工作中获得职业幸福感,体验到工作对个人发展、社会建设、国家繁荣的重要作用,而不仅仅是将工作的意义局限为养家糊口。

最后要不断学习。积极心理学认为不断学习、不断自我超越才能获得快乐的自我实现。如果能够做到知识储备扎实,那么在工作中就能胸有成竹、游刃有余地解决问题。如果没有尽力学习,知识储备不能满足自己所需,那么在工作中遇到麻烦时,就无法解决问题,从而出现挫败感,职业幸福感也就无从谈起,更不用说实现自我价值。因此,公职人员在工作之余也需要不断提高专业素养,不断拓展学习空间,在点滴进步中体验工作成就感,在一次次成长中获得职业价值感,从而真正感受为人民服务的意义,发自内心地热爱这份工作。

(四)规划职业生涯

首先是有明确的工作目标和方向。明确自己的工作方向后,才会有充足的动力去做本职工作。全心全意为人民服务是根本宗旨,明确自身价值,才能够将本职工作做好。

其次是定位好本职工作。基层公职人员要明确,自己的工作是奋斗在一线、任务烦冗复杂、直接面向公众的岗位,承受的精神压力不会小,故而要及时调整自己的心理状态,做好本职工作。

最后是找准问题的突破口,准确把握角色定位。公职人员难免会在职业道路上遇到困惑和迷茫,失去动力之后,就会以时间忙、工作量大等为做不好工作的借口,且不从自身找原因。更有甚者,将"人民的公仆"这种角色定位颠覆,认为自己要高人一等。长此以往,不仅自身的工作效率下降,也会出现焦虑、暴躁等缺点,导致工作不积极,职业规划更是无从谈起。因此,找到问题的突破口就成为关键,将问题解决掉之后也要反思自己在此过程中的不足,纠正自身缺点,疏导自己的负面情绪,找准自己的角色定位,在厘清自己思路的同时,也要认真思考如何科学规范地提高自身效率和积极性,最终达到提升职业认同感的目的。

对于基层公职人员来说,尤其是刚入职的年轻基层公职人员,职级待遇会使人产生心理落差。研究表明,年轻公职人员的工作满意度显著低于中年公职人员,但职级待遇并不是工作的唯一追求,更重要的追求是职业认同。从职业价值认同来说,思想上的认可就代表公职人员认为自己的工作是有价值的,并且乐意投身于实践当中,这也是最根本的认同。从职业发展认同角度来看,公职人员能够在工作中发挥自己的才能,体现自己的价值,职位升迁更能对其产生一定的激励作用。最后从职业行为投入来说,当一个人对自己的工作投入程度越高,那么其工作积极性就越高,职业倦怠也就越低。

总的来看,职业认同感既来自社会公众对公职人员的认同,也包括同事以及自身对职业的满意度。基层公职人员协调处理基层矛盾,维护社会稳定和谐,这些努力付出逐渐提高了公众对基层公职人员的认同。在与同事共事时,团结合作会提高任务完成度,并且增进人际关系,提高同事之间的满意度。单位内部也要建立有效的沟通渠道,不仅仅是同级,上下级的沟通也是必不可少的。这种沟通并不局限在工作中,在日常生活中也能进行沟通,有效、积极的沟通可以营造良好的工作环境,使公职人员能够产生归属感,增强团队的凝聚力。另外,公职人员要想提升职业认同感还需要各方的努力,一方面需要单位调整对公职人员的考评体系,照顾到基层公职人员的现实需求。另一方面,公职人员辛勤付出,真心为群众办实事,自然会获得群众的认可,这种认可会提高公职人员对职业的认同感。当然,提升职业声誉也是提升职业认同感的有效途径。

提升公职人员的职业认同感需要内外配合,对外加强宣传、优化宣传内容,让群众对公职人员有一个新的认识,让民众切实体会到公职人员做的实事,改变民众对公职人员的态度。单位内部更要对公职人员进行监督,提升工作效率,改善工作态度,同时也要安排合理的激励手段,提高工作积极性。

此外,外在机制的调节对提升公职人员的职业认同感也很重要。公职人员在职业认同感降低时,可以积极主动地寻求心理医生的帮助,评估自身的心理状态,解决心理问题。对于新入职的公职人员,单位更要注重培养他们的职业认同,因为新入职的公职人员尚未对职业有清晰的认识,也最容易受到外界影响。为防止新入职不久的公职人员出现职业认同危机,可通过相关教育培养其正向的职业认知。同时,单位也应该定期组织公职人员进行心理健康检查,充分发挥员工心理援助中心的作用,对出现心理问题的公职人员及时进行疏导,增强其职业认同感。一方面,单位应重视公职人员的心理状况,诸如公职人员的需要和感受。另一方面,单位应加强公职人员的心理素质建设,尝试对公职人员进行心理保健,加强心理辅导;加强公职人员的职业认同素养,培育积极的政治价值观,牢记公职人员为人民服务的职责所在。基层的公职人员应将群众需求与自己的工作内容相结合,真正地做到全心全意为人民服务,明白自身的价值,将自己投身到基层工作中,而不是纠结于自己的得失。同时,单位也要对公职人员进行定期培训,帮助他们进行角色转换和熟悉工作,自如应对各种问题,并且定期汇报心得体会,建设高素质的公职人员队伍。公职人员以自身职业为荣,才能认识到职业的价值,真正将职业认同感上升为职业荣誉感。

职业认同感会随着内心和外界的变化而不断变化。在主观上,公职人员自己要保持"不忘初心、牢记使命"的责任感,将全心全意为人民服务与自己的个人理想紧密结合起来;在客观上,国家政策、社会支持应为公职人员提供专业发展道路。

七、心理危机自我调适

人们在日常工作、生活中会遇到各种各样的事件,由于每个人的性格、思维不同,对问题的认知和应对方式也会存在差异。当个体的思想、行为出现偏差后,如果得不到有效调整,个体就可能会产生心理危机,不仅影响工作、生活,身体、精神还可能出现病态表现。心理危机的出现又具有持续性,从几个小时到几周甚至几个月不等,个体在一段时间内都会受到心理危机的影响。心理危机还有一个特征就是表现的复杂性,因为心理危机受到事件、时间、个体思维等多个维度的共同影响,所以心理危机的表现很复杂。根据引起心理危机的事件和心理危机出现的场景,又可将心理危机分为正常发展危机、情景式危机和存在性危机等三个主要危机类型。来自工作场景中的压力属于社会性应激源,表现为:对工作条件、工作环境不满意;工作任务过于繁重,工作能力不足,无法进行时间管理,感到倦怠;工作中人际关系不良,参与公共事项的积极性不高,对组织规则缺乏信任;存在性别偏见和歧视,缺乏公平公正;对职业发展失去信心,没有长远规划。公职人员是面对民众的直接窗口,经常需要处理各种各样的紧急事件,心理负荷较大,如果自身思维、情感出现偏差,且不加以重视,就会严重影响工作和生活。那么,作为公职人员,该如何进行心理危机的自我调适、自我训练呢?

(一)在认知层面上,要改变不正确的认知方式

1.认知重建

公职人员要建立一种积极向上、开放、思考的工作态度。工作中的各种情景,本身是客观存在的,但个体对事件的认知,在很大程度上决定了个体在事件发展过程中以及产生结果后的态度、感受以及行为表现。总结来说就是之所以产生积极或消极的情绪反应,是因为个体的认知方式不同。如果能正确评价已经发生的消极事件,对该事件的未来发展存有期盼和希望,就不会太纠结于当下的结果,积极的认知方式会带来积极的工作态度。所以,公职人员首先在工作以及生活的认知层面上,要建立健康向上的价值观,以及要清晰、正确认识自

身情况,及时正确地改变自己错误的认知、想法,避免持续进行消极认知。一些初入职场的公职人员,由于不适应新的工作环境,故与同事没有建立起融洽的关系,也没有主动去融入集体,如果是消极的认知方式,个体就容易产生"同事都不喜欢我""我和周围格格不入""同事都针对我"之类的错误认知。当个体出现这类认知体验时,认知重建的目标就是重新树立对自我、对事件本身的正确认知,并辅以实际行动,改变消极的行为方式,进而产生积极的认知和行为结果。

2.语言重建

在公职人员的工作情境中,对外是直接与人民群众交流,对内是同事之间相互配合共同完成项目任务,无论是对内还是对外,人与人之间均需要交流沟通,沟通是否高效、双方是否达成共识、给人留下的印象好或不好都受到交流沟通的影响。人与人之间的互动交流会因沟通方式的不同而产生不同的结果,积极的沟通方式带来积极的结果,消极的沟通方式带来消极的结果。语言重建指的就是用积极、正向的语言代替抱怨、怨恨、消极的语言,用全面、逻辑性强的语言代替含糊不清、没有顺序的语言。通过语言重建来提高公职人员的工作效率,调节同事之间的关系。初入职场的公职人员在适应新的环境时可能会有各种不适应,如果采用消极抱怨的语言,可能会说"这项工作任务太难了,我从来没遇到过,我应付不了";如果采用积极正向的语言,可能会说"我会用心学习的""我会努力适应"。当自身用积极有效的语言表达时,潜意识里也会保持积极的思维方式,进而采取积极的行为方式,有助于问题的解决。

3.角色转换

角色转换也是一种危机调适方式,也就是我们经常提到的同理心、换位思考、角色扮演。公职人员应从他人角色出发,即从对方想法、行为出发,了解他人的观点逻辑。在工作中,公职人员可能会对上级、同事的想法、做法持不同意见,面对人民群众的各种问题也会有自己的想法,但如果能够站在对方的角度思考问题,进行角色转换,就能更好地理解他人的想法和做法,针对自己之前的错误观念做出积极的改变。在日常工作中,与同事合作可以更高效地完成工作任务,但每个人的思维模式不同,在处理同样的事情时也会有不同的想法和表现。这些差异是既定的事实,如果只关注他人的差异化表现,就很容易产生"对方太拖后腿了""对方根本不理解我""我们想法不一致,没办法合作"等消极思想。角色转换的目标就是要从对方的角度出发,比如"这件事情他是怎么思考的""他的想法是什么样的"。当公职人员站在对方的立场,积极主动地了解对方的想法,就容易构建和谐的同事关系,推进工作的高效完成。当思维偏差性减少,心理危机的发生概率也就随之降低。

(二)在社会支持方面,构建社会支持体系。

社会支持是影响个体心理健康的一个非常重要的社会因素,有效的社会支持能够改善个体的心理健康状况。社会支持包括各种正式和非正式的支持和帮助,通过提供有用的信息或指导来帮助个体走出困境。

1.家人支持

就社会支持系统来说,家庭的作用极其重要。工作中遇到的难题除了向同事请教学习之外,也可以就某个问题与家人展开讨论,倾听家人的意见,防止不良情绪影响生活。家庭是永远的港湾,无论遇到什么困难,只要和家人沟通,听听来自他们的声音,就可以有效缓解焦虑和不安。家人的支持能够减弱公职人员在工作中的负面情绪,帮助缓解不良情绪,放大积极情绪,有效增强心理调节能力,保护和改善心理健康。因此,良好的家庭支持系统可以让公职人员在繁重的工作之余感受到更多的情感支持,更有安全感。

2.同事支持

跟家人的倾诉更多的是寻找情感支持,同事间的沟通交流则更多的是交流工作经验。同事支持就是指个人从组织的其他成员那里获得关怀和照顾。在同一工作单位中,处于相同地位和水平的个体之间相互提供情感、工具和信息等方面的支持和帮助,是同事之间合作共赢以及缓和、化解同事间矛盾的一种互利行为。情感支持可以表达关心、信任和喜欢等;工具支持可以提供财力帮助、物力帮助等;信息支持可以提供信息、意见和建议等。此外,在同事支持中,一些学者还引入了心理咨询中的聚焦模式,相对于寻求问题发生的根源,该模式更加重视去寻找解决问题的方案,从而发挥特有的优势。有相似状况和问题的同事之间,更加容易交流分享解决问题的技巧,互相学习,增强团队合作的力量,共享资源,从而提高解决问题的能力。同事支持作为一种干预机制,可以缓解个体的职业压力、工作倦怠,进而提高职业满意度和心理健康水平等。同事支持可以进一步缓和工作之间的矛盾,缓解由于不公平所引起的心理困扰。构建良好的同事支持环境可以进一步改善工作环境,激发工作热情,提高工作积极性,以更加饱满的状态投入工作中,激发创造性。因此,同事支持系统作为一种工作环境优化机制,可以提高公职人员的工作效率和身心健康水平。

3.参与社会互动

社会互动即社会交往,发生于个人之间、群体之间,是人类存在的重要方式。集体活动是社会互动的一种途径,积极参与集体活动可以提高个体对集体的归属感,在活动中与其他成员沟通交流,可以增加对彼此的了解,增进彼此的感情。有研究指出,社会互动的主要形式包括交换、合作、冲突、竞争和强制。公职人员之间通过交往获得回报和报酬,回报不一定是有形的,更多的是别人的感激,因此积极参与社会交往,可以增进与他人的感情。所有的社会生活都以合作为基础,参与集体活动时,个体应该要有合作意识,才能提高个体对集体的归属感。然而,在参与集体活动时常遇到一些冲突,但冲突也有正面效果,在某种程度上也可以成为促进双方紧密团结的力量。竞争是遵循某些规则的一种合作性冲突,在这个过程中,同事之间应该良性竞争,摆正心态和观点,达到所要追求的目标。

(三)具体的自我调节方式

此外,可以选择具体的自我调节方式,如下。

1.暗示调节

暗示调节就是心理暗示,通过运用内部语言来提醒和鼓励自己,以缓解心理压力。研究表明,暗示对人的心理活动和行为具有显著的影响。如愤怒的时候,可以在内心重复"冷静下来";遇到棘手的问题的时候,在内心重复"忧愁没有用,想想现在应该怎么办";被别人误解的时候,在内心告诉自己"我哪里说错了,我应该怎么说才可以解开这个误会呢"。所谓的暗示调节,就是在遇到思想偏差以及心理危机之后,内心不断重复正能量的话语,从而调节自身思维的一种方法。如果要进行暗示调节，尽量选择在大脑兴奋阈值较低的时候进行，如果是遇到某些需要立即进行暗示调节的情况，那先尽量保持自身不动，让自己冷静下来之后再进行调节。暗示调节的过程中尽量采用想象画面的方法而不是靠意志力抑制负面情绪，通过正确的暗示调节，才能产生积极的自我调适。

2.放松调节

放松调节主要是肌肉放松，通过肢体的运动来缓解心理的压力，从而使个体在精神上重新达到一种平衡。当遇到压力情境时，可以调节呼吸，通过特定的深呼吸方式来缓解内心的紧张和焦虑状态；当遇到焦虑情境时，可以跑步或者参加竞技类体育运动，通过运动释放精神上的压力。在日常生活中，公职人员脑力消耗大，锻炼比较少，所以也需要多进行身体锻炼，增强自身体质，提高自身健康水平，减少抑郁、焦虑的情况。

3.想象调节

想象调节主要指通过想象把负面情绪与具体的实物通过想象连接在一起，主观去设想事件会往好的方向发展，在想象中达到放松自己的一种方法，一般使用视觉形象想象法、指导性想象法、音乐想象法三种方法。其逻辑就是通过想象不同的实物画面，将负面情绪转化为相似的实物，再把这种实物清理出大脑，从而实现积极的自我调适。

此外，还有通过调节自我意识来达到调节情绪的自我意识调节法；将消极情感产生的负能量进行升华，以合理的方式释放负面情绪的情感调节法。这些方法均可以帮助人们进行心理危机的自我调适。

总之，在日常工作、生活中，我们会遇到各种问题和困难，心理上难免会产生压力。其实我们的心理压力和困境可能并非真的如我们想象的那么严重，很多时候是因为在面对这些困难、问题的时候，采取了消极的应对方式，从而使负面情绪占据了大脑，产生了心理危机，我们应该改变自身面对困难时的思维和态度，将工作中遇到的压力看作是鞭策我们前进的动力，在遇到问题时积极进行自我心理调适，始终以积极的态度面对困难，保持乐观的认知方式和行为方式。

❋ 心灵小结

1.职业心理健康问题主要表现为在遇到任何与工作相关的障碍和困难时不能及时做出调整,容易出现难以克服困难的心理状态,造成心理失衡。

2.常见的公职人员心理健康问题有工作压力过大、人际冲突加剧、职业倦怠感强等几种类型。

3.有效应对心理健康问题的方式主要有心理防卫、心理支持、心理休闲、重燃工作热情、平衡工作和家庭、提升职业认同感、自我调适危机等。

❋ 心理自测

职场幸福指数测试

问卷介绍:职场幸福指数测试旨在帮助大家分析自己当前的职业满意状态,并帮助大家找出不满意的原因,以期及时调整。本测试由上海市《职业规划岗位资格证书》培训认证职业规划师专家组开发。计分方法:答"是"得2分,"不确定"得1分,"否"得0分。将各题得分累加,算出自己的总得分。

职场幸福指数测试

题目	评分		
	是	不确定	否
1.我很热爱现在的工作			
2.在工作中我很有成就感			
3.上司能及时了解我的需求			
4.我与同事间的关系很融洽			
5.公司在工作时间安排和任务分配方式上很人性化			
6.我每天过得都很充实			
7.公司有良好的激励机制			
8.我所从事的工作与自己的期望值和能力相匹配			
9.公司有很灿烂的远景,让我觉得工作有目标			
10.我对公司有一种家的感觉			

评分标准：

得分为0~3分者：你的工作满意度极差，在工作中你无法获得幸福感，你很有必要找个职业规划专家或比较有资质的职场人士为自己把把脉，重新勾画和设计一下自己的职业规划，调整一下自己的生活方式，以期让自己的感觉好起来。

得分为4~7分者：你的工作幸福感较差，工作状态不怎么样，这让你容易沮丧，情绪低落。你不妨检讨一下自己的状态，看看是不是目标定得太高，过分追求完美，或是自卑感等让你工作难以开展。变变想法，也许感觉会有改变。

得分为8~17分者：你的生活状态一般，有喜有忧的日子使得你和多数人一样。

得分为18~20分者：你有相当高的职业满意度。你不一定是富人或有地位的人，但你的心态很好，一个人能感到幸福是件不容易的事，在这里我们向你表示祝贺，并希望你永远幸福。

第六章　公职人员的婚姻与家庭

内容简介

恋爱、婚姻、家庭是人类亘古不变的话题,是幸福人生的美好华章。与其他青年男女一样,公职人员也会恋爱、结婚。但由于职业的特殊性,公职人员经常加班加点、超负荷工作,在陪伴配偶与子女上缺位;又因工作压力大、职业焦虑、倦怠等负面情绪的挤压,他们容易将消极情绪带到家庭中,影响家庭关系的和谐。因此,公职人员需要学会协调好工作与家庭之间的关系,认识婚姻幸福、家庭和谐对工作效率与职业发展的积极作用。

本章主要从公职人员的恋爱心理、婚姻心理及子女教育心理等方面,剖析公职人员在恋爱、婚姻、子女成长等方面可能存在的心理问题,并提出相应的措施。本章旨在为公职人员提供科学有效的方法,帮助他们正确认识和把握爱情,建立属于自己的亲密关系,妥善经营婚姻、家庭,陪伴子女健康快乐成长。

一、案例分析

刘某在某县城农业农村局任职,事业做得有声有色,深得领导欣赏与同事喜欢。但是,最近家里发生的一系列事情却让他感到越来越糟心,以至于影响了他的工作,比如开会老走神,领导交代的任务老遗忘,工作老出错,还总是一副心不在焉的样子,而这些情况对于以前工作认真、高效的刘某来说是绝对不可能发生的。既是同事又是好友的李某将这些异常表现看在眼里急在心里,下班后找机会询问刘某最近是不是遇到了什么困难。听到好友的询问与关心后,刘某长叹一声,并一股脑儿地向李某倾诉了近期内心深处的郁结。

事情的起因还要从半年前的升职加薪说起。原本在基层岗位上勤勤恳恳、兢兢业业的刘某,因工作努力、成绩突出、表现优异,受到了领导的重视。刚好某办公室科长一职空缺了出来,于是刘某把握住这一宝贵机会,通过层层考核与选拔,终于成为该科的"一把手"。这本是一件可喜可贺的事情,但升职意味着肩负的责任和应履行的义务也随之增加,面临更加繁忙的工作与更加沉重的压力,一旦遇到紧急的事情都要求随叫随到,因此刘某逐渐成为工作"永动机"。工作压力加大、工作时间延长、工作交流增多,并且还需要时不时去外地出差考察或学习培训,因此刘某待在家里的时间越来越少,与妻子和孩子聚少离多,妻子和孩子都明显感觉作为丈夫和父亲的刘某缺少了对家庭的陪伴。当妻子想找机会和刘某好好交流的时候,刘某又总是以太累了、需要休息等为借口敷衍了事。这让其妻子既委屈又愤怒还害怕,于是变得敏感又多疑,一有机会就去翻看刘某的手机,查看是不是有什么情况。刘某对妻子此举非常反感,但想着本来工作就累了,回家就想好好休息,于是对妻子的做法也只能视而不见。长此以往,妻子越来越不理解刘某,只要一加班或是出差,回到家后必定会遭到妻子的唠叨、数落、抱怨、责备……越这样,刘某就越是不想回家,两人逐渐陷入了恶性循环。

缺少父亲的陪伴、家庭关系的崩裂严重影响了刚上小学的孩子。刘某自从升职,工作更加繁忙后,便不再陪孩子一起学习、玩耍,并且还时常和妻子争吵,在这样的家庭氛围中,原本活泼可爱、爱唱爱跳的孩子变得少言寡语,总是喜欢把自己一个人关在房间里,戴着耳机,听着音乐,希望此举阻止父母的争吵声进入耳朵。此外,孩子在课堂上也时常想到父亲的晚归、父母的争吵,于是思绪飘到窗外而集中不了注意力,因此学习成绩急速下滑。

刘某认为自己努力工作争取升职加薪,一方面是为了自己有更好的职业发展,另一方面也是为了给家庭更好的生活条件,但是妻子的争吵、孩子的疏远,让刘某很是头疼,进而影响到了工作。还好在同事李某的细心观察下发现了刘某的异常,并及时和刘某谈心,解答困惑。与李某交流之后,刘某明白了应该换位思考,体谅妻子与孩子的不易,加强夫妻沟通、亲子交流,尽量平衡家庭与工作的关系,解决目前面临的问题,才能以更加饱满的姿态回归工作岗位和家庭岗位,收获更幸福的家庭和更成功的事业。

从上述案例,我们不难看出,刘某因工作繁忙、任务繁重、时间紧张,已经严重影响了夫妻和亲子之间的和谐关系。公职人员工作忙是事实,压力大也是事实,这与社会发展的整体现状有关,但也不能因为忙于工作就忽视了家庭。案例中的刘某所面临的婚姻、家庭问题主要体现在两个方面:(1)夫妻之间的不理解、不沟通、不信任。丈夫工作忙,妻子不理解;妻子想询问,丈夫不沟通;丈夫的冷淡与敷衍让妻子不信任。夫妻之间缺少理解、信任与沟通对婚姻关系有非常重大的影响,也是导致婚姻破裂的主要原因。(2)亲子关系的变化,影响到了孩子的身心健康。父亲的不陪伴、母亲的抱怨和家庭关系的不和谐会让孩子感受不到家庭的爱与温暖,渐渐影响到孩子的身心健康,导致其产生自卑、敏感或胆怯等消极情绪。因此,只有平衡好事业与家庭的关系,才能收获一个健康和谐的夫妻关系、亲子关系。

公职人员作为国家政策的执行者,面临着工作压力大、工作时间长、加班任务重、人际关系复杂、负面情绪多等诸多问题,如果不能很好地处理工作与家庭的关系,就容易只重视工作而忽视家庭,影响婚姻、家庭的和谐。因此,深入研究影响公职人员婚姻与家庭的因素,帮助公职人员找到科学且可行的心理调节方式,改善公职人员工作与家庭不可兼顾的情况,对提升公职人员的家庭幸福感具有重要意义。

二、心理解读

(一)公职人员爱情心理

在当前就业形势日益严峻的情况下,公众对公职类岗位的追捧程度逐年上升,越来越多的大学毕业生选择通过走"考编"这一"独木桥"进入公职人员系统。而一毕业就进入公职岗位的人普遍处于25岁左右的青年时期,正是恋爱的年纪;同时,工作稳定、福利待遇佳、社会地位高等优质条件成了初入岗位的青年男女追求美好爱情的可靠保障。但任何事物都有利有弊,在公职人员光鲜亮丽的外表下,也面临着诸多难题。例如,工作经常出差导致夫妻可能长期分隔两地,繁忙的工作导致没有时间陪伴伴侣,公职人员的基本薪资不高导致不能快速地给予家庭经济保障等。此类问题也导致公职人员在婚恋市场的吸引力逐渐降低。南开大学周兴认为公务员群体隐性福利的削减,高生活成本给收入相对降低的男公务员在婚恋市场做了"减分"。不理想的恋爱状况容易使刚入职的公职人员消极对待工作和生活,并开始质疑自己。面对诸多的恋爱阻挠,年轻公职人员需要调整好心态,学习科学的恋爱心理技巧,这既能为自己创造更多追求幸福的机会,也能帮助自己更好地经营感情。

1.公职人员常见的恋爱心理问题

(1)酸葡萄心理

"吃不到葡萄说葡萄酸"表现的是一种得不到就恶意贬低他人的不健康心理。在爱情面前有的人也存在这样不健康的心理,有些人明明非常渴望爱情,却总说自己一个人很好,谈恋爱很麻烦,等等,这就是"酸葡萄心理"在作祟。当我们追求的目标无法实现,或者是想得到而不可得时,就会贬低自己原有的目标,进而弥补心理落差,淡化内心的欲望。公职人员在追求爱情时,由于工作稳定、社会地位较高等优质条件,会提高自身的恋爱目标,但基本工资较低、工作时间较长、加班出差较多等现实因素,导致公职人员容易在内在目标与外在现实之间形成落差,从而产生"吃不到葡萄说葡萄酸"的心理问题。

(2)过分追求完美心理

不是不想爱,也不是没人爱,而是总觉得对方不够完美,总有不合自己心意的地方,很难找到称心如意的恋爱对象。这其实就是被完美心理所"害",凡事都追求完美,眼里容不下一粒沙子。心理学研究表明,试图达到完美境界的人与他们可能获得成功的机会恰恰成反比。一开始,完美主义者担心选错了对象,或是选择的对象不够完美,在这种矛盾心理的驱使下,他们不可避免地会陷入紧张和焦虑之中,妨碍个人全身心投入爱情中。公职人员若是将工作中的完美主义引申到恋爱中,则容易对另一半的要求和标准变得苛刻,从而阻碍爱情的萌芽。

(3)爱情中的"跷跷板效应"

许多青年男女,总以为只要一心付出,就会收获对方的爱。但事实上,万般讨好的爱情就像儿时喜欢的跷跷板——这边高时,那边低。因此,有的人付出越多越得不到爱,只会使自己处于跷跷板的低端,而将对方高高捧起。大多数公职人员具有较强的责任感和义务感,这样的情感特征容易使他们陷入恋爱困境而无法自拔,这就是爱情的"跷跷板效应"。处于爱情中的人越是求之心切,越容易求而不得,导致恋爱双方不平衡、不对等,从而影响双方建立和谐的恋爱关系。

(4)一等再等的观望心理

每个人在生活中都面临着各种各样的选择,观望心理就是希望得到最佳、最完美的结果,因此常常在决定前深思熟虑、反复斟酌、犹豫再三。在现实生活中,男性在追求心仪的伴侣时,随着时间的推移就会不断降低自己的择偶标准,降低对女性诸多内在品质的要求,最后甚至连一开始的标准都一一放弃了。因此,越到最后,挑选到的伴侣越难令人满意。公职人员觉得自己有比较好的工作岗位和比较高的社会地位,容易在选择恋爱对象的问题上观望,期望得到最好的结果,但最后选择的对象却不如人意。这会在公职人员心中造成巨大的落差,从而影响他们的身心健康。

2.公职人员恋爱心理健康的原则

恋爱是人一生中最美好的经历之一,正常的恋爱关系不仅有益于双方的心理健康,也会成为生活和事业的强大推动力。公职人员恋爱心理健康的原则有如下几个方面。

(1)正确认知爱情

爱情是相互给予而不是相互索取,恋人之间应相互分享开心、喜悦,分担忧愁、悲伤。所有的爱情都包含一种神圣的责任,这不是外界强加的,而是发自内心的自觉。真诚的爱建立在双方平等与彼此尊重的基础之上,正确的爱情观念是一切美好爱情的开始,因此树立正确的认知能够帮助公职人员收获甜蜜爱情。

(2)正确对待爱情

正确对待爱情需要处理好三个方面的关系。第一,爱情与事业。公职人员在工作上担负较大的责任和义务,一旦爱情与事业出现矛盾,就需要平衡好两者之间的关系,把事业放在首位,并尽量协调好爱情与事业之间的矛盾。第二,爱情与友谊。随着人际交往的深入,人和人之间有的会产生友谊,有的会产生爱情,倘若二者出现混淆就会十分麻烦。因此我们要了解爱情与友情的区别,处理好二者之间的关系,才能既感受到友谊的温暖,又体会到爱情的甜蜜。第三,爱情与道德。公职人员在恋爱的过程中,要给予对方足够的尊重,要建立平等互助的关系,不要完全依附于对方或让对方依附于自己,这既是良好恋爱关系的重要原则,也是个人应遵循的道德。

(3)提高恋爱的抗挫折能力

虽然我们都渴望谈一场不分手的恋爱,但现实并不会这么理想化,因为诸多原因导致分手的情况屡见不鲜。公职人员从读书到工作,一直都是同行人中的佼佼者,难免会因一帆风顺的经历而沾沾自喜,一旦在爱情道路上遇到坎坷就会感到受挫而产生退却的消极心理。因此,公职人员需要提高自己在恋爱方面的抗挫折能力,理性对待分手,积极迎接爱情的再次到来。

(二)公职人员婚姻心理

青年男女从浪漫的恋爱走向婚姻的过程中,需要转换和适应心理角色,这也是婚姻心理学研究的主要内容。在角色转化的过程中,两个独立个体在相互融合的过程中会出现诸多问题,导致激情减退,甚至是争吵不断,这阻碍了幸福和谐的家庭的形成与维系。公职人员作为特殊的人群,面临工作时间不灵活、工作压力大、加班任务多、应酬推不掉、人际关系复杂等诸多问题,如果不能很好地处理工作与家庭的关系,就会挤压家庭时间,增加夫妻矛盾,同时也容易将工作中的矛盾和消极情绪带到家庭生活中来,影响家庭的和谐。因此,学习婚姻心理学的相关知识,能够帮助公职人员维系良好的夫妻关系,营造和谐友爱的家庭氛围,助力个人目标的实现。

"幸福的家庭都是相似的,不幸的家庭各有各的不幸。"这句话出自托尔斯泰的《安娜·卡列尼娜》。幸福的家庭都是美好的,所以相似,但不幸福的家庭总有不同的伤心事。下面就是几种常见的会造成不幸福婚姻的心理问题。

(1)婚前恐惧

婚姻不幸、家庭不和的故事,让即将步入婚姻殿堂的青年男女望而却步。这并不是因为他们的感情出现了问题,而是因为有一方出现了"婚前恐惧症",害怕面对婚姻,害怕不能经营好婚姻,并因此产生了紧张、焦躁情绪,引起了身心不适。据心理学家介绍,女性患婚前恐惧症的比例明显高于男性。引起男女恐惧的因素也略有不同,主要担心婚姻会不长久,担心婚姻会不会存在变数。公职人员由于责任心较强、追求完美,在婚姻上会慎之又慎,婚前更是思虑再三。因此,公职人员在结婚之前,很容易出现紧张、焦躁、爱发脾气或者是沉默寡言的现象,对工作和生活都有一定的不良影响。

(2)新婚期心理不适

当一对恋人带着美好的想象和愿望步入婚姻殿堂后,却发现新婚后的生活远没有想象中的那么甜蜜,有太多平凡且琐碎的事情需要劳心费神。想象的美好和现实的平凡,让新婚夫妻形成了比较大的心理落差和心理不适。公职人员经常加班、出差,会占用一部分家庭时间,让配偶觉得婚后生活太过循规蹈矩和简单平淡,还感觉缺少陪伴,影响夫妻间感情。智研咨询网对全国离婚纠纷案件进行了整理和分析,发现婚后的1~5年是婚姻破裂的高发期,也是离婚率最高的阶段。这主要是新婚期的生活、情感和心理不适导致的夫妻双方情感破裂。

(3)婚姻经营过程中的心理挫折

婚姻是男女双方结成夫妻关系的行为,是家庭成立的基础与标志,也是恋爱的最终归属。婚姻结合不易,经营更难。从本质上说,夫妻之间没有血缘关系,以情感为基础,因此属于契约关系。这是夫妻关系不同于其他家庭成员关系的最重要的特征之一。夫妻双方作为两个独立的个体,在性格、生活习惯和兴趣爱好等多个方面都有不同,磨合起来有一定的难度,这也会给婚姻的经营带来不同的心理挫折。影响夫妻关系最主要的因素有争吵、暴力、沉默、婚外恋等,这些影响因素在一定程度上会给予婚姻重重一击,甚至是致命的打击。婚姻经营过程中心理挫折的出现都有一个共同的影响因素——不正确的家庭沟通。《家庭沟通》一书提出了以下几种生活中常见的家庭沟通误区:①我要说服对方！②宁可得罪妻子,不能得罪他人。③一家人,何必客套呢?④一个眼神就够了,何必浪费唇舌呢?⑤我这样做,对方肯定理解,不用商量了。⑥浪漫是恋爱时的事,老夫老妻不需要这样。⑦忽视用双方都可以接受的方式方法协调夫妻间的差异。⑧超理智的沟通。⑨要么指责,要么讨好。

公职人员工作压力大、工作时间长,一方面对家庭的陪伴少,另一方面又不想让工作压力影响家人,因而选择独自承受压力。久而久之,夫妻双方沟通不畅,不能相互理解,从而引发了矛盾、争吵,甚至是暴力和出轨等严重影响家庭和谐的事情。

(4)不恰当的心理能量释放

心理学上讲,每个人能正常生活、完成预设的目标,都是因为心里有一种能量在支持,这就叫作心理能量。心理能量积攒到一定程度就要释放。自然的情感释放会使情绪得到宣泄,获得一种畅快感;不自然的情感释放包括两种:一种是压抑,不让它释放,另一种是沉溺,即情绪在释放过程中会激发另外的情绪。比如当你不高兴时,回到家中可能会各种找茬,另一半会因为你的挑事而生气,结果你就更加不高兴了。不自然的释放都会给人带来不畅快的感觉。公职人员在单位承受着高压而不能自然释放,将不愉快的感受积压在心里,回到家中借着一点小事就对自己的爱人释放,虽然心里的负面情绪得到了暂时的宣泄,获得了畅快感,却将消极的情绪传递给了爱人,导致爱人远离,自己心里也不愉快。不恰当的释放方式,不仅不能帮助公职人员减少工作中的压力,还会给夫妻关系带来更多的负面影响。

(三)公职家庭子女教育心理

家庭是孩子最早的课堂,父母是孩子的启蒙老师,对孩子的健康成长至关重要。父母要关心孩子、理解孩子,孩子才能感受到家庭的温暖。若公职人员对孩子的关注、关爱不够,陪伴孩子的时间不多,与孩子沟通也较少,则会导致家庭的亲密度较低,不利于家庭的和谐。那么,公职人员应该怎样处理好工作、家庭和孩子三者之间的关系呢?

1.家庭教育心理的相关研究

中国儿童中心发布的《中国儿童的生存与发展:数据和分析》指出,中国

17岁以下的儿童和青少年中至少有3000万人受到各种心理问题的困扰。父母在繁忙的生活中若不能找到合适的方法来教育孩子,就不明白孩子的真实想法。在教育孩子的时候要想取得很好的效果,需要从教育学和心理学的角度理解孩子的思维,读懂孩子的内心,掌握孩子成长的规律。

协同教育理念认为,孩子在成长过程中会面临三大教育系统,即家庭教育系统、学校教育系统和社会教育系统,每一个系统皆可发挥自身的作用,三者之间相互影响、互相补充。家庭是孩子最先接触的场所,家庭教育对孩子具有至关重要的作用,但也不能忽视学校和社会的教育作用,孩子良好行为习惯养成单靠父母或者老师的辅助是无法实现的。协同教育理论的关键在于提升孩子的综合素质,孩子的成长是在家庭教育、学校教育和社会教育这个大的系统中完成的。

2.公职人员家庭教育的心理问题

(1)忽视子女的心理需求

《世界卫生组织宪章》指出健康包括身体健康和心理健康两方面,两者紧密联系,身体健康是基础,心理健康在很大程度上影响着生理健康。所以孩子的健康不能仅以身体是否健康来衡量,还应该具备健康的心理,真正意义上的健康是两者缺一不可。公职人员认为给孩子最大的幸福,就是努力工作创造更多的物质财富,提高家庭的生活质量。事实上,孩子在成长过程中不仅需要有健康的身体,还需要有健全的心理。比如,当孩子在生活中遇到挫折时,父母要多和孩子交流,了解孩子的心理需求,给予孩子最大的鼓励。如果孩子得不到父母的支持,那么在面对挫折时就会显得无能为力,所以父母要和孩子一起克服生活中的困难。既要满足孩子的生理需求,还需注重心理需求,只有这样才有利于孩子潜能的开发,有利于孩子身心的全面发展。

(2)家庭教育的缺失

家庭本来就是一所学校,良好的家庭氛围有利于孩子的成长。根据社会学习理论,美国心理学家班杜拉指出孩子的行为习惯主要是后天通过观察和模仿习得的,体现在直接经验和间接经验两个方面。在家庭教育中,父母是孩子模仿的对象,所以父母要以身作则发挥应有的作用,通过自身的语言、行为来影响子女。家庭教育不只是金钱的投入,还需要精力的付出,这样才能教育好子女。

而一些公职人员把孩子的教育寄托于学校,忽视家庭教育。公职人员应该掌握一些家庭教育的常识,帮助孩子养成良好的生活习惯。把孩子的教育完全交给老师是不对的,老师和父母对孩子具有不同的影响,父母应该支持学校里的每一项教学任务,协助老师做好孩子的教育工作,只有学校和家庭配合,才能达到预期的教育效果。

(3)不合理的奖惩方式

每个家庭都有自己个性化的教养方式,在公职人员家庭中,由于公职人员长期处于竞争大、规矩多的工作环境中,具有优胜劣汰和规矩意识,都希望自己的子女有所作为。很多公职人员对子女的要求都很高,用自己认为"正确"的方法来教育子女,在学习上希望孩子取得优异的成绩,并且多才多艺。因此,父母倾向于制定了一套不近人情的奖惩制度,甚至以物质和金钱作为奖励来调动孩子的积极性。当孩子犯错误时,父母常常对同一问题多次批评,然而这样做会产生超限效应。心理学超限效应认为孩子在一定的时间里受到的刺激量过大并且时间较长会产生烦躁、反感甚至不能集中注意力等表现,不但听不进去,还会觉得父母比较啰唆,所以一味指责并不是教养孩子的有效方法。父母对孩子采用不恰当奖惩制度,会导致孩子表现出焦虑、退缩等情绪和行为。表扬要有一定的方法,避免孩子因取得进步而骄傲自负;对孩子的缺点可以进行批评,但要掌握好度,一定要让孩子认识到错误并及时改正,这样才能产生较好的教育效果。

(4)过度宠爱事事包办

孩子只有经历过各种挫折才能体会到成功的快乐,才能懂得生活的美好,就像一个人只有经历过饥饿后才能感受到食物的美味。公职人员有时对孩子过度宠爱,事事家长做主、一手操办,在父母百般呵护下长大的孩子容易产生缺陷。蜕皮效应(molting effect)认为每个人都有一定的安全区,你想跨越自己目前的成就,就不要画地自限。只有勇于接受挑战充实自我,你才会超越自己,发展得比想象中更好。孩子需要突破目前所处的环境,实现质的飞跃,这一过程较为痛苦,孩子一旦走出来就会变成全新的自己,会形成一种强大的抗挫折能力。如果是在父母的帮助下蜕皮,孩子即使成为蝴蝶后翅膀也不够强硬而不能飞翔。有的父母送孩子到学校的时候总是反复叮咛并一直舍不得离去,时间长了孩子就会产生过度的依恋心理,孩子的软弱性在日后会表现得尤为突出,在将来残酷的社会竞争中很难应对各种挑战。父母不让孩子独自面对生活中的风浪,容易让孩子踏入社会后变得平庸,父母需转变过度关怀心理,挫折教育是每一位父母不能忽视的课程。

三、培养正确的恋爱观念

关于爱情,不同个体对此都有不同的认识和理解,那么恋爱观也会有所差异。作为人生的重要情感经历,恋爱既是美好的,也可能会带来痛苦。不健康的恋爱观不仅会影响心理健康,也会影响工作和生活。因此,指导公职人员掌握正确的恋爱心理学知识,保持积极的恋爱心态,培养正确的恋爱观,有助于提高公职人员的幸福感,平衡好生活与工作,进而提升工作效率。下面就如何树立正确的恋爱观,提出一些简单的方法和建议。

(一)摆正心态,理性对待

刚步入岗位的公职人员,尚且年轻,正是渴望爱情的时候,希望可以获得长久而稳定的恋爱关系自然是无可厚非的,但要摆正自己的心态,树立自尊、自爱、自强、自重的品格。作为成熟的成年人,既不可一味地强调爱情至上,盲目地追求爱情,为了爱情不顾工作和生活;也不宜过急地追求爱,要分清自己的条件是否成熟;更不可过分地压抑自己的情感,以免影响自身的心理健康。爱情并不只有爱,还应有责任,只有当两者都具备时恋爱才会踏实,不然就是盲目地追求爱。或许有人会认为只要彼此相爱、彼此厮守,哪怕最后没有在一起也无所谓。但爱情并不能"不在乎天长地久,只在乎曾经拥有",面对一份爱,我们要抱有认真负责的态度,才能使生活更加幸福快乐。因此,拥有正确的恋爱心态,理性看待爱慕之情,勇于表达和追求自己所爱,避免完美心理和观望心理的不良影响,才不会压抑自己的情感或因一拖再拖而错过合适的人选,才能拥有幸福美满的爱情。

(二)调节恋爱中的情绪反应

在现实生活中,恋爱相处的过程不可能一帆风顺,也有矛盾、争吵和磕磕绊绊。恋爱对情绪的影响非常大——甜蜜恩爱时,情绪是积极愉悦的;矛盾争吵时,情绪是焦躁悲伤的。无论是高兴快乐,还是忧郁悲伤,都是正常的心理反应,若这些心理反应过于强烈和持久则不利于身心健康,严重者甚至会产生抑郁、狂躁等心理疾病。因此,要学会调节自己的情绪,不让消极情绪毁掉自己的爱情。以下几种方式对于情绪的调节和改善都具有非常好的效果。

1. 正视自己的消极情绪

积极的情绪体验是美好的,而消极的情绪体验是糟糕的,但要体验百分之百的积极情绪是不现实的,因此在恋爱时,恋人们必然会体验到"酸甜苦辣咸"各种滋味。面对恋爱过程中不可避免的消极情绪,需要做到承认并且正视,寻找方法减少消极情绪带来的负面影响。

(1)反驳消极思维

对恋爱中鸡毛蒜皮的小事和争吵打闹等情况的错误认知,会使情绪进入恶性循环,但这种循环又很常见。当感觉情况只会越来越糟的时候,不妨停下来回顾一下事件本身是否真的就这么糟糕,将消极情绪扼杀在萌芽阶段。

(2)打破思维反刍的桎梏

当坏事发生时,人们会很容易在脑海中一次又一次地回顾它,这种思维风格就是思维反刍。然而,一次次的重温并不能取得任何进展,反而会使思维停留在僵局中,情绪更加低落。想要打破思维反刍的禁锢,需要认识到无休止苦思并不能给人带来任何好处,让思维从麻烦中抽离出来,做一些有益身心的活动,如运动、冥想、阅读、联系亲友等。消极情绪无法避免,但可以改变情境中的消极要素,例如遇到恋人加班出差,与其急躁、抱怨,不如听听喜欢的歌、做做喜欢的运动;植入能带来积极情绪的要素,例如不开心的时候吃自己喜欢的美食,化解消极情绪;改变消极情绪的意义,例如人们总是认为吵架是分手的前兆,但也可以把它看成思想的交流,赋予消极情绪新的意义,帮助恋人收获积极情绪。

2. 用自我暗示法让自己冷静

自我暗示又称为自我肯定,是对某种事物积极的叙述,能让想象中的事物以更加坚定和持久的方式表达出来。自我暗示,可以让人用更加积极的思想和观念代替过去消极的情绪反应。自我暗示可以是在心里默念,也可以是大声呼喊出来,也可以在纸上写下来,还可以是唱歌或者吟诵。同时,要遵守肯定的原则:用现在时态进行暗示;肯定我们所需要的,而不是不需要的;语句越简单越有效;选择那些对自己感到完全合适的肯定;接受并体验自己所有的情感等。只要每天进行有效的肯定练习,就可以抵抗消极的思想习惯和负面的情绪体验,在消极的情绪中冷静下来,进行积极的自我调节。练习越多就越能体验到积极的情绪,就越容易创造出积极的现实,这对处于恋爱中的情侣而言,是调节不良情绪反应的良方,也有利于感情的长久稳定。

3.利用合理的情绪疗法改变对事件的主观解读

理性情绪行为疗法认为引起人们情绪困扰的并不是外界发生的事件本身,而是人们对事件的态度、看法、评价等认知内容,因此要改变情绪困扰不应致力于改变外界事件,而是应该改变认知,通过改变认知,进而改变情绪。该疗法可以帮助恋爱中的情侣改变对事件的认识,通过改变对事物的消极认识,进而改变消极情绪。例如,你坐在公园的椅子上打瞌睡,有人走过,踩了你的脚(事件)。你醒来了,很生气(情绪)。但是当你发现他是个盲人时,你就不气了。同样是被踩,你能选择生气或不生气,这是因为认知的作用。在爱情里也一样,同样是因为陪伴少而发生争吵,当你认为对方是故意躲避时就会生气,但当你认为对方确实是因为工作等原因而减少了陪伴,等工作忙完之后就会有更多的时间陪伴时,就不会生气了。因此,面对容易引起消极情绪的事情,不妨换个角度想想,改变对事件的认知,就会变得豁然开朗,轻松起来。

(三)情感流露和情绪表达

大多数中国人的性格都保守内敛,公职人员由于其工作较稳定,也不爱冒险,因此增强了他们传统保守的性格,比如不善表达等。但在两性关系中,表达很重要,喜悦或是生气都需要向伴侣真实地表达出来,不然长期憋在心里会导致更多问题的产生。其实,和亲密的人表达情感、情绪并不是一件容易的事,我们之所以能清晰地表达自己的情感、情绪,是因为内心有非常复杂的运作流程。首先,需要先感受到自己的情绪,这是情绪表达的前提;其次,要有能力对感受到的情绪命名,比如高兴、悲伤、沮丧等;然后,在自己的心里评估与对方关系的安全程度,评估表达的风险,比如夫妻感情很好、关系稳定,则安全程度较高,即使是表达不好的情绪,其表达风险也较低,对感情的影响程度较小,就会愿意表达情绪;最后,选择表达的方式,可以是物品,可以是语言,也可以是动作行为。当然,真正的流程可能比这个复杂很多,下面就介绍一下情绪表达的步骤。

1. 拥有感受情绪的能力

在心理咨询的过程中,常常会遇到这样的现象:当一个人在谈论他曾经历过的一些事情时,咨询师明明能从他的谈话中感受到非常强烈的情绪,但是这个人却表现得此事与他无关一样。当咨询师与他讨论在讲述的过程中感受到什么的时候,他往往会非常冷静地回答"没事儿,都过去了",表现出平静、沉着,没有丝毫情绪起伏。这类人常常是那些曾经历过一些创伤性事件的人。如果一个人经历或者目睹了一件事实上的或者潜在的严重伤亡的事件,该事件就被认为是创伤性的。创伤是痛苦的,不仅会造成身体上的伤害,还会导致严重的情感伤害,如创伤常引起个体极度恐惧、害怕、无助,而情感伤害可能更为痛苦,更加难以治愈。创伤性事件有许多不同的类型,一般分为三类:人为灾难、自然灾难、暴力或犯罪。此外,还有其他可以引起创伤性体验的生活事件,包括婚姻失败、失业、重病或是亲朋好友的逝世等。经历过创伤性事件的人,他们的大脑通常为了保护自己不受到更多负面情绪的干扰,会启动各种保护机制,比如遗忘、记忆下降等,自动关闭情感功能,对任何事情都感受不到感情,没有主观感受,这样也就感受不到令人痛苦或者是悲伤的负面情绪,会让人感觉不再那么痛苦。

在个体成长过程中,为了抵抗痛苦体验,会有非常多的情感被压抑,只有在感觉安全或是有能力面对痛苦时,这些情感才会重新回到意识层面来被重新体验,并有被修复的可能。这也是精神分析的心理治疗中,有时会非常痛苦的原因。

当然,那些被压抑进潜意识的情感并不是真的不存在了,而是会在某些时间影响到我们的生活,比如一个从小经历过很多分离创伤的人,因为害怕重要之人再度将自己抛弃,于是他可能就将那个重要的人感知为对自己可有可无,越重要,越要拒绝关系的亲密,无意识中就会做出许多破坏关系的事情来。这类人此时无法表达"我爱你",是的确还没有感受到强烈的爱的存在,或者说,爱得越强烈,就越不允许自己感受到爱。

另外一个无法感受情感的原因可能来自成长的环境,比如在成长的过程中,周围的人都是拒绝情感的,生活在这样的环境中,个体不得不抑制自己的情感体验和表达,因为与环境的不一致可能会让他承受太大的压力。所以,当他长大成年后,可能就会成为拒绝情感体验的人。

对于这些人而言,他们的机体为了自我保护,自动屏蔽了情绪体验,也就感受不到情绪,更不能表达情绪。他们在给自己的心门上锁的同时,也关上了感受外界的大门。但感受情绪是表达情绪的第一步,只有敞开心扉,打开心门,感受世界,连接世界,拥有感受情绪的能力,才能够做好真实的情感流露和情绪表达。

2.给感受到的情绪命名

情绪只有被正确命名,才能被别人理解,这也是表达情绪的前提。命名情绪的能力,来自个体成长过程中养育者的镜映(mirroring)。镜映用于描述父母与婴儿之间积极的情感回应与互动,父母作为自体客体对婴儿夸大的、展示性自我的正向响应或欣喜反应,会给婴儿一种全能操控感和某种夸大的自我体验。换言之,养育者需要像镜子一样对孩子的价值、成绩和成就做出适当的反应,让孩子在养育者经年累月的"镜映"作用下,能够逐渐从"外部肯定"转变为"自我肯定",从而使孩子以自信和高自尊的方式去展示自己健康的自恋。比如当一个孩子吃饱了,躺在妈妈怀里笑,妈妈会说:"哦,宝宝吃饱了,现在好开心啊。"于是孩子就在母亲的镜映中学会了那样的感觉是饱和开心。

在儿童出生后的0~6岁,发展情绪比发展认知更重要。因为情绪会帮助儿童建立自己和自己的关系,帮助儿童进入自己的内心世界,儿童也需要借此得出他的内在世界对外在世界的反应。发展情绪是早期儿童建构自己生命的一个重要途径和首要任务。如果孩子有情绪的时候,父母能帮孩子给情绪命名,就有助于培养儿童表达情绪的能力。

就像渴望父母的镜映一样,人们在恋爱关系中也渴望被另一个人看见。例如,当女朋友穿了一条新裙子时,女朋友说:"你看,这个裙子穿在我身上怎么样?"(女朋友先发出了一个镜映需要)男朋友回应道:"这个裙子与你的身材太配了,我很想看看穿在你身上的样子。"(对女朋友镜映需要的回应,并且是确定的回应)当镜映需要与镜映回应达成一致时,就会产生积极的情感满足。

当我们在表达需求时,涉及"要挟""唠叨""指责""抱怨""愤怒"等字眼时,往往不会得到我们想要的需求,因为这些不恰当的表达方式挡住了我们的真实需求,对方通过镜映,直接回以"抗拒""愤怒""指责""抱怨"等,甚至做扩大反应,表现出比我们更多的"愤怒""指责""抱怨""辱骂"。

3.建立良好的沟通氛围

生活在平等尊重的氛围中,双方就会将表达情绪感受看成一件安全的事情,也就会更有能力说出自己的感受。而如果处在一方独大的个人主义关系中,另一方在说出自己的感受和想法时就会变得小心翼翼,为了避免不舒服的体验,可能就会慢慢收起自己真实的想法,只说可能安全的话,甚至是不表达。语言功能的不自由,实际上代表的是内在自我功能的受限。

感到双方的关系不够安全时,也无法自由地表达自己的内心世界。比如,对爱的情感不能表达,代表了害怕失去爱;对愤怒等情感不能表达,代表了害怕破坏关系,或是害怕被惩罚等。这些都与早年的成长经验有关。

4.选择表达情绪的方式

每个人表达情感的方式不一样,有人用语言,有人用行动,有人用物品,有人用艺术等。对很多人来说,直接表达爱的情感或恨的情感都是很困难的,因为当我们表达爱时,也意味着我们需要对方,这会让我们感受到自己的虚弱,这也是很多人都想回避的情感。而且,当我们表达爱时,也在冒着被拒绝的风险。所以,表达爱也成了一件有难度的事。而表达恨的情感,在我们的想象中是有巨大风险的,比如被惩罚、被抛弃等,为了安全起见,很多人选择不表达,或是迂回表达,但这就会降低沟通的有效性。

有时候,我们感觉害怕伤害对方,所以有些具有攻击性的话不敢直接说出来。其实这个害怕的背后,是我们自己无法承受攻击性的语言,所以将这个恐惧投射到了对方身上,我们以为是在保护对方的感受,其实是在保护我们自己远离伤害性体验。

(四)培养爱的能力

爱的能力包括接受爱的能力、拒绝爱的能力和发展爱的能力。

1. 接受爱的能力

接受爱的能力包括施爱的能力和接受爱的能力。一个人心中有了爱,在理智分析之后,要敢于表达、善于表达心中的爱,这是一种爱的能力。一个没有爱心的人是个自私自利的人。一个人面对别人的施爱,能及时准确地对爱做出判断,并做出接受、谢绝或再观察的选择,这也是一种爱的能力。缺乏这种能力的人,或是匆忙行事,或是无从把握。公职人员要具有接受爱的能力,就应懂得爱是什么,有健康的恋爱价值观,知道自己喜欢什么,需要什么,适合什么;就应对自己、对他人、对万事保持敏感和热情;应主动关心他人、热爱他人,当别人向你表达爱时,能及时准确地对爱的信息做出判断,坦然地做出选择,能承受求爱被拒绝或拒绝求爱所引起的心理扰乱。

2. 拒绝爱的能力

对于自己不愿或不值得接受的爱应有勇气加以拒绝。拒绝爱要注意两个方面:一是在并不希望得到的爱情到来时,要果断、勇敢地说"不",因为爱情来不得半点勉强和将就。如果优柔寡断或屈服于对方的穷追不舍,发展下去对双方都是不利的。二是要掌握恰当的拒绝方式,虽然每个人都有拒绝爱的权利,但珍重每一份真挚的感情是对他人的尊重,也是一种自珍,同时也是对一个人道德情操的检验。不顾情面,处理方法简单轻率,甚至恶语相加,使对方的感情和自尊心受到伤害,这些做法是很不妥当的。

3. 发展爱的能力

苏联著名教育家安东·谢苗诺维奇·马卡连柯(Антон Семёнович Макаренко)说:"爱的力量只能在人类非性欲的爱情素养中存在。他的非性欲的爱情范围愈广,他的性爱也就愈为高尚。"发展爱的能力,并不是非要具体到对某一异性的爱,可以是意义更广泛的爱。我们的祖国、人民、亲人、同学和朋友,都值得我们去爱。发展爱的能力,就是要培养无私的品格和奉献精神,培养善于处理矛盾的能力,有效地化解、消除恋爱和家庭生活中的矛盾纠纷,为恋人负责,为社会负责,才能创造出幸福美满的婚姻。

(五)正确处理恋爱挫折

婚姻是爱情的归宿和升华,健康和谐的爱情有益于男女双方的身心健康,给人以美的享受。不健康的爱情,会使双方在精神上都承受极大的压力,甚至出现心理问题。如果在婚姻、恋爱问题上处理不当,无法正视问题或逃避问题,则会出现烦恼、忧伤、思维迟钝、精神萎靡、食欲缺乏等症状,心理学家把这种因恋爱引起的症状称为恋爱挫折综合征。

恋爱挫折综合征的表现:

(1)羞愧难当,陷入自卑与迷惘,甚至心灰意冷,走向怯懦封闭和绝望、轻生,成为爱情殉葬品。

(2)对抛弃自己的人一往情深,对逝去的爱情充满美好的回忆与幻想,自欺欺人,否认失恋存在,陷入单相思的泥潭,产生一种既爱又恨的矛盾情感。

(3)因失恋而绝望暴怒,失去理智,产生报复心理。或攻击对方;或攻击自己;或从此嫉俗厌世怀疑一切异性,看什么都不顺眼;或从此玩世不恭,得过且过,寻求刺激,发泄心中不满。

对于正处于青年时期的公职人员而言,失恋是最严重的挫折之一,但只要及时进行自我心理调节,心态便会慢慢恢复。一般认为,治疗恋爱挫折综合征的良药是树立远大的理想和正确的恋爱观,培养积极乐观的情绪。从失败的恋爱中反思不足,吸取经验教训,用坚强的理智克服脆弱的感情;以勤奋的工作、积极的情绪、美好的理想摆脱爱情的苦恼,不要当"爱情至上"的俘虏。要心胸开朗、豁达大度,学会控制自己的情绪,即使在恋爱中遇到坎坷,也不要悲观失望,应正确去处理。

四、婚姻家庭的幸福秘诀

人们常常将婚姻比作"围城",并以"城里的人想出来,城外的人又想进去"形容婚姻。不可否认的是,人们在婚姻的问题上确实存在着这样或那样的心理,这表明人们对婚姻有着十分复杂、矛盾的心理。公职人员要了解婚姻中的各种心理,解决遇到的心理困扰,才能和伴侣永远相亲相爱、和睦相处,携手走完人生中美好的路程。

(一)公职人员幸福婚姻的原则

1.相互理解

夫妻双方有很多的不同之处,在相识、相知、相恋到相伴终生的过程中需要相互扶持,因此理解在婚姻里是非常重要的。作为公职人员的另一半,需要理解其职业的特殊性:加班多是常态;应酬也是不可避免的;有时还需要人情往来,走动走动;手中的权力较大,肩上的责任也很重,所以常常需要把工作放在首要位置,随时待命;工作任务重、强度大,甚至有的公职人员在工作中还付出了生命。同时也需要理解公职人员不能逾越的规矩,如绝对不能贪污腐败。对于公职人员来说,也需要理解另一半在工作和家庭中的付出,懂得感恩,不要认为自己工作辛苦,对方做什么都理所应当。夫妻双方都在为了家庭努力,相互理解对方的难处,相互认可对方的付出,这样婚姻才能更加幸福、和谐。

2.相互支持

一个和谐的家庭,有包容也有信任,相互信任、相互支持是家庭的润滑剂。在公职人员家庭中,特别是夫妻双方都是公职人员的家庭中,在事业上夫妻要相互支持,帮助对方获得更好的发展,当两人都忙于工作时,要协调好时间与精力,共同维护家庭和睦。当一方身在关键岗位,就需要另一半的理解并承担起家庭的重任。无论是何种方式的付出,都是对另一半最好的支持,更是对这段婚姻和这个家庭的有力支撑。

3.相互沟通

相互沟通不是说说话这么简单,也有很多需要遵循的原则。首先,以平等的姿态进行沟通,比如尊重对方的感受,不要说教,不要借口,不要唠叨,不要开恶意玩笑等。这是从对方的角度出发,以平等友善的态度进行交流,没有谁强谁弱。其次,要表达清楚自己的看法和感受,比如要具体、清晰地说明原因和责任,要以言语表达自己的假设等。这是从自己的角度出发,清楚表达自己的看法,并且要让对方也知道自己的想法。最后,有效的沟通也需要沟通技巧,比如重视非语言沟通的重要性,抓住重点,不要将好言讨论变成恶语相向,学会倾听等。此外,马歇尔·卢森堡(Marshall B.Rosenberg)在《非暴力沟通》中也为公职人员提供了一种非常有效的沟通方式——我的观察是什么、感受如何、哪些需要(或价值观、愿望等)导致了那样的感受、我的请求又是什么。

可以思考这样一个问题:当你在人际互动中遇到不如意的事,例如你(女方)的爱人说你怎么还没有把昨晚换下的衣服洗了,而你却从早上到中午忙得一刻没有停歇,连水都顾不上喝,这时候你最本能的反应是什么?

A.觉得自己没做好,内疚;

B.怪爱人自己怎么不去洗(不早说);

C.陈述事实——自己忙,准备晚点洗(确实忘记了),并告诉他听到这样说不开心;

D.体会他人的感受和需要。

另一个例子,你(男方)爱人的生日你忘记了,没有准备礼物,爱人以此为由指责你没把她放心上,而你也才刚忙完回家,这时候你最本能的反应是什么?

你最本能的反应可能是埋怨和数落。而那些在日常生活中可能脱口而出的话,不论是有意的还是无意的,都可能在对方心里留下深深的烙印,甚至伤害对方。其实,这也是一种隐蔽的语言暴力。

马歇尔在《非暴力沟通》里介绍了一种沟通方式,即如何转变谈话和倾听的方式来减少人与人之间因为语言带来的痛苦,不仅教会了人们如何使个人生活更加和谐美好,同时也解决了许多冲突和争端。

马歇尔总结了非暴力沟通的四个要素,即观察、感受、需要、请求,并在书中进行了详细的阐述。

(1)正确的观察

强调实事求是,讲事实,如实表达看到的、知道的、做过的,不加任何评论。有位哲学家说"不加评论的观察,是人类智力的最高形式"。举个反例,"他经常迟到"这句话是评论,不是观察,正确的观察是"上周他迟到了三天"。

(2)学会表达感受

表达自己的情感,表达对对方的情感,注意不要与"评价、想法"混淆。正确的例子"我有些失望""你看起来有些生气",错误的例子"我觉得你看不起我"。

(3)明确自身需要

第二条"感受"的根源是因为我们有对应的"需要"。换句话说，是"需要"产生了"感受"。比如由于你的"需要"是"被尊重"，但对方当众用一个很伤人的绰号称呼了你，所以你产生的"感受"是"生气"。

(4)合理发出请求

沟通中尽量明确、具体、清晰地表达自己的请求（注意不是命令），而不要羞于启齿，或者表达得很模糊。错误案例"请你给我一点自由"，这个表达就不够明确具体，正确表达应该是"我希望你以后不要查看我的手机，好吗？"

综合四个要素可以总结出一个说话公式："某人做了某事"（观察），"某人感到××"（感受），"是因为×××"（需要），"请某人×××，好吗"（请求）。

比如约会的时候，你老公又迟到了，你可以这样说："这是你和我约会的第×次迟到了，你不能按时到让我有点伤心，因为我需要被尊重，我希望下次约会你能准时，好吗？"这样说会比直接说"你总是迟到""你又迟到了，做事真拖沓"更让人能接受一些。这样的沟通方式可以帮助公职人员更好地表达内心的感受，也能够收获较好的回应。

我们可以对自己进行审视，哪些是平时做到了的？哪些是平时忽视了的？哪些是明明知道但没有做到的？哪些是未来可以更好运用于家庭生活中的？这样，不仅知道了自己在家庭沟通中的弱点，也学到了有效沟通的原则，这样夫妻双方才能够更好地经营婚姻，维护好和谐融洽的夫妻关系，共同创造幸福美满的家庭生活。

（二）公职人员幸福婚姻的"五个阶段"

美国著名心理学家卡伦·霍妮（Karen Danielse Horney）所著的《婚姻心理学》被誉为"最接地气的婚恋幸福宝典"，作者以一手案例为基础，将幸福婚姻拆解为以下五个必经的阶段。公职人员可以从这五个阶段中学习到经营幸福婚姻的秘诀，提升婚姻的幸福感。

1.重新认知

想要拥有幸福婚姻，就必须充分认识到和你组成婚姻关系的个体是会变化的。面对这种变化，你需要学会积极应对，不断增加对婚姻的情感投入和经营；

也需要改变自己对另一半的认知,不断磨合和相互完善。在人生的长河中,婚姻不会是一帆风顺的,但也恰恰是因为有礁石、暗沙和激流,才为幸福的婚姻提供了无限的发展潜力。

2.理解差异

每个人都有自己的独特性,夫妻之间和谐相处的秘诀就是要理解个体之间的差异性。首先,需要理解男女在沟通和处理问题的方式方法上存在着差异,女人对待问题偏感性,而男人对待问题偏理性,因此两者在信息沟通时常出现偏差,在处理问题的方式上也不一样。其次,正确看待和处理夫妻双方的差异,做到尊重对方的不同,引导对方合理地表达情绪,学会换位思考,理解对方的想法和处境。

3.理解自我

婚姻是夫妻双方共同经营的结果,倘若婚姻生活出现了严重危机,那极有可能是夫妻双方共同造成的。公职人员为工作付出太多,陪伴家庭的时间较少,另一半为了让公职人员在事业上取得较好的成绩,可能会独自承担许多家庭的重任,但没有很好地表达自己的合理需求,这就是未能理解自己。因此,想要化解出现的情感危机,首先就需要理解自己,充分了解自己的需求,认识自身存在的问题,是不善沟通,还是不愿沟通,是专横霸道,还是委曲求全……一些人拥有不幸福的婚姻却不愿放手,就是因为未能很好理解自己,压抑了自己的合理需求,委屈自己成为一个"好妻子"或是"好丈夫"。

4.有效表达

夫妻之间每天需要表达和交流的事情很多,但有一些是没有任何效果的。在争吵时,有效表达自己诉求的关键在于要脱离原生家庭的束缚,不要把来自原生家庭的观念带入自己的婚姻生活中,不要把父母的经验作为自己处理问题的参考标准,而是需要构建起属于自己这个家庭的沟通模式。例如,当夫妻两人有分歧或争执时,不要把父母的观点和想法带进来,如"我爸认为我们应该怎么样""我妈说他们之前是怎么解决这些问题的"等表达方式都是不可取的。

有效表达还有一个关键是要不断进行自我暴露。对于亲密的夫妻关系,主动向对方表达自己的一些情绪、态度、观念、感受,能够提高彼此的亲密程度。在心理学上,这个过程被称为"自我暴露(self-disclosure)",即个体把有关自己个人的信息告诉给他人,与他人共享自己的感受和信念。

美国的一名心理学家阿瑟·阿伦(Arthur Aron)曾经做过这样一个实验,他设计了36个问题,然后让参与实验的陌生人,两两分组坐在一起,彼此提问并回答这些问题,然后互相凝视4分钟。实验结果显示:有30%的参与者表示,自己和一起参与实验的人的关系,已经超过人生中和其他人的任何一段关系;有37%的参与者在一段时间后,上课时选择和一起参与实验的人坐在一起;有35%的参与者,在实验结束后已经开始约会;还有一对参与者,在实验结束6个月后结婚。

这就是自我暴露的魅力所在,能够增强表达的有效性,拉近夫妻双方的距离。它是人际关系发展的核心,自我暴露的程度越高,关系间的亲密水平就越高。

5.宽恕和解

性格、脾气、生活习惯、兴趣爱好截然不同的两个人,因为爱情走到一起,组成家庭,虽然有爱,但争吵和矛盾也是难免的。夫妻面对差异和冲突,需要相互包容、宽恕,才能有效化解矛盾和冲突。想要维持婚姻的长久稳定,需要掌握如下两个技巧:第一,在吵架后要及时尝试修复感情,可以采取一些积极、简单的行为防止消极情绪的再度发酵;第二,建立夫妻二人共同的目标,这是婚姻持久幸福的重要秘诀,对于公职人员来说,这个目标可以是事业的上升,也可以是家庭的稳定,还可以是孩子的成长成才,只要夫妻二人朝着共同目标努力,就会提高婚姻的幸福指数。

(三)学会五种表达爱的语言

查普曼在《爱的五种语言》一书中,提出爱的语言共有五个,即"肯定的言词""精心的时刻""接受礼物""服务的行动""身体的接触"。当爱情在婚姻里必须变得现实的时候,这些语言就是经营婚姻不能不知的秘诀。

1.肯定的言词

在婚姻中,爱的目的不是得到我们要得到的东西,而是为了我们所爱的人去做些什么,尤其是爱人的肯定,会让我们的爱情更加甜蜜。夫妻双方若忽略了这一点,对自己的伴侣持有不肯定的态度,而且还不愿意去沟通,这样一来,两人的隔阂越来越深,问题也就越来越大。

其实,维系爱情的最好办法,就是要用肯定的言词来和对方沟通。只有肯定对方,才能让对方对你肯定,人都是相互的,不能太过于自私,只考虑自己的感受,而不顾及对方的想法,那样的话,就会让两人产生隔阂。比如妻子在家做家务,没有时间打扮自己,如果一个合格的丈夫看到这样的情况,肯定会用心肯定妻子的辛苦,和妻子一起做家务,那么两人的关系会越来越好。若丈夫嫌弃妻子变成了不爱打扮的黄脸婆,那么两人的关系就会变得很糟糕,妻子付出了很多,却得不到丈夫的肯定,这样的付出变得毫无意义,难免产生怨气,久而久之,两人的婚姻就会向着不好的方向发展。

所以,肯定的言词是维系婚姻的一种高级手段,男女双方不要吝啬自己的言词,共同让婚姻变得更美好。

2.精心的时刻

每个人的爱情都有高光时刻,尤其是两个人在一起的浪漫时光,或者是两人在一起享受的快乐时光。这个时刻,我们一定要记住,并让它变得更刻骨铭心。有一些特殊的日子,比如结婚纪念日,彼此的生日,或者是第一次相遇的日子,第一次互诉衷肠的时间,这些时刻都值得纪念。

在特殊的日子里,记住彼此,给对方送一束花,或者一个礼物,会让对方对你的爱更深。铭记精心的时刻,爱情就会加温,就会越来越甜蜜。生活需要仪式感,因为人生就是如此,也许每一天都很平凡,常常在忙碌奔波中度过,但可以在一些特殊的时刻,人为制造一些小情调,让平淡的日子有趣起来,生活也更有意义,彼此之间就会更加地爱对方。

3.接受礼物

礼物可以用来表达感情,作为爱的视觉象征,并不拘泥于形式和价值。礼物可以买,也可以动手制作;可以是有形的,也可以是无形的。生活中一个小小的感动,就会让伴侣感动到泪流满面,既能让爱情升温,又能让婚姻生活更加丰富,礼物的附加意义有时候远远超过其本身价值。

4.服务的行动

服务的行动就是你的爱人想要让你去做一件事,满足他(她)愿望的过程。夫妻二人在家,有些时候,对方自己能去做的一件小事但不做,而指挥你去做,这是因为对方很爱你,需要满足一下自己的指挥能力。

一个小小的行动,就能表达你的爱。服务的行动并不难,难的是你应对的心理,如果你把它看成麻烦事,本来简单的事情就会变得复杂,如果你把它看成爱,那么,即便是难事也是再简单不过的事情。所以,爱也要行动起来。

5.身体的接触

在婚姻里,身体的接触很重要,如果你们上街还牵着手,这是爱的表达。夫妻之间也要经常保持这种身体的接触,让对方有安全感,因为身体的接触会传递爱的信号,哪怕是你们有过争吵,只要身体上有接触,矛盾就很容易化解。"床头打架床尾和",说的就是这个道理。

五、促进子女的健康成长

家庭教育是社会关心的话题,也是每一个父母要解决的问题,多与孩子交流,了解孩子真正的需求,让孩子体会到家庭的幸福。孩子没有父母的陪伴会产生一定程度的孤独感,公职人员应该抽时间照顾孩子,不仅要帮助孩子学习文化知识,还要鼓励孩子积极参加社会实践活动。"纸上得来终觉浅,绝知此事要躬行。"这是南宋大诗人陆游为教育孩子所作的诗句,意在告诉孩子书本上得来的知识毕竟不够完善,如果想要深入理解其中的道理,必须亲自实践才行。培养孩子养成热爱劳动的习惯,鼓励孩子经常做一些力所能及的事,让孩子真正体会到劳动带来的快乐。让孩子去完成一些具有挑战的任务,体会生活的艰辛,明白只有通过努力才能取得成功,培养孩子克服困难的勇气,增强战胜困难的信心,提升解决问题的实际能力,磨炼孩子坚强的意志,让孩子学会在逆境中成长。父母须帮助孩子树立正确的世界观、人生观、价值观,培养孩子与他人交往的能力。父母与孩子的情感交流是任何物质条件都无法取代的,因此,学习一些儿童心理学、教育学,掌握科学的教育方法也是公职人员的必修课之一。

(一)正确认知孩子的需求

孩子是爱情的果实,是上天给予父母的礼物,父母的幸福之一就是陪伴孩子健康成长。公职人员父母在养育孩子的时候,既要重视孩子的身体健康,提高孩子的身体素质,还要走进孩子的内心世界,根据孩子自身的实际情况,选择合适的方式满足孩子的心理需求。重视孩子成长过程中所处的生活环境,避免生活环境对孩子的成长产生不利影响,给予孩子最大的支持。

1.转变思想观念

孩子总是渴望得到父母关爱,所以父母应抽出更多时间陪在孩子身边满足孩子的心理需求,这更有利于孩子的身心健康。对于孩子来说,精神上的支持大于物质上的帮助。心理学实验布妈妈效应给我们提供了启示,心理学家哈洛制作了两个假的猴妈妈,一个用铁丝材料制成,身体上捆绑着奶瓶,另一个用布料制成,身体较为柔软,幼小的猴子只有在吃奶的时候才接近铁丝猴,吃完奶后迅速离开,绝大多数时间都依偎在布妈妈的怀里,小猴对母亲的依恋程度比对食物的需求程度要大。该实验证明了孩子对父母的依恋是一种本能的反应,需要父母的爱抚,缺少身体接触的幼小孩子将会影响其智力的发育,如果父母忽视了应有的关心和陪伴,他将会产生一些偏差行为来满足心理需求。公职人员父母往往存在一个错误的观念,认为先把工作放在第一位,等事业有所成就以后再抽出更多的时间来照顾家人和陪伴孩子。但是,孩子童年时光很短暂,一旦错过就无法用物质上的东西来弥补。公职人员父母应该转变思想观念,权衡工作和子女间的关系,满足孩子每一个年龄阶段的心理需求,多陪伴在孩子的身边,给予孩子更多的关爱。

2.满足生理和心理需求

身体健康和心理健康相互联系,心理健康在一定程度上影响着身体健康。很多公职人员父母对孩子的健康理解出现了偏差,他们更注重生理健康,认为自己努力工作创造更多的财富来满足孩子吃的、穿的和玩的等各种日常所需物品就是对孩子最大的关爱,而对孩子心理健康的重要性认识不到位,忽视孩子的心理需求。很多公职人员父母因为工作的原因把孩子交给爷爷奶奶,而爷爷奶奶通常只是为孩子提供生理需求,同时容易溺爱孩子;或者把孩子送到全托班,但全托班的小孩人数较多,老师无法提供一对一的教育。孩子得不到父母应有的关爱,只会感到孤独,长期下去会产生严重的心理疾病。公职人员父母应该重新规划时间,放慢工作的节奏,减少工作之外的一些应酬,多抽出一些时间给孩子,增进亲子感情,让孩子快乐成长。

3.有效的亲子沟通

尊重是人与人交往的前提,在与孩子的交流过程中,父母往往忽视对孩子的尊重,觉得孩子现在还小什么都不懂,根本谈不上什么尊重。孩子面对丰富多彩的世界,经常会提出各种奇特的问题,但父母认为孩子是在胡说,甚至根本不予理会,这样不利于父母与孩子的有效沟通。孩子在成长的每一个阶段都会面临不同问题,无论他们遇到高兴还是悲伤的事,最先想到的就是找自己的父母倾诉,父母要引导孩子说出心里话,建立良好的亲子关系。孩子在成长的过程中需要父母的帮助,父母要多与孩子交流,倾听孩子的诉说,站在孩子的角度来思考问题,共同探讨孩子提出的问题。公职人员父母可以每周安排一次与孩子的约会,通过这个方式分享孩子的快乐,分担孩子生活中的烦恼,在沟通互动中加深孩子对自我的认识。

(二)注重家庭教育与学校教育的结合

1.正确的思想引导

孩子优秀的品行不是与生俱来的,而是在环境中形成的,温馨的家庭环境能给孩子带来安全感,保持稳定的情绪,有利于孩子的茁壮成长。父母应该重视家庭教育,给孩子一个健康的教育环境,对孩子进行正确的思想引导,促进孩子全面发展。父母既要关心孩子每天在家庭、社区的生活,又要重视孩子在学校的表现,还要根据孩子所处的年龄阶段采用不同的教育方法。在家庭教育中,父母应该保持一致的教育态度,高度统一教育方式,否则孩子根本不知道听谁的,对孩子的教育效果就会大打折扣。只有父母积极配合,才能发挥家庭教育应有的作用。

2.发挥合力的效应

孩子每天不断往返于家门与校门之间,童年生活几乎都是在家庭和学校中度过,教育也应在父母和老师的共同作用下完成。但是在现实生活中,家庭教育未能与学校教育有效地配合,父母工作繁忙还经常出差,和老师联系较少,平时也很少向老师了解孩子的学习状况。父母往往错误地认为把孩子送到学校后,所有的事情都应该由老师负责,管教孩子都是学校的事,当孩子回到家里,父母也最多是督促孩子完成家庭作业,这就加深了家庭教育和学校教育的冲突。在学习中出现的问题,老师有责任,但父母也有不可推卸的责任,父母要尽到自己的责任,多关心孩子的学习。公职人员父母平时很少与老师进行沟通,甚至在教育理念上与学校教育出现较大的分歧,例如学校教育致力于培养孩子勤于思考、独立做事的能力,可孩子回到家中父母根本不给孩子动手的机会,诸如整理文具、收拾书包等事情都是父母帮孩子做。孩子的成长需要父母和老师的积极配合,针对孩子存在的问题,家长应与老师及时进行沟通,注重家庭教育和学校教育的合力作用。

3.树榜样、重实践

父母和老师都是孩子的榜样。在家庭教育中,父母要帮助孩子养成良好的行为习惯,要以严格的行为标准来要求自己,在孩子学习的过程中产生积极的榜样作用。老师通过有目的、有计划地对孩子进行引导,发挥主导作用,帮助孩子养成良好的学习习惯。父母和老师要注重教导孩子把所学知识与实践相结合,西方心理学自我参照效应指出,孩子将所学的科学文化知识作用于生活,同自身的经验联系在一起,并采用一种适合自己的学习方法,就会更加轻松地记下所学内容。

(三)做好批评、表扬和奖励的学问

孩子的认知能力是有限的,对他们进行一定程度的控制很有必要。在孩子的成长过程中难免会犯错误,不利于良好行为习惯的养成,很多父母认为孩子表现好的时候应该给予表扬,在犯错的时候要进行批评,并对同一个错误重复批评,甚至对孩子进行打骂,想把孩子培养得听话懂事,但心理学家对一些家庭暴力的典型案例进行研究后发现,在父母棍棒下长成的孩子,智力水平比和谐家庭的孩子要低,产生心理疾病的比例较高,还会带来一些严重的社会问题,打骂教育会给孩子带来巨大的伤害。

1. 把握批评的限度

在孩子犯错时,打骂孩子是没有任何教育作用的,只会让孩子恐惧,也根本不能控制孩子。孩子犯错的时候确实应该批评,但父母要掌握批评的方法,不要不停地指责,一味批评也会引起孩子反感,掌握好批评的限度,把批评控制在一定程度范围内会取得较好的效果。反之,孩子会产生逆反心理,甚至产生相反的结果,不利于父母与孩子的有效沟通。心理学上的微反应认为,当孩子保持沉默状态的时候,会有一些表情或者动作表明自己的想法,例如抬下巴、抖肩膀和闭嘴唇等一系列的动作。孩子在沉默的时候不代表没有任何想法,只是暂时性的不反抗。父母可以结合心理学微反应理论的相关知识,站在孩子的角度进行有效沟通,引导孩子学会换位思考,走出以自我为中心的方式,站在他人的角度去看问题,让孩子能够认识到所犯的错误,并学会改正错误的方法。

2. 恰当的表扬方式

父母对孩子的鼓励有利于增强孩子的自信心,每一次赞扬就像阳光一样滋养着孩子的心灵,像雨露一样给孩子带来生机,适度的表扬能够起到积极的作用,能给孩子带来较大的动力,促使孩子继续努力、不断进步。但是表扬有时候也会带来消极的作用,过度的表扬容易让孩子养成取悦他人的不良习惯,比如在学习上和生活中的积极表现只是为了得到老师、家长和其他人的表扬。公职人员父母也常用不恰当的方式来表扬自己的孩子,当孩子取得好成绩的时候,总会以"你真聪明,能够得到这样的分数"等话一味地表扬孩子的聪明,赞美孩子的天赋,这会让孩子陷入一个误区,好的成绩是因为自己聪明,而不是努力,导致孩子的成绩只能在一段时间内突出,久而久之变得不爱学习。父母可以换种表扬的方式,例如"你最近一直很努力,所以取得这么好的成绩,我们为你感到高兴""这么久你能坚持下来,这体现你有强大的毅力,以后能够克服生活中更大的困难""你能观察到其他小朋友都发现不了的东西,真够细心,这对以后做事有很大的好处"。

3. 精神奖励的作用大于物质奖励

父母对孩子的表扬要有一定的方法,对孩子的奖励是一门值得父母学习的课程。精神上的奖励所产生的效果往往大于物质奖励,物质上的奖励可能会使孩子形成"为钱(或物品)做事"的不良心态。公职人员父母应尽量避免用物质奖励的方法来激励孩子,而要重点培养孩子学习和做事的兴趣,感受认真学习带来的快乐,和经过努力完成一件事后的喜悦心情。孩子在很小的时候不清楚自己的兴趣点,父母需要帮助孩子挖掘兴趣。物质奖励是激发孩子的外部动机,而精神奖励主要调动孩子的内部动机,这才是关键所在。物质的奖励可以在短时间内调动孩子做事的积极性,但在"为钱(或物品)做事"的心态下产生的积极性不会持续很久,父母一定不要被这种暂时性的效果所迷惑。不应该用物质奖励的方式提高孩子学习和做事的积极性,这样会加深孩子的金钱欲望,应该真正去培养孩子的兴趣,为获取知识而学习,为理想而不断奋斗。很多时候,孩子都是在兴趣的驱动下完成一件事情,兴趣一旦被激发出来,孩子会更加主动地去完成一件事,并且取得很好的效果。心理学实验证明,孩子通过努力在快要完成目标的时候往往效率会很高。为了让孩子更容易实现目标,父母可以协助孩子将目标细分为几个小目标并分阶段完成。

(四)培养孩子坚强的意志

孩子成长的每一个阶段都不会一帆风顺,而会遇到各种各样的挫折,给孩子带来消极的心理,很多孩子表现出退缩的行为,使他们的身心受到很大的影响。在这样的情况下,父母要鼓励孩子,敢于面对困难,拥有战胜挫折的信心,才能在经历挫折以后形成良好的思想素质。父母不仅要在思想上进行正确引导,也要在行动上做具体指导。父母要想让孩子成为生活中的强者,就必须磨炼孩子的意志,提高孩子战胜困难的能力。

1.正确认识挫折

父母在教育孩子正确面对生活中困难的时候,应采取什么样的态度是很多父母较为烦心的事。不同的孩子对同一挫折产生的感受是不一样的。以往的研究表明,孩子面对挫折的状态与心理韧性紧密相关,心理韧性较好的孩子往往会更具有挑战和冒险精神,遇到困难不轻易放弃。因此,父母要让孩子懂得人生道路总是崎岖不平的,生活本来就有很多坎坷,不会总是充满阳光,有时也会有风雨,有快乐也有痛苦,拥有坚强的意志才能游刃有余地应对生活中各种各样的挑战。当孩子遇到困难的时候,常常感到浮躁、恐慌甚至不知所措,如果能够成功越过临界点就能轻松解决面临的问题。心理学临界点效应强调,如果能够突破生活中的临界点,则会形成一种全新的状态,以前的疲惫将会消失。相反,就会陷入付出与获得不能形成正比的苦闷中,不能坚持原来的行动。父母应该鼓励孩子寻找科学的方法坚持做某一件事,让孩子知道经历了风雨才能见到彩虹。同时,当孩子遇到难题时,父母要教会孩子冷静思考,培养孩子用正确的态度对待生活中的困难,不惧怕任何挑战,不逃避,努力寻找解决问题的方法,让孩子走好自己的人生之路。

2.树立远大的理想

目标清晰、意志坚定的孩子,通常具有远大理想,学习也更积极主动。人生目标的实现不是一朝一夕的事,而是要从日常生活中的小事做起。给孩子设置一些小目标,让孩子克服生活中的困难,认真完成每一项小目标,长期坚持下去就能够增强适应环境的能力,也会变得坚韧不拔。为了让孩子获得更好的发展,父母应该放弃包办心理,让孩子去应对挑战,引导孩子树立远大的理想。通过实现小目标,孩子的意志也会得到磨炼,能养成坚持不懈、敢于拼搏的精神,有助于实现人生的远大理想和抱负。

3.适应环境、融入社会

父母应该明白一个道理,孩子长大成人以后都会离开家庭,踏入社会,承担起应尽的责任,若没有经历过艰难困苦,没有体验过苦难,就不会珍惜成功的感觉。父母应该给孩子认真思考和表达自己想法的机会,培养孩子人际交往的能力,鼓励孩子与社会接触;培养孩子独立生活的能力,避免形成胆小怕事、过度依赖的心理;转变对孩子的保护思想,由"扶着走"到让孩子"自己走",让孩子多与外界接触,主动与他人交流,走出属于自己的空间并融入社会。

拓展阅读

如何进行亲子约会

公职人员父母忙于工作和应酬,很少有时间陪孩子一起玩耍,常常是爷爷奶奶或者外公外婆帮忙照顾孩子。公职人员父母回到家后,通常也是做自己的事情,让孩子一个人单独玩游戏,等孩子稍稍大一点就送到幼儿园,很多父母认为幼儿园老师的看管成为他们的"解脱"。

什么样的家庭教育能够让孩子终身受益呢？公职人员父母不仅要满足孩子的物质需要，更要蹲下身来同孩子交流，和孩子一起互动，每周与孩子约会，共同参加有意义的活动，营造浪漫的家庭氛围，成为孩子的精神支柱。在每周的约会中，父母和孩子一起做感兴趣的事情，在参与的过程中满足孩子情感依恋的需求，让孩子获得精神上的满足。父母和孩子共同制订活动计划，可以是爬山、郊外散步、玩游戏和体育锻炼等，重要的是让孩子体会到父母对活动的重视，从而形成良好的亲子关系。

父母和孩子提前定下活动内容，对活动时间进行控制，一般在两个小时以内完成，并在记事本上标写清楚，严格按照预定的计划开展活动，若因天气或者其他紧急事情可以修改活动的时间。在活动过程中，父母应与孩子认真合作，注意孩子的语言、表情、动作等，并加以鼓励，增强孩子的信心，从而顺利完成此次活动。

在活动结束后加以总结，父母和孩子一起讨论在这一过程中的心得体会并制订下一次的约会计划。

❋ 心灵小结

1.在面对恋爱中的诸多问题时，公职人员一定要正确认识爱情、正确对待爱情，培养爱的能力和爱的技巧。这既能为公职人员创造更多追求幸福的机会，也能帮助公职人员更好地经营感情。

2.维系良好的夫妻关系和建立和谐友爱的家庭对公职人员十分重要，幸福婚姻是夫妻双方相互理解、相互支持、相互沟通、良性互动的结果。

3.家庭教育中，父母对孩子的陪伴不可忽视，公职人员要加强与孩子的沟通。父母的一言一行对孩子影响深远，营造良好的家庭氛围，注重孩子在家庭、学校和社区的具体表现。引导孩子将书本知识与生活相结合，积极参与社会实践，让孩子健康成长。

✳ 心理自测

婚姻态度量表(MAS)

问卷介绍:婚姻态度量表(MAS)共23个条目,包含2个因素:一般婚姻观念(条目1、3、4、8、9、10、11、12、13、14、15、20、21、22、23)和自我婚姻的评价或展望(条目2、5、6、7、16、17、18、19)。

婚姻态度量表(MAS)

题目	评分			
	完全同意	同意	反对	完全反对
1.每个人都应该结婚				
2.我对自己的婚姻能否成功几乎没有信心				
3.人们应该与配偶一起维系婚姻并厮守终身				
4.大多数夫妻要么维持着不幸福的婚姻,要么就离婚了				
5.我会因为结婚而感到满足				
6.我害怕结婚				
7.我对婚姻持怀疑态度				
8.只有确信婚姻将维持一生时,人们才应该结婚				
9.对于结婚,人们应该非常慎重				
10.大多数人的婚姻并不幸福				
11.婚姻仅仅是一个法律的形式				
12.结婚是神圣的行动				
13.在大多数婚姻关系中,夫妻双方是不平等的				
14.大多数人都为婚姻牺牲太多				
15.很多婚姻都以离婚告终,婚姻似乎没有什么意义				
16.如果我离婚了,我可能会再婚				
17.我认为当夫妻无法再相处下去时,就应该离婚				

续表

题目	评分			
	完全同意	同意	反对	完全反对
18.我认为即使没有婚姻这个形式,两人的关系也可以很坚定				
19.我一生的梦想包括幸福的婚姻				
20.不存在有幸福的婚姻				
21.婚姻对个人目标的实现是一个障碍				
22.人们一般并不满足于一生中只保有一段感情				
23.婚姻关系不能为其他类型的人际关系所取代				

评分标准:该量表每个条目采用1~4级评分("完全同意"计1分,"同意"计2分,"反对"计3分,"完全反对"计4分),其中8个条目(1,3,5,8,12,16,19,23)逆向计分。总量表得分介于23~92分,得分越高则表示婚姻态度越积极。

第七章 公职人员的社会交往

内容简介

　　社会交往简称"社交",是指在一定的历史条件下,个体之间进行物质、精神交流的社会活动。从不同的角度出发,可以把社会交往划分为个体交往与群体交往,直接交往与间接交往,以及竞争、合作、冲突、调适等类型。社会交往是职业生涯中一个非常重要的课题,特别是对于公职人员来说,他们的工作具有复杂性和特殊性,在社会交往中容易遇到各种问题。戴尔·卡耐基(Dale Carnegie)说过"在影响一个人成功的诸多因素中,人际关系的重要性要远远超过其他的专业知识"。很多时候,良好的社交关系能够带给自己更多的机遇。处理好职场关系,有助于顺利开展工作,保持心情愉快。在职场中也常会看到工作能力普通的"职囧"与领导、同事相处得很好,工作常常能得到领导、同事的帮助,这就是良好社交的好处。那么,各种复杂的社交关系你都能正确解读吗?在职场中,你会与各种各样的人打交道,也会碰到各种各样的尴尬事和麻烦事,任何一种关系处理不好,都有可能给职业生涯带来不小的冲击和影响。社交技巧是处理好人际关系和提升工作效率的关键,也是事业取得成功的一个决定性因素。

　　本章将以"案例+解析"的方式来介绍公职人员在社会交往中可以应用的基本理论、应该注意的问题、应该具备的社交技巧等。除此之外,本章旨在为公职人员提供有效的沟通方式,帮助公职人员正确处理职场关系,化解职场冲突,提升个人应对工作压力的能力,提高社交能力,保持良好的工作状态。

一、案例分析

"坏了,咱们定的那家单位的货根本就不合格,还是咱们长期合作的上一家比较好,当初我怎么就没有好好考虑一下呢?"经理一走进办公室就叹息不已,对着秘书小张抱怨。

"谁说不是呢?我当时不是还劝您要想好以后再做决定嘛。"

"都怪我当时因为价格差了一点就觉得上一家坑了我们,要不然我怎么会写那封不合适的信呢。"经理在办公室皱着眉,突然好像是下定了决心一样,说:"你把他们单位的电话给我,我得打电话去跟他们道歉,看看能不能让他们继续给我们供货。"

小张神秘一笑,走到经理面前说:"不用了,我上次根本没有帮您寄信,您就放一百个心吧。"

"没寄?为什么没寄?"经理一脸疑惑。

"对,没有寄。我觉得您可能会后悔,所以就没帮您寄。您看现在不是跟我当初想的一样吗?"小张得意地说。

经理如释重负,他在沉默了几分钟之后又突然抬起头说:"上个星期我明明叫你寄了,你怎么可以压着不寄呢?我最近发给客户的几封信,你是不是也压着呢?"

"当然没有,我知道什么该发出去,什么不该发出去。"

"你擅自做主很长时间了吧?到底是我说了算还是你说了算?"

小张想不到经理的火气一下子就上来了,但还是不服气地说:"我帮您挽回了损失,怎么还是我的错啊?"

"自作主张,当然是你的错!"

从这个案例,我们可以看出小张的问题是没有请示就擅自做主。在职场工作中,领导之所以反感擅自做主的下属,往往不是因为下属的自作主张会给单位带来什么具体的损失,而是下属越权行事的行为。领导是指令的下达者和决策者,作为公职人员,不管我们多有能力,也不管我们代替领导决定的事情有多微不足道,都不要未经领导同意就擅自做主。否则,当领导发现原本应该由他决定的事情被下属自作主张了,就容易产生排斥感,甚至可能影响其对下属成绩的评估。案例中的小张没有明白一个道理,即场合交往理论,顾名思义,就是在适当的场合说适当的话、做适当的事。在职场人际交往中,个体的交往受到两个因素的影响,一是交往者怎样认识所面对的交往情境,二是交往者怎样认识自己的交往行为。场合交往理论强调,在职场的人际交往中我们应当注重情境场合,具体情境具体分析,莫要擅自做主,做好自己的本职工作最重要。

有些公职人员容易出现这样的问题——擅自做主,没有正确理解工作中社交的概念,忽视了与领导沟通、请示的重要性。所谓的社会交往,是指在一定的历史条件下,人与人之间相互往来,进行物质、精神交流的社会活动,从不同的角度,可以把社会交往分为个人交往与群体交往,直接交往与间接交往,以及竞争、合作、冲突、调适等类型。在案例中,小张和领导之间没有进行有效的沟通,在领导不知情的情况下,替领导做了决策,并且认为自己做出的决策是最正确、高效的,但是在单位应该由领导拍板,若在做决定之前能和领导沟通一下决策的问题,不仅可以挽回单位的损失,减少很多麻烦,让工作效率大幅提升,还可以让同事、上下级之间的关系更加融洽,单位内部环境更加和谐。

公职人员参与决策时一定要谨慎,仔细鉴别哪些决策自己可以做主,哪些不可以。对于一些敏感问题,尽量不要做主,与其盲目做主惹来领导不满,不如视具体情况见机行事。虽然领导喜欢肯动脑筋、积极主动工作的下属,但下属在行动之前,要先搞清楚自己的位置,过于自以为是,无视领导的意见擅自做主,就会触犯职场大忌,本来可以成为领导的得力助手,却因越权而被批评指责。公职人员要与各级领导、同事打交道,需要维护个人在工作中的人际关系,这不仅考验公职人员的自我认知,还考验公职人员的社交技巧。因此,就算公职人员自身很优秀,也需要谨言慎行。

二、心理解读

在上面这个案例中,小张擅自做主带来的后果虽说不是负面的,但还是引起了领导强烈的反感。并不是这样的行为会让单位蒙受损失,真正让领导动怒的原因是下属的越权行为以及下属对领导权力的挑战。领导往往会把下属这种擅自做主的行为与下属处理工作时的态度联系起来,并认定这种做法不仅是对自己的无视,也是工作经验与能力方面的欠缺,还是办事不稳重的体现。这样一来,下属或许无意中的一次越权行为,就会导致领导在以后的工作中对下属不信任和不支持,且这种不信任不是一天两天就能改变的,对日后前途的影响也很大。这也表明了公职人员在与领导进行沟通时,要在适当的场合说适当的话,做符合自己身份和角色职责的事情。案例中的小张擅自做主,本质上是其没有明白如何正确处理人际关系。

公职人员的人际关系是人际关系中的特殊形式,是一种在工作单位这一特定环境中的公职人员之间的交往关系,是公职人员在同一群体中或不同群体间相互认知、体验,而形成的带有浓烈情感色彩的人与人之间比较稳定的心理关系,一般随着单位的发展而发展。在单位人际关系中,一般存在领导间的人际关系,领导与下属的人际关系,下属间的人际关系。一般来说,影响公职人员人际关系的主要因素有以下几点。

(一)影响公职人员人际关系的主要因素

1. 个体差异

个体差异是个体在成长过程中受遗传和环境的交互影响,从而在身心特征上显示出与其他人不相同的现象。一般说来,公职人员学历水平较高,个体之间存在知识素质上的差异、个性上的差异、经验上的差异、作风上的差异,这主要是因为公职人员人际关系的主体具有多样性、多层次性。公职人员往往喜欢与知识素质高、热情、诚实、正直、友好、经验丰富,以及既讲原则又具有人性化作风的人交往。可见,个体差异会对人际关系产生很大影响。

2.相似性因素

价值观、能力、兴趣、年龄和地位是否相似会对人际关系产生重大影响。人对态度和蔼、真诚、坦荡,及价值观念、能力兴趣、年龄地位与自己相似的人更有安全感,也更容易认同与自己相似的人,和与自己相似的人有较多的共同语言,能形成良好的人际关系,并且愿意和与自己相似的人交往。"情趣一致,意气相投""物以类聚,人以群分"就是这个道理。

3.地域空间因素

俗话说:"美不美,乡中水;亲不亲,故乡人。"可见地域观念在人心中的重要性。来自同一个地方的人,由于具有共同的方言、生活习惯等,更容易产生亲近感,形成非常紧密的人际关系。另外,人与人之间在空间位置上的距离越小,彼此越容易形成密切的关系,"远亲不如近邻"就是这个道理。

4.利益因素

随着单位体制和分配制度改革的不断推进,有些能力强的人,在工资、奖金、津贴等方面可能比其他人高几倍,这会让另一些人产生不满、嫉妒等心理。在单位中,公职人员可能因职称评定、晋级、评奖、评优等引发矛盾。这种利益因素对人际关系也会造成较大的影响。

5.非正式群体影响

人际关系理论告诉我们,非正式群体客观存在于正式组织中,且不以人的意志为转移。非正式群体是公职人员在生产和生活过程中由于具有共同的兴趣、爱好、情感、观点等而自发形成的群体,在一定程度上支配或影响着公职人员的行动。这些非正式群体对公职人员的认知和行为会产生较为深刻的影响,从而对人际关系造成重要影响。

(二)公职人员构建良好人际关系的方式

构建良好的人际关系有利于调动工作的积极性,有利于增强群体凝聚力,有利于促进身心健康发展,有利于确保各项管理工作顺利开展,有利于管理效率的提高。因此,构建良好的人际关系是非常重要的,一般说来,可以通过以下几个方式构建良好的人际关系。

1.处理好领导与集体的关系

(1)明确工作目标和权责

由于不同的人在工作经验、看问题的角度、处理问题的方式、性格个性等方面存在差异,所以在处理问题时也容易意见不一致。较好的解决这一问题的办法就是用制度的形式明确工作目标和各自的责任。这有助于消除经验、角度上的差异,既可充分发挥公职人员的能动性,创造性地开展工作,又能避免相互扯皮、推诿责任。

(2)提高自身能力和领导水平

公职人员在日常生活及工作中要注重学习,提高自己的综合素质,特别是处理人际关系方面的素质。公职人员应严以律己,宽以待人,要坦诚相待、相互尊重、相互理解、相互通气、交换意见、协调合作,努力克服自己个性和作风上与整体工作不协调的方面。同时,在工作方法上注重批评与自我批评,取人之长,补己之短,增强与他人相处的能力,提高领导水平,构建良好的人际关系。

2.协调好领导与下属的关系

(1)强化制度管理

"没有规矩,不成方圆。"两个群体的关系只有用制度明确其相应的地位,才能很好地理顺两者之间的关系,从而让公职人员的关系更协调。注重人性化管理,尤其是在人际关系中强化制度管理,不搞"一刀切",不搞唯制度论,既有章可循,又不失灵活。因为公职人员都是有感情、有思想的活生生的人,要充分考虑公职人员的感受和心情。单位管理的实质是要重视公职人员的参与意识、创造意识,充分发挥公职人员的主观能动性、积极性和创造性。领导要为公职人员参与单位管理提供机会和平台,要重视公职人员的情感因素、心理需要,要解决公职人员的实际困难,关心他们的身心健康,从而构建愉悦、良好的氛围。

(2)加强非正式群体的管理

非正式群体有积极作用和消极作用两个方面,发挥哪个作用主要取决于共同目标。所以应根据非正式群体的类型、特点、性质和作用,采用适宜方法,因势利导,强化管理,让非正式群体为正式组织服务。具体说来,单位可给非正式群体分配一些集体任务;让非正式群体的领头人去纠正群体中的公职人员的缺点;委任非正式群体的领头人一定职务,将其纳入正式组织;利用兴趣转移、目标导向法,疏导融化非正式群体;利用改造拆分法,将消极型非正式群体分散到不同部门,减少交往频率,从而分解群体;对严重干扰单位人际关系,妨碍单位正常运作秩序的非正式群体,采取行政手段,予以处分或调离。同时,强化正式组织建设,以正化邪,构建良好人际关系。

3.建立好公职人员间的关系

(1)加强沟通,互相尊重

公职人员的工作性质大多具有独立性等特点,这就决定公职人员在交往、协作等方面的有限性,容易造成信息不畅,和他人之间产生误会、偏见、不信任等问题。因此,公职人员间要加强交流,增进交往,互相尊重,宽容待人,共同进行创新,取长补短,逐步建立良好人际关系。

(2)团结合作,共进双赢

一个团队如果不够团结,会严重阻碍工作的顺利开展和工作效率的提高,引起人际关系的紧张与冲突。单位里有一些技术攻关课题要想取得良好的结果,公职人员间就必须团结合作、互帮互助。个体的力量毕竟有限,但团队的力量是无穷的。因此,公职人员间只要互帮互学、优势互补,建立和谐团结的人际关系,充分施展各自才智,劲往一处使,就能产生"共振效应""互激效应",实现双赢。

(3)遵守差异,掌握技巧

沟通是公职人员思想和情感碰撞的过程。这种过程不仅包含口头语言和书面语言,也包含形体语言、个人的性格、物质环境等赋予信息含义的任何东西。公职人员在社会工作中,人际沟通必不可少,良好的人际沟通技巧是维持有效工作的良药。心理学中将人际关系定义为人与人在交往中建立的直接的心理上的联系,中文常指人与人交往关系的总称,包括亲属关系、朋友关系、学友(同学)关系、师生关系、雇佣关系、战友关系、同事及领导与被领导关系等。人是社会动物,人际关系对每个人的情绪、生活、工作有很大的影响,甚至对组织气氛、组织沟通、组织运作、组织效率及个人与组织之间的关系等均有极大的影响。

三、理论阐释：沟通行动理论

沟通行动理论是德国哲学家、社会学家，批判学派的法兰克福学派的第二代旗手尤尔根·哈贝马斯（Jürgen Habermas）提出的理论。对于公职人员来说，沟通行动是公职人员使用一种语言进行沟通的行动。沟通是行动者为了协调相互的行动而进行以语言为中介的交流，因此要对语言进行分析。在前人提出的关于语言分析的研究成果基础上，哈贝马斯提出了自己的普遍语用学。普遍语用学的任务就是说明言语行为在什么情况下可以达到自己的目的，言语有效性的基础是什么，沟通行动得以顺利进行的条件是什么。身处职场，每个人都想成为一个受欢迎的人，莎士比亚曾说过，叫作玫瑰的那种花换一个名字也同样芬芳，吸引人的是花的本质，而不是外在名称。那么，我们也该不断完善自我，这是人际关系的立足之本。

在哈贝马斯的沟通行动理论中，生活世界是沟通行动得以实现的背景和前提。生活世界和沟通行动是两个相辅相成的概念，沟通行动是在生活世界中进行的，生活世界使人类理性地进行沟通成为可能。公职人员可以进行没有制约的沟通和诚实的对话，并达成相互理解与共识，这是因为每个人都有一定的背景资料和知识作为指导。这种背景资料和知识便是哈贝马斯所说的生活世界，因此，生活世界是沟通得以实现的场所。公职人员在这个场所里进行交流沟通，互相理解，取得共识。沟通行动的开展也促进生活世界的理性化。哈贝马斯认为，生活世界包括文化、社会和人格三种结构，沟通行动能够促进这三种结构的转变和发展。首先，在文化层面上，沟通行动让两种文化互相交流，产生新的文化。其次，在社会层面上，沟通行动不但能够调节不同的认识和行为，并且有助于促使社会协调和整合。最后，在人格层面上，沟通行动可以实现社会教化的目的，促进个人自我观念的整合与建构。

人际冲突是一种十分普遍的现象，可以说，只要有人的地方，就存在人际冲突。公职人员在能准确分析人际冲突的原因的基础上，才能对人际冲突进行有效的管理，这对建立和谐的人际关系，以及提高团队与组织的凝聚力，具有十分重要的意义。社会心理学家舒茨（Schütz）提出人际需要的三维理论，他认为，每一个个体在人际互动过程中,都有三种基本的需要,即包容需要、支配需要、情感需要。这三种基本的人际互动需要决定了个体在人际交往中所采取的行为,以及如何描述、解释和预测他人行为。公职人员可运用人际需要的三维理论,来处理与领导、同事的人际关系。同时,舒茨根据三种人际互动需要,把行为反应划分为主动的表现和被动的期待两种,再划分出六种人际关系的倾向,即"主动与人交往""期待他人接纳自己""支配他人""期待他人引导自己的感情""对人表示亲密""期待他人对自己亲密"。

(一)包容需要

包容需要指个体想要与人接触、交往、隶属某个群体,与他人建立并维持一种满意的相互关系的需要。在个体的成长过程中,若是社会交往的经历过少,就会与他人形成否定的相互关系,产生焦虑,于是就倾向于形成低社会行为,倾向于摆脱与他人相互作用而与他人保持距离,并拒绝参加群体活动。如果个体在早期的成长经历中社会交往过多,会过分地需要与人接触、寻求他人的注意、热衷于参加群体活动。基于包容需要所产生的行为特征,包括"交往""沟通""参与""亲和"等,这正是符合公职人员在社会交往中对良好"社会关系"的需求。公职人员如果在职场中与他人进行有效的、适当的交往,就会形成理想的社会行为。

(二)支配需要

支配需要指个体控制别人或被别人控制的需要,是个体在权力关系上与他人建立或维持满意人际关系的需要。其特征表现为,运用权力、权威去超越、控制、支配与领导他人。在早期生活经历中,若是成长于既有要求又有自由度的民主环境里,个体就会形成既乐于顺从又可以支配的民主型行为倾向,能够顺利解决人际关系中与控制有关的问题。公职人员在社会交往中要根据实际情况适当地确定自己的地位和权力范围,做好职责内的本职工作,减少不必要的冲突。

(三)情感需要

情感需要指个体爱别人或被别人爱的需要,是个体在人际交往中建立并维持与他人亲密的情感联系的需要。其行为特征表现为喜爱、同情和热情等。公职人员在社会交往中试图与他人建立和保持情感联系,适当地对待自己和他人,适当地表达自己的情感和接受他人的情感,依据具体情况与他人保持一定的距离,或与他人建立亲密的关系,或保持良好的工作伙伴关系。

四、正确解读社会交往的重要性

人际沟通能力就是在一个团体、群体内与他人和谐相处的能力。人是社会的人,很难想象,离开了社会,离开了与其他人的交往,一个人的生活将会怎样。沟通是解决矛盾的主要方式之一,生活中布满了各种各样的矛盾,职场也不例外。如何去应对职场中的矛盾已经成为当代职业青年的主要问题之一。当今社会,公职人员的职场交往逐渐成为一种"表象",且只是存在于工作中,不存在于生活中。职场中的勾心斗角也是家常便饭,公职人员很难在职场交到真心朋友。职场是社会的缩影,人生百态尽在其中,与领导、同事之间的接触频率,仅次于与家庭人员的交往频率。可以说除家庭外,在社会中最重要的关系之一就是同事关系。当我们走进职场的时候,会与各种各样的人打交道,在与人交往的过程中,能否得到别人的支持、帮助取决于自身能力。多与领导交谈,可以充分交流自己对问题的不同见解,也可以锻炼自己的胆量,做到不怯场;与同事打交道,可以了解到他的工作状况和不同的心态。多与人交往、善于与人交往,有助于从他人身上学到很多书本上学不到的东西。

(一)社会交往促进职场自我认识

许多初入职场的年轻人仅仅掌握了一些知识或技能,就骄傲自满,或仅仅取得了一些成绩,就得意忘形。其实,一个人即使拥有多方面的才能,他在某些方面仍可能有缺陷;即使拥有多方面的专业知识,他对某些专业知识仍可能一无所知……可见,一个人的能力再强、学问再高深、经验再丰富,仍难以掌握所有的知识和技能,也难以掌控所有的事态和情形。

对于刚刚走入职场的新人来说,只凭在学校所学的知识和技能,很难在当今这个复杂多变的社会中生存、发展。在职场交往活动中,有时候各方面的评价与考核结果会和自己的预期有一定的差距,不少人会因此产生烦恼。这就要求职场新人不仅要做好本职工作,更要努力在工作中提升自己的反应能力,全面提高自己的综合素质。正确的自我认识,有助于我们在社会工作中找到自己的位置,扮演好自己的职场角色。正确的人际交往可以帮助我们提高对自己的认识,以及对别人的认识。在人际交往过程中,彼此从对方的言谈举止中认识对方,同时,又从对方对自己的反应和评价中认识自己。交往面越宽、交往越深,对对方的认识越完整,对自己的认识也就越深刻。只有对他人的认识全面,对自己的认识深刻,才能得到别人的理解、关怀和帮助,才能实现自我完善。

(二)社会交往促进社会化进程

社会交往是社会发展的必然产物,也是社会发展的基本前提。没有人际交往,就没有各种各样的网络关系,也没有各种各样的社会角色,那么社会就不是完整的社会,发展也就无从谈起。人际交往与每个人密不可分,是生活的一部分,贯穿生命的始终。想在竞争激烈的社会中立足,人就要学会如何去做人,如何去做事,进而才能适应变幻莫测的社会,不被残酷的社会竞争所淘汰。懂得做人的人,才能建立良好的人际关系,为成功积蓄更加雄厚的资本。方乃做人之本,圆是处世之道。如果说祖辈们打天下时凭借的是枪,讲的是忠诚,靠的是勇气,那么和平年代的人闯社会,除了需要专业知识外,还需要谋略以及处世的技巧。公职人员和同事之间是一种平等的、相互依存的关系,一个人再有才能,也不可能离开他人而独立存在,如果把和同事的人际关系搞得十分紧张,时间一长,就会和同事疏远,导致后续工作难以开展,成为矛盾的导火索。

(三)人际交往是交流信息、获取知识的重要途径

在现代社会中,不管是职场生活还是日常生活,都呈现出高速化的特点。在这样一个信息社会中,信息量之大,信息价值之高,都是前所未有的。随着信

息量的扩大,公职人员对拥有各种信息和利用信息的要求,也在不断地增长。通过人际交往,我们可以相互传递、交流信息和成果,从而丰富经验、增长见识、开阔视野、活跃思维、启迪思想。人际交往是个体认识自我、完善自我的重要手段。《礼记·学记》曾说过:"独学而无友,则孤陋而寡闻。"公职人员不仅要通过自我认知来认识自己的不足,还要通过与同事的沟通交流和学习来提升自己的工作能力,取长补短。同时,也要摆正心态,积极学习,不要狂妄自大,与同事积极协作,携手实现双赢。

五、如何给职场人际关系"锦上添花"

在职场中,每个人都希望自己能够得到领导和同事的认可,能够与领导和同事友好相处。但是在现实生活中,并不是每一位公职人员都能做到这一点。良好的职场人际关系不是由个人的主观意愿决定的,想要达到这个目标,需要建立起一种健康的社会交往行为态度。沟通是一个信息交流的过程,有效的人际沟通可以实现信息的准确传达和建立良好的人际关系,并可以达到借助外界的力量和信息解决问题的目的。由于沟通的主客体和外部环境等因素的影响,沟通过程中可能会出现各种各样的沟通障碍。要想精准选择效率优先的沟通方式需要基于对现实环境和沟通对象的观察。因此,为了达到沟通的目的,我们必须先认识到沟通中可能存在的障碍,然后采取适当的措施避免障碍,从而实现建设性的沟通。

人际交往的核心部分,一是合作,二是沟通。培养公职人员的交往能力,首先要有积极的心态,并能理解他人、关心他人。在日常交往活动中,公职人员要主动与他人交往,不要消极回避,要敢于接触,尤其是要敢于面对与自己不同的人,而且不因出身、相貌、经历定义自己,不因自己来自偏远的地区、相貌不好或者经历不如别人而封闭自己,另外要注意社交礼仪;要善于去做,大胆前行,消除恐惧,加强交往方面的知识积累,在实际的交往过程中去体会和应用,把握人际交往中的各种方法和技巧。公职人员要认识到在与别人的交往过程中,打动人的是真诚,以诚交友,以诚办事,才能换来别人的真诚以待。真诚永远是人类最珍贵的感情之一。公职人员在与同事、领导交流时,有些时候不是因为说话者说的内容不当,使对方情绪低落,而是说话者不会按照基本的沟通原则进行交流,从而使双方的情绪产生平行,即产生不了交点,最终造成不欢而散的结果。公职人员处理好人际关系的关键是要意识到他人的存在,理解他人的感受,既满足自己,又尊重别人。

(一)人际关系原则

职场人际关系很微妙,但也是有原则可以遵循的,掌握好原则,公职人员就能做到"有章可循",做到"随心所欲而不逾矩"。虽然沟通的原则有许多,但是在人与人在沟通过程中,为了达到期望的结果,每个人最好要遵守人际交往的原则,由此得到理想结果的概率就会比较高。当我们在与同事交流时,也要遵守相应的沟通原则,从而事半功倍。

下面有几个重要的人际关系原则。

1. 真诚原则

真诚是人际交往中最重要和关键的一种品质。真诚的交往可以加深彼此之间的了解,形成一种心理上的安全感。在人际交往中,通常大家都可以容忍别人的缺点与失误,但无法忍受虚伪和欺骗。在公职人员的社会交往中,真诚往往是打开同事心灵的金钥匙,因为真诚的人能让他人产生安全感,减少自我防卫。越是好的人际关系越需要双方暴露一部分自我,也就是把自己的真实想法与人交流。当然,这样做也会冒一定的风险,但是完全把自我包裹起来是无法获得别人的信任的。

2. 主动原则

在职场中,公职人员要主动友好对待他人,主动表达善意使他人产生受重视的感觉,主动的人往往能令人产生好感。在职场关系中,公职人员想要吸引同事、领导的关注,就应主动迈出关键的一步。

3. 交互宽容原则

"严于律己,宽以待人"是维持良好人际关系的"法宝"。公职人员之间的善意和恶意都是相互的,一般情况下,真诚换来真诚,敌意招致敌意。因此,与人交往应从良好的动机出发。宽容的原则表现为对非原则性问题不斤斤计较,能够以德报怨,宽容大度。在公职人员的日常工作和人际交往中,往往会产生误解和矛盾,因为每个人都有做错事、讲错话或无意中伤到同事的时候,如果这时同事之间毫不退让、斤斤计较,不仅会使自己情绪变坏,造成心理上的波动和失衡,还会激起同事之间的不良情绪,造成同事关系对立,激化矛盾,使得冲突加剧,甚至会导致同事关系破裂,无法补救。因此,公职人员在社会交往中要学会宽容和忍耐,站在对方的角度看问题,学会"换位思考",设身处地地为他人着想,能够容得下同事之间的"缺点"和"不足",以宽容的态度对待他人,那他人也会以类似的方式对待自己。宽容克制并不是软弱、怯懦的表现。相反,它是有度量的表现,是建立良好人际关系的润滑剂,能"化干戈为玉帛",促进同事关系和谐发展。

4.平等、尊重原则

任何好的人际关系能让人体验到自由、无拘无束的感觉。如果一方受到另一方的限制,或者一方需要看另一方的脸色行事,那么双方就无法建立起高质量的人际关系。公职人员在社会交往中,一定要学会尊重领导和同事,特别是在公众场合,学会给领导和同事"留面子",一定不要做有损别人颜面的事情。在和同事交往的过程中,一定要善于站在对方的立场看问题,肯定同事的成绩,并真诚地为同事的成绩高兴,满足同事的成就感,这样才能有助于建立良好的人际关系。

5.适度原则

首先,交往范围要适度;其次,交往的时间要适度;最后,交往的程度要适度。很多人认为,交往的范围越大越好,但事实并不是如此。人际交往固然重要,但是如果一个人整天钻营人际关系,短时间内可能会有一些较小的收益,长期下去,可能会失去更重要的东西。人际交往是我们实现幸福生活的途径,而不是幸福本身。对于公职人员来说,处理好人际关系是必要的,但是一定要充分尊重每个人的独立性,在任何情况下都要适度,不要侵犯他人的核心领地。

(二)人际关系的注意事项

曾经有人说过:如果世界上的人都能够很好地进行沟通的话,那么就不会引起误解,就不会发生战争。但事实是,在世界历史中,战争几乎不曾断过,这也反映了有效沟通的困难程度,那么如何进行有效沟通呢?一个团队就像是一艘船上的人,在团队里要进行有效沟通,必须先明确目标,对于团队领导来说,目标管理是进行有效沟通的一种解决方法。在目标管理中,团队领导和队员要一起讨论目标、计划、对象、问题以及解决方案,若整个团队都着眼于完成目标就会让沟通存在一个共同的基础,彼此能够更好地了解对方。沟通中最重要的不是我们说了什么,而在于对方是否理解我们说的意思是什么。良好的沟通需要团队共同努力才能实现,因此在沟通的过程中,要形成畅通的沟通渠道,要让大家都明白船上的木箱里装的是稳定船身的沙石。在面对"暴风雨"时,要加强团队之间的沟通,指明船的航向,让大家形成共识,全心全意投入与风浪的搏斗中。

公职人员必须牢记的生存守则是和领导、同事搞好关系。培养办公室"情商"是非常有必要的,作为公职人员,沟通是吸引领导和同事目光的重要手段,而职场上的人际沟通既是一门学问,也是一种艺术。良好的人际沟通往往能带来意想不到的效果,比如消除隔阂。那么,公职人员在职场中怎样处理好自己与同事、领导的关系呢?如何在已经处理好的职场关系上锦上添花呢?这是一门需要认真思考的学问,在此简单介绍几个人际关系的注意事项。

1.细节决定成败,态度决定高度

细节决定成败,这句话在任何时候、任何场合都是适用的,所以,公职人员要想在职场中处理好自己的人际关系,就一定要把细节做好。只有认真做好每一件小事,才能将工作做到尽善尽美,才能让领导满意。当然,细节不仅仅包括工作任务上的细枝末节,还包括平时和领导相处时的沟通方式。比如领导在安排工作任务后,复述一遍领导讲的主要内容,进行确认。在公职人员的职场关系中,一定要培养自己的观察与反思能力,尤其要注意细节。作为公职人员,仔细留意组织邮件的格式、与群众沟通的方式、前辈在遇到意外情况时的解决方式等细节问题,把握好工作中的小细节,有助于在工作中构建良好的人际关系。

2.事事有回应,实时有回应

事事有回应,实时有回应,顾名思义,无论是同事的咨询,还是领导安排的工作,都必须及时给予回应。当下的快节奏生活,我们已经习惯了电子化办公,当领导在平台上发布信息或者安排任务时,务必要及时回复。很多人觉得,工作和生活应分开,在休息时间里,工作上的事情可以不理会,但有时工作任务紧急,很有可能在休息时间也会收到工作信息,如果任务紧迫,还是尽可能及时回复。这不仅会给领导留下积极的印象,还会和同事建立良好的关系。除此之外,公职人员在人际交往中,还要保持积极的态度。个人能力总有强弱,但是比能力更为重要的是态度,在职场中保持积极的态度就等于成功了一半。

3.不忘充电,努力学习

一个人设身处地地为领导着想,才能了解领导。领导想到了什么我们就要想到什么,领导看到了什么我们就要看到什么,这样我们与领导的沟通就容易很多。心有灵犀一点通,是与领导沟通的最高境界。工作的时候,领导可能会临时交代一些事情,我们可能很不乐意,一副垂头丧气的样子,这种表现容易引起领导不满,所以要虚心接受任务。在职业生涯中要不断学习,才能一直进步与发展,获得个人的人生价值,促进自己与领导的有效沟通。在职场中,要怀有一颗学习的心,在和老前辈交流时、在陪同领导出差时、在与同事沟通时……都是我们学习、充电的机会,一定要积极把握住这些机会,提升自身的工作能力

4.主动自发,做个有心人

通过向领导汇报工作、交流工作感想来增加与领导的沟通。在汇报工作的时候,要尽可能用简明的文字和科学的数据来说明自己的工作,让领导对我们的工作成果一目了然。主动向领导汇报工作情况、主动接受批评、主动反省工作问题等,是公职人员在工作中应该拿出的"态度",这不仅会让领导对我们改观,也会改变自己敷衍工作的态度,主动做个"有心人"。

六、应对人际关系

如何应对办公室中的同事关系,是很多年轻的职场人最难搞定的事情之一。很多年轻人要么是滔滔不绝却口无遮拦,得罪了领导和同事;要么就是闭口不谈,很少与领导、同事交流。这两种极端都不是正常的人际沟通行为。公职人员在面对职场各种人际关系的时候,要做到以下几点。

(一)谨言慎行,慎重建议

人际交往时的一大危险,就是在别人没有征求意见的时候提建议,有些人会拒绝采纳建议,无论这些建议有多好,或者提建议的人的初衷有多高尚。不要把时间和精力浪费在试图解决别人的问题上,这包含我们的配偶、朋友和同事,这种试图解决他们的问题的做法,等于在说他们没有能力做好这件事。当有人来向我们征求建议的时候,我们要先弄清楚他希望得到什么样的建议,然后再向他提出建议。职场是人生的大课堂,那些在学校课堂上学不到的东西,职场都会给我们机会学习,但是千万不要忘记世事复杂,不要用天真来面对这个竞争激烈的世界。从现在开始,不能再盲目摸爬滚打了,要多去了解和掌握社会的规则,有意识地把自己修炼成一个成熟、机敏、谨言慎行的人。

(二)培养沟通思维

美国的一项调查表明,在企业中,工人每小时会进行16~46分钟的沟通活动;基层管理者工作时间的20%~50%用于同各种人进行语言沟通,如果加上文字性沟通,诸如写报告等,花费的时间最高可达工作时间的64%;管理者有66%~89%的工作时间用于语言沟通,如开会、找人谈话等。公职人员每天都要花费很多时间用于沟通,所以掌握沟通的技巧对公职人员来说十分重要。日本松下集团的创始人松下幸之助有句名言"伟大的事业需要一颗真诚的心与人沟通",的确,沟通是人际关系和谐的基础,是领导艺术的精髓,也是开启成功之门的金钥匙,掌握了沟通的艺术,也就掌握了成功的法宝。

当一个人希望得到别人的认可,希望别人把自己当成主角时,就会有意无意地在语言中表露自己的各类优点和某些高于常人的能力。在这种时候,我们如果能够认真倾听,并不时报以合适的回应,就能够极大地满足对方的虚荣心,让他觉得自己就是主角。我们的认真倾听,就是对他最大的认可。在与同事或者领导进行交流的时候,仔细认真地听对方说话,就能很准确地理解和领会对方想要表达的想法,以及说话的目的,这样我们也能够适时准确地表达自己的想法和观点,双方可以进行有效的交流和沟通,达到事半功倍的效果。聆听也是一门艺术,聆听需要耐心倾听,同时还要做出适当的反应,如注意集中精神、表情自然,经常与对方交流目光,适当地用点头或微笑来表示自己很乐意倾听。这样,别人才能更有信心继续讲下去。如有疑问,我们也可以提出一些富有启发性的问题,让对方感到我们很重视他的话。一般来说,掌握一定的沟通艺术,就掌握了有效的沟通。那如何去培养沟通艺术呢?

1.沟通要明确目的

在信息交流之前,应考虑好自己将要表达的意图,抓住中心思想。在沟通过程中要使用双方都理解的用语和动作,措辞不仅要清晰、明确,还要注意情感上的细微差别,力求准确,使对方能有效接收所传递的信息。有必要对所传递信息的背景、依据、理由等做出适当的解释,使对方对信息有明确、全面的了解。比如我们要分配一项任务,那么要对任务进行全面分析,这样我们才能正确地对任务进行说明;假如我们面临的是纪律问题,那么在批评和处罚之前,应对情况进行全面了解,取得了证据之后再处理,这样的处理就会取得更好的效果。

2.沟通要以诚相待

公职人员要心怀坦诚、言而有信,向对方传递真实、可靠的信息,并以自己的实际行动维护信息的说服力。不仅如此,还要真心实意听取不同意见,建立沟通双方的信任和感情。

3.沟通要选择时机

沟通效果不仅取决于信息的内容,还受到环境的制约。影响沟通的环境因素很多,如组织氛围、沟通双方的关系、社会风气和习惯做法等。在不同情况下要采取不同的沟通方式,要抓住最有利的沟通时机。时机不成熟不要仓促行事;但贻误时机,会使某些信息失去意义;保持对环境和事态变化的敏感度。

4.沟通要建立信任

了解下级对管理者是否信任以及信任程度,对改善沟通有很重要的作用。信息在社会中的传播是通过独特的"信任"和"不信任"的"过滤器"进行的。"过滤器"的作用:如果没有信任,完全真实的信息可能变成不可接受的,而不真实的信息可能变成可接受的。一般来说,只有受到下级高度信任的管理者发出的信息,才可能完全为下级所接受。这就要求管理者加强自我修养,具有高尚的品质和事业心,以及丰富的知识和真诚的品格,才会赢得下属的信任,就有了有效沟通的基础。

(三)讲究"倾听"的艺术

作为一名公职人员,在与他人的沟通过程中,首先,应该善于倾听,只有善于听取信息才能成为有洞察力的管理者。也就是说,公职人员不仅要倾听,还要听懂。因此,在听对方讲话时要专心致志,不要心不在焉。其次,不要心存成见,也不要打断对方讲话、急于做出评价,或者表现出不耐烦,这样会使对方不愿意把沟通进行下去。最后,要善解人意,体会对方的情感变化和言外之意,做到心领神会。

(四)培养"说话"的艺术

语言是人际交往过程中最为常用的工具,是人的心声的外在表达,心之所想,要通过合适的语言表达给别人听,这就需要有沟通艺术。公职人员在人际交往中与人沟通时,不仅要会听,还得会说,要清楚、准确地表达自己的意见。在表达自己的意见时,要诚恳谦虚。如果过分显露自己,以先知者自居的话,即使有好的意见,也不容易为他人接受,会使他人产生反感和戒备心理。讲话时要力求简明扼要,用简单明了的句子表明自己的意思,表达方式要婉转,态度要从容不迫。在谈话时,需要注意沟通的方式,如下。

1. 商讨式交谈对话

在一般的人际交往中,主体常常通过与交往对象相互讨论、协商,以求对某些问题的意见一致,达成某种程度的合作与协议。这种交谈具有统一性、建设性和合作性等特点。交谈的双方既要严肃、认真地表述自己的见解,又要耐心听取对方的意见,求同存异,达到对话的目的。

2. 说服式交谈对话

人际交往中的说服式交谈对话,交往的一方为完成某个(或某些)问题对另一方进行劝导与说服。这种交谈对话,发话者是交谈的主体,是对话的方向和内容的控制者。有时这种对话发生在老师与学生中,有时也发生在学生与学生中。发话者在进行这种对话时,要细心观察另一方的表情和表现,在无法说服另一方时,要及时转移话题,或向其他交谈对话方式转移。

3.静听式交谈对话

这类交谈对话有时发生在上级向下级征求意见时,目的是了解下级对某些问题的看法。在一般的人际交往中,当一方把握不住对方的思路时,可以通过静听争取时间,厘清头绪,变被动交谈为主动交谈。公职人员在进行这类对话时,要注意倾听,情绪要和对方保持和谐,不要曲解人意。

4.闲谈式交谈对话

闲谈式交谈对话是交往中十分常见的对话方式,没有什么明确的宗旨和专一的目的,如散步时的交谈对话,探亲访友时的交谈对话和邻里聊天等。这类对话具有随意性和广泛性等特点,起着联络感情的作用。在进行这种交谈对话时,应当平等相待、以诚相见,且要健康,不可乱谈。

5.错误的沟通方式

在人际交往中有些错误的对话方式,应当引以为戒:①不要随意打断他人说话,干扰对方思路;②不要因为自己注意力不集中,迫使他人多次重复谈过的话题;③不要连珠炮般地连续发问,以致他人难以应付;④不要对他人的提问漫不经心,言谈空洞;⑤不要随便解释某种现象,轻率地下结论,借以表现自己是内行;⑥不要当别人对某话题感兴趣时,你却感到不耐烦,立即将话题转移到自己感兴趣的方面上去;等等。

在人际交往中,很多公职人员都会犯类似的错误,只顾自己一吐为快,不顾对方感受,说话不动脑筋,不看对象。最后只会冒失地得罪别人,也无法达到自己交往的目的。公职人员在进行交往时,必须掌握一定的说话技巧和沟通艺术,避免得罪领导、同事。在跟人交谈时,不能太随便,也不能冒冒失失,一定要表示出自己的尊重和专业,不需要表现出多亲切,但是一定要恭敬有礼。在跟同事交流时,一定要学会察言观色,三思而后行,尽量说符合对方身份的话。

(五)换位思考,将心比心

要学会换位思考,将心比心。工作上遇到问题时,不妨站在对方的角度去思考问题,想想我们这样做对方会如何想,并对此引发的后果做到心中有数,这样就能把事情做到最完善。此外,如果对方是领导,那就更需要注意这一点,但前提是必须把自己的思维上升一个高度,假如我是领导,那么我会希望下属如何去做这件事,会产生什么样的结果,想明白得与失,做事的时候就更加妥当。养成这样的思维习惯,在处理问题上,就能轻松自如,恰到好处。

(六)助人为乐,切勿做个"滥好人"

很多新入职的公职人员,由于初入社会,难免会有畏惧心理,因此凡事都战战兢兢、畏首畏尾,轻易便答应别人的请求。在职场中帮助同事固然是好事,做好人本也没有错,但是要让自己做一个有选择的好人。首先,要分清自己的责任与义务,做好自己的本职工作,可以给他人提建议,但不要过度干涉他们的选择。其次,在工作中面对同事的请求时,可以适当提供帮助,但要避免无原则帮助,长期如此不仅会影响到自己的工作质量,还会阻碍与同事建立良性的人际关系。所以,职场新人要助人为乐,但也要有自己的原则,避免自己成为一个"滥好人"。

七、预防人际冲突的途径

(一)人际冲突的形成

预防人际冲突,首先要明白什么是冲突?冲突是如何形成的?该如何去避免冲突。冲突作为一种普遍存在的现象,表现形式多种多样,其产生的根源也是多方面的,对此,国内外学者提出了各自独到的见解。美国组织行为学家达夫特(R.L.Daft)和诺伊(R.A.Noe)在《组织行为学》一书中,站在个体差异性的角度总结了冲突的可能性来源,如表7-1所示。

表7-1 冲突的可能性来源

冲突来源	冲突产生的原因
价值观差异	文化差异,个体间差异,与角色有关的差异
目标差异	人格差异,任务或角色差异,资源稀缺
需求差异	人格差异,资源稀缺,权力不平衡
对价值观、目标和需求的知觉差异	关于角色、资源、任务的含糊不清,知觉扭曲

托马斯(K.W.Thomas)提出了关于冲突过程的模型,认为冲突的历程可分为挫折期、认知期、行为期和结果期四个阶段。冲突的结果可以导致新的挫折和冲突的循环。拉美尔(Rammel)把冲突过程看成一种追求平衡的行为过程,即均衡与非均衡相互转化的过程。庞迪(Louis R.Pondy)首次提出从冲突的发展阶段来分析冲突形成过程,提出冲突过程的五阶段模式,即潜在的冲突(冲突产生的前提)、知觉的冲突(对冲突的认识)、感觉的冲突(冲突的影响)、显现的冲突(冲突的行为)和冲突的结果(产生冲突的新条件)。

对以上的冲突形成理论进行多角度的分析后,笔者认为庞迪的五阶段模式比较合理,我国现行公职人员人际冲突的形成过程也符合五阶段模式。

1.潜在的冲突阶段

在这一阶段,冲突双方存在相互依赖关系,但目标、利益、感知、领域等存在差异,可能导致冲突的发生。这一阶段的冲突处于潜伏状态,以静态形式存在,是一个量的积累过程,并没有达到能引发冲突的程度。因此,公职人员可能会忽视潜在冲突的存在,甚至相信没有冲突。而实际上,潜在冲突带有普遍性,任何地方只要有差异性的个体存在,并且彼此之间存在着依赖关系,就会有潜在冲突的存在。

2.知觉的冲突阶段

当冲突双方确定他们之间存在着相互依赖且又不能相融的相互关系时,双方对之间存在的冲突就有了一定的认识,即卷入冲突的双方感知到冲突的存在。但一般情况下,在这一阶段,公职人员可能选择调查或忽视冲突的来源,并采取行动防止冲突发展到下一个阶段,但这一阶段冲突的出现形式有多种,可能通过别人告知的形式被动出现,也可能因某一特定事件以导火线的形式引起冲突双方的主动感知。高校建设规模较为宏大,从这一特点来分析,潜在的冲突和知觉的冲突两个阶段并不存在严格的前后顺序关系。如两位同校且不同工作岗位的陌生老师为争夺学校某一公共资源而发生冲突时,可能就会出现没有潜在冲突的知觉冲突,同样也可能会出现没有知觉冲突的潜在冲突。

3.感觉的冲突阶段

在这一阶段,冲突开始明朗化,冲突双方对冲突表现出较为敏感的反应,他们不仅意识到冲突还对其有更多的情绪反应,如紧张、生气、担忧或亢奋等。冲突双方明确冲突的对象、内容和目的,明确地和对方划清界限,并为自己应对冲突做各种准备工作,把第一阶段或第二阶段里的潜在的或知觉的种种冲突及感受全都表露出来,并做进一步分析与说明,如到底为什么会发生冲突,冲突的主体是什么以及利害关系等。尽管冲突双方在不断地分析冲突,试图找到有利于自己处理冲突的方法,但行为意识比较稳定的成人在面临冲突时,往往会考虑诸多不确定的因素,如冲突带来的不良影响等,因此他们会在公开面对冲突与回避冲突之间犹豫不定。公开面对冲突是一种很危险的抉择,它会使冲突迅速升级并转化为显性冲突,直接进入冲突的下一个阶段;回避冲突尽管最终并不能解决冲突,但至少对某一方而言是最好的选择。当然,冲突者对冲突的不同反应与态度决定着冲突的发展方向不同。

4.显现的冲突阶段

如果冲突继续下去,双方选择公开面对冲突,则冲突自然地就发展到第四阶段——显现的冲突阶段。在这一阶段,冲突双方开始采取行动,并公开表达自己对冲突的认识来挫败那些和自己持有不同观点的人,通过争论或拒绝合作的方式来达到目的。在这一阶段,冲突者常以破坏性的方式来表达明显的冲突,因此如果冲突进入这一阶段,就应该采取相应的措施快速解决,避免冲突进一步恶化升级。尤其是在高等学校这样的学术殿堂里,冲突越多对高等教育的整体发展影响越大,甚至会阻碍发展。

5.冲突的结果阶段

经过一系列的发展、变化以后,冲突最终来到了其结果阶段。在这一阶段,冲突的结果创造了影响冲突未来发展的条件。因此,这一结果的产生并不意味着冲突的终结,而很大程度上是为下一个冲突的产生积累新的条件。冲突结果的不同导致冲突双方对冲突产生不同的反应。人为很难控制冲突结果以"胜—胜"的形式出现,即很难使冲突双方都得到满意的结果,在大多数情况下冲突结果以"胜—负"的形式出现,即总有一方的利益不能得到满足。所以,以"胜—负"的方式来解决冲突只是暂时的办法,而随着冲突发展过程的往复运动,新一轮的冲突可能会以另一种形式表现出来。是否一定会导致新的冲突出现,这取决于冲突双方对冲突的认识与反应。

人际冲突是一种普遍存在的社会现象。人际冲突是一种对立的状态,表现为两个或两个以上的相互关联的主体之间的紧张、不和谐、敌视甚至斗争,包括个人与个人的、群体与群体的矛盾。公职人员在化解职场冲突时,要了解自己的情绪,也要了解并接纳别人的情绪。接纳对方的情绪,并不是要我们同意他,而是容许对方产生情绪。当我们了解了对方的情绪,从他的立场去体会他的感受,就能够与他人和谐相处。在化解冲突的过程中,最重要的是真诚,还有就是要学习如何贴切地表达自己的感受,这比起指责对方更易化解冲突。社会和个人在不断进步,个人的事业也在进步,那么人际关系也要与时俱进、向前发展。及时有效地处理职场人际冲突非常必要,毕竟人的精力有限,不仅建立关系不能盲目,而且关系建立完了也不是万事大吉,还需要进一步管理。管理人际关系就像打牌,什么时候打什么牌,事先规划好了才能应付自如,行动起来才会有条不紊、井然有序。在职场中发生人际冲突时,公职人员如何去管理自己的人际关系、应对职场中的人际冲突呢?

(二)应对人际冲突

1.善解人意,维护关系

大部分人在分析问题时习惯性地从自己的角度出发,只顾及自己的利益、愿望、情绪,因此常常很难了解他人,也很难和别人沟通。在现实生活中,各讲各的、各忙各的,这样的现象随处可见,甚至两个集团、两个民族之间也是如此。事实上,只要站在客观的立场就会发现,冲突的双方几乎完全不理解、不体谅对方。对于公职人员来说,想处理好自己和他人的人际关系,最需要做的就是改变从自我出发的单向观察与思维方式,变为从对方的角度思考,替对方着想,即由彼观彼,并在此基础上,善解他人之意。如此处理人际关系,就有了更多的合理方法,若不能由彼观彼、善解人意,就没有和谐的人际关系。

2.平等待人,相互依存

不强求别人是处理人际关系时必须遵循的原则。平等待人,是古往今来都适用的平等精神。人生而平等,每个人的人格和尊严都应该受到尊重。如果不懂这一点,就会产生一厢情愿和无理待人等现象。在职场关系中,多数的冲突源于"不平等",如不平等的待遇、不平等的职位、不平等的生活条件等。所以,无论是对同事、下属、朋友、合作伙伴等,都该遵循平等原则,这样不仅会解决很多棘手的问题,而且会收获良好的同事关系。这是前人在长期的社会生活中总结出来的经验,是我们为人处世值得遵循的原则。

3.诚实做人,诚信做事

诚实守信是人与人之间相处的首要原则。对于公职人员来说,诚信是不可缺失的品德。诚信待人可以在别人心中留下良好的第一印象,公职人员在诚信待人的状态中,可以找到安宁和思维的通畅。诚信不是生活的手段,而是生活的目的。一个人能够诚实守信,是因为他有智慧、有状态、有条件。诚信关系着一个人的生活、学习、工作等,一个人如果失去了诚信,将在社会上没有立足之地。孔子说:"人而无信,不知其可也。"说到不诚信,很多人都认为是道德方面的问题,但在市场经济中,道德和利益往往是相邻而居的。不管是一个人还是一个地方,重视道德、讲究诚信,往往可以在经济上得到丰厚的收益;反之,不但会在道德上遭到谴责,还会受到法律的严惩,更难以在经济上获得长久的利益。就诚信的重要性而言,说"诚信是金"应是不为过的。公职人员作为国家各项事务的管理者和为人民服务的直接窗口,更要注重诚信为民。

4.严以律己,宽以待人

"严以律己,宽以待人"不仅是一种待人接物的态度,更是一种高尚的道德品质,它能够化解人和人之间的许多矛盾。特别是在职场中,宽容是增进人际关系的"润滑剂",能够增进人和人之间的情感,有利于事业的发展。公职人员如果能够养成"严以律己,宽以待人"的优良品德,就一定可以在同他人的相处中,不断提高自己的思想境界,使自己成为一个品德高尚的人。自省并不是一件容易的事情,公职人员需要努力去做到"吾日三省吾身",用责备别人的心来反思自己,用原谅自己的心来原谅别人,每日多用些心来反省自己的言行,提高自己的修养。

我们处在一个鼓励个性发展的时代,每个人都有很强的个体意识,每个人都有自己为人处世的行为方式和习惯,所以人与人之间的关系非常复杂。尤其是同事之间,相处时间长,既存在合作关系又存在竞争关系,所以同事之间的人际关系处理起来更加微妙。"严以律己,宽以待人"是处理好同事关系的关键。一方面,作为公职人员,要严格要求自己,应平易近人,给人一张微笑的脸;另一方面,公职人员要时刻反省自己,提醒自己尊重别人,推己及人,做到"己所不欲,勿施于人",凡事三思而后行,得饶人处且饶人,只要不是原则性的问题就不要苛责。

八、提高公职人员的人际交往能力

人际交往能力是指妥善处理组织内外关系的能力,包括与周围环境建立广泛联系和对外界信息的吸收、转化能力,以及正确处理上下左右关系的能力。

(一)三种人际交往能力

1.表达理解能力

表达理解能力包括三个部分,即将自己内心的想法表现出来,并让他人能够清楚地了解自己的想法,还有就是理解他人的表达。一个人的表达能力,也能直接证明其社会适应的程度。

2.人际融合能力

人际融合能力代表的是一个人体验他人的可信以及可爱的能力,与人的个性(如内向、外向等)有极大的关系,但又不完全由人的个性决定,更多的是一种心理上的作用。

3.解决问题能力

解决问题能力是指人们运用观念、规则、一定的程序方法等对客观问题进行分析并提出解决方案的能力。

(二)人际交往能力的六个主要构成部件

1.人际感受能力

人际感受能力指对他人的感情、动机、需要、思想等内心活动和心理状态的感知能力,以及对自己言行影响他人程度的感受能力。

2.人事记忆力

人事记忆力是记忆交往对象个体特征,以及交往情境、交往内容的能力。

总之,是记忆与交往对象及其交往活动相关的一切信息的能力。

3.人际理解力

人际理解力即理解他人的思想、感情与行为的能力。

4.人际想象力

人际想象力即从对方的地位、处境、立场思考问题,并评价对方行为的能力,也就是设身处地为他人着想的能力。

5.风度和表达力

风度和表达力是人际交往的外在表现,包括与人交往时的举止、做派、谈吐、风度。真挚、友善、富于感染力的情感表达,是较高人际交往能力的表现。

6.合作能力与协调能力

合作能力与协调能力是人际交往能力的综合表现,是企业团队合作的必要能力。

(三)提高人际交往能力

对于公职人员来说,人际交往能力与社会交往的关系十分密切,如果可以提高自己的人际交往能力,那么日常社交生活也会得到改善。公职人员不但可以减少与别人发生冲突的概率,亦可令自己和别人有更愉快的交往经历。公职人员要想有效地提高人际交往能力,可从以下几个方面入手。

1.对环境的辨析能力

对环境的辨析能力是公职人员人际交往能力的一个重要部分,要想有效达到社交目标,便要顺应形势做出相应的行为。社交环境瞬息万变,交往的对象亦有不同的特质,要想适应不同的社交环境、人物,就得具备敏锐的观察和认知能力。如果能够对环境间不同的细微之处进行区分,往往更能发现社交环境的变化而做出适当的行为。

2.对别人心理的洞察力

洞察别人的心理也是提升人际交往能力的重要措施。一些人在看到别人的行为时,不去尝试了解对方做事时的处境和感受,便马上从对方的行为去判断对方是一个怎样的人。这种重判断而轻了解的做法,是人际交往能力发展的一大障碍。主动地进行性格判断和道德评价对人际交往能力的发展有碍,而尝试了解别人的内心感受对人际交往能力的发展有利。研究显示,与相信性格可以改变的人相比,认为性格不可改变的人比较喜欢评价别人的行为。他们看到别人做了一件事情后,便倾向于马上评价这个行为是好还是坏。由于他们专注于评估行为本身的好与坏,便较容易忽略行为发生的背景和行事者的心理状态。这种倾向判断行为的好坏和别人道德、性格的人,不但容易忽略别人的心理状态,且因为常常对别人的评价不全面,也较容易对别人产生偏执和成见。所以,公职人员应当提升自己对他人心理的洞察能力,满足同事、领导的心理成就感,满足同事、领导的需求,倾听同事、领导内心的声音与渴望,促进良好人际关系的建立。

3.克服人际认知的偏差

通俗地讲,人际认知就是对人的认识。人们在交往中,彼此的感知、理解、判断往往直接影响对被认知对象的印象和好恶感觉,从而进一步影响人际关系。正确的、全面的、科学的人际认知有利于协调、发展良好的人际关系;错误的、片面的、歪曲的人际认知将阻碍人际关系的建立和协调。在人际认知中,下面几种现象要特别注意。

(1)首因效应

所谓首因效应就是在人认识人的活动中,最初关于认识对象的信息,在评价认识对象时起着重要的作用,也就是常言所说的"第一印象的好坏,往往左右着对人的印象和评价"。某人在初次见面时给别人留下了良好的印象,这种印象可能会在很长一段时间内,左右别人对他的心理和行为特征的解释。这种偏见效应的产生是因为,人们在接受外界事物的刺激时,第一次刺激的效应相对于以后的刺激来说要强一些。而且,第一印象常会形成一种分析问题、解决问题时的心理倾向性,即思维定式现象。首因效应对解决同类问题是有利的,对解决不同类问题则起消极作用。懂得了这个道理,就应注意当他人的表现与"第一印象"相矛盾时,不轻易采取否定的态度,而要把两种矛盾现象放在一起去分析,并做出正确的判断。心理学实验结果证实了人们首先得到的信息对别人的第一印象影响较大。首因效应在人际认知中起着重要作用,应该注意的是,认知者要审慎对待对某人的第一印象,不能因为第一印象好而忽略全面的认识,也不能因为第一印象坏而拒绝交往,这样就可能失去一个很好的朋友。

(2)近因效应

公职人员在人际认知活动中,最近的印象对他人特性的评价起着重要作用,要把"近因"与"远因"放在一起,进行综合分析,要用动态的、历史的、发展的眼光看待他人,客观看待人际交往。首因效应和近因效应不是根本对立的,它们是一个问题的两个方面。一般说来,在对陌生人的认知中,首因效应的作用比较明显,而对熟悉的或久别重逢的人的认知中,近因效应的作用更为明显。因此,在人际交往中,既要注意第一印象,又要注意一贯表现,更要用发展的眼光看他人,这样才能比较全面地认识、评价他人,为协调人际关系提供一个科学的认识基础。

(3)晕轮效应

一个人如果被标明是好的,他就被一种积极、肯定的光环笼罩,并被赋予更多好的品质;但如果一个人被标明是坏的,他就被一种消极否定的光环所笼罩,并被认为具有各种坏品质。也就是,人们对人的认知和判断往往只从局部出发,扩散而得出整体印象,即是在人际知觉中所形成的以点概面或以偏概全的主观印象,这就是晕轮效应也称光环效应。在日常生活中,常见的晕轮效应有两种,一是以俊遮丑,二是以丑遮俊。不管是哪一种情况,都只关注他人某个方面的表现,而忽略他人其他方面的表现。公职人员要想预防和纠正晕轮效应,就要对自己的心理素质、特点有透彻的了解,进而有意识地去防止容易产生晕轮效应的各种可能。公职人员在人际关系交往中,一旦给他人留下了某一点好的印象后,就要善于运用晕轮效应,弥补自己其他方面的不足。在看待、评价他人时,要尽量避免一好百好、一坏百坏。

(4)刻板印象

刻板印象是指社会对某一类事物或人物产生的一种比较固定的、类化的看法。比如,一般认为川渝人能吃辣,江浙人不能吃辣,教师文质彬彬,商人唯利是图等,诸如此类的看法已在人脑中成为刻板、固定的印象。

在公职人员的人际交往中,如果不分时间、地点、条件就把这些看法套在某人身上,就可能出现识人的偏差。但是,有些具有一定根据的刻板印象,能提供一个大概识人的方向。并不是反对一般意义上的分类,而是反对模式化的简单归类,尤其反对僵化地看待某一类人的缺点。公职人员一定要纠正这种偏见,要学习新知识,不断扩大视野、开阔思路、更新观念,消除刻板印象的影响。

上述几种人际认知的偏差,尽管各自产生的原因不同,但在哲学上却有共同之处,即都是主观地、孤立地、静止地、片面地看人或事,而不是客观地、联系地、发展地、全面地看人或事,没有坚持辩证唯物主义的方法论原则。所以,在生活中要保持正确的人际知觉,除了努力提高自己的心理素质之外,更重要的是学习和运用辩证唯物主义的方法论,来客观认识他人。

(四)提高人际吸引力

人际吸引就是人们之间的喜欢、尊重、友谊和爱情,是建立良好人际关系的基础。由于个人的气质、品格之间的差异,人们之间交往的程度是不一样的。有的彼此之间互相支持和信赖,有的则平平淡淡,表面接触,但只是泛泛而谈。这主要是因为交往对象的吸引因素不同。社会心理学家经过长期的调查和实验,提出了影响人际吸引的多种因素,下面介绍几种主要的因素。

1.接近因素

接近因素主要指空间距离、兴趣态度、职业背景等因素的接近。空间的接近只是为发展友谊、增进吸引提供了环境条件,人际吸引除了有空间接近之外,还应有兴趣、态度、价值观、职业等更为重要的因素的相似。

2.能力和品格

对才华的敬仰可以说是绝大多数人的天性。因此,一般来说,人们都喜欢聪明能干的人,讨厌愚蠢无知的人。与能力强的人交往,可以使我们学到不少东西,有助于我们日后少犯错误、日臻完善。社会心理学家埃利奥特·阿伦森(Elliot Aronson)等人曾经做过一个实验,结果表明:能力强的人犯点小错误更招人喜欢,喜欢的程度超过能力强而不犯错误的人;能力低的人再犯错误会使人更不喜欢,不喜欢的程度超过能力低而不犯错误的人;不管犯不犯错误,能力强的人总是比能力低的人招人喜欢。

(五)树立健康的自我意识

人对周围世界的态度和行为趋向往往受自我意识的影响。如果把自己视为有能力的人,就会去干自己能力所胜任的事情;如果把自己视成能力低下的人,就不敢承担重任。因此,自我意识可以是自身行为的调控器,也是影响人际关系的一个重要因素。所谓自我意识就是个人对自己的身体、心理、自己与他人关系的认识,核心部分是自我认识和自我评价。

1.自我认识

一个完整的自我认识应该包括纵横两个方面的内容。

(1)从横的方面来说,著名心理学家威廉·詹姆斯(William James)把自我分为物质自我(身体我)、社会自我、精神自我(心理自我)三个部分。

①物质自我(身体我),指的是个体的身体及其属性,包括身体的各个部分以及与身体特质密切相关的亲人、衣物、住所和财产等。这一层面关注的是个体对自我身体的直接感知和体验,是自我认知的基础。詹姆斯认为,物质自我是自我意识中最直观、最基础的部分,它构成了个体与外界互动的物质基础。

②社会自我,指个体在与他人交往过程中形成的自我感觉,包括他人如何看待自己,自己在他人心中的印象,个人的名誉、地位、角色,以及个人在社会群体中扮演的角色等。詹姆斯指出,社会自我是个体在社会互动中逐渐构建起来的,它反映了社会对个体的评价和期望,对个体的自我认知和行为选择具有重要影响。美国另一位社会心理学家查尔斯·霍顿·库利(Charles Horton Cooley)将社会自我称为"镜中我",认为它是个体人格形成的重要方面。

③精神自我(心理自我),指个体内心的自我,又叫心理自我,由一切心理能力和倾向构成,包括智力、能力、态度、情绪、兴趣、人格特质等,对个体的行为选择和人生发展具有决定性作用。

(2)从纵的方面来看,自我意识应包括意识到过去的自我、现在的自我、将来(或理想的)的自我等内容。

2.自我评价

自我评价在自我意识中具有很高的地位,公职人员对自己的看法和评价是否真实、客观、准确是自我意识是否成熟的标志之一。不成熟的自我意识往往不是过低评价自己,就是过高评价自己,都不利于人际关系的处理。过低评价自己往往使人自卑,在社会交往中缺乏勇气、主动,连自己都不信任的人,很难引起别人的兴趣和关注,而这又会助长自卑感,如此形成恶性循环怪圈,越发减弱社交的欲望,最终陷于社交恐惧的误区。过高评价自己往往使人自傲,看不到别人,在交往中自吹自擂、盛气凌人,根本不接受建议和批评。在工作上出了问题自傲者往往推诿责任,因此引人反感,别人都不愿与其交往。正如美国心理学家库利所说,如果一个人只看到自己比别人好,别人都不如自己,自我欣赏,自以为是,就会产生盲目乐观情绪,因此,不能处理好人际关系。

(六)提高公职人员在社会交往中的情商

情商是心理学上的一个概念,相对于智商而言,情商主要指人在情绪、情感、性格、意志、交际等几个方面与个人素质有关的品质,反映了一个人控制自己情绪、承受外界压力、把握心理平衡的能力。情商主要包括以下几个方面:认识自身的情绪,妥善管理自己的情绪,自我激励,认知他人的情绪,人际关系的管理。情商在每个人的生活中都起着非常重要的作用,是一个人重要的生存能力,也是一种发掘情感的潜能,可以影响生活的各个层面。丹尼尔·戈尔曼(Daniel Goleman)认为,情商是决定人生成功与否的关键。美国曾对750位百万富翁做过调查,调查结果表明:对他们的成功起作用的前几位因素均为"严格地遵守纪律""诚实地对待所有的人""与人友好相处"等情商因素。

此外,心理学家广泛而深入的研究也表明:人在一生中能否成功、快乐,在很大程度上取决于其情商。智商和情商有一个最显著的区别,就是智商主要靠遗传获得,而情商则更多来自后天的培养。

公职人员要提升个人的社交能力,一方面需要提高对自己及别人的需要、思想、感受的洞察力;另一方面亦要细心观察不同的情境和人物,分辨其中的不同之处并加以理解分析,从而提高对千变万化的社交环境的掌握能力。虽然心理学家认为社交能力是可以训练提高的,但要真正地提高社交能力,实在不是一件容易的事,取决于一个人的动机、决心、努力与恒心。与人交往,并非深不可测,一句真诚的话语,一次放松的谈心,一个会意的笑容或眼神,都可以换来乐观、平和的心境,营造出轻松和谐的人际关系。

心灵小结

1.社会交往是促进个人社会化的进程,也是提升个人自我认识的重要渠道。

2.公职人员在社会交往中需要掌握应对环境的辨析能力、洞察心理状态的能力、克服人际认知偏差的能力,才能实现有效沟通。

3.有效沟通成立的关键在于信息的有效性,且信息的有效性决定了沟通的有效程度。公职人员在社会交往中要想做到有效沟通,就要注重信息的透明程度和信息的反馈程度。

心理自测

人际信任量表(ITS)

问卷介绍:人际信任量表(ITS),由罗特(J.B.Rotter)编制,该量表用于测查受试者对他人的行为、承诺或陈述(口头和书面)的可靠性。人际信任量表测查内容包括各种环境下的人际信任,涉及不同社会角色(包括父母、推销员、审判员、一般人群、政治人物以及新闻媒体),共25个条目。采用Likert五点自评式量表,从"完全同意"至"完全不同意"分别评定为1~5分(完全同意=5,部分同意=4,同意与不同意相等=3,部分不同意=2,完全不同意=1)。故量表总分从25分(信任程度最低)至125分(信任程度最高),测验时间为10~15分钟。

人际信任量表(ITS)

题目	评分				
	完全同意	部分同意	同意与不同意相等	部分不同意	完全不同意
1.在我们这个社会里虚伪的现象越来越多了					
2.与陌生人打交道时,你最好小心,除非他们拿出可以证明其值得信任的依据					
3.除非我们吸引更多的人进入政界,否则这个国家的前途将十分黯淡					

续表

题目	评分				
	完全同意	部分同意	同意与不同意相等	部分不同意	完全不同意
4.阻止多数人触犯法律的是恐惧、社会廉耻或惩罚而不是良心					
5.考试时老师不到场监考可能会导致更多的人作弊					
6.父母在遵守诺言方面是可以信赖的					
7.联合国永远也不会成为维持世界和平的有效力量					
8.法院是我们都能受到公正对待的场所					
9.如果得知公众听到和看到的新闻多少已被歪曲,多数人会感到震惊					
10.不管人们怎样表白,最好还是认为多数人主要关心其自身的幸福					
11.尽管通过报纸、收音机和电视均可获得新闻报道,但我们很难得到关于公共事件的客观报道					
12.未来似乎很有希望					
13.如果真正了解到国际上正在发生的政治事件,那么公众有理由比现在更加担心					
14.多数获选官员在竞选中的许诺是诚恳的					
15.许多重大的全国性体育比赛均受到某种形式的操纵和利用					
16.多数专家有关其知识局限性的表白是可信的					
17.多数父母关于实施惩罚的威胁是可信的					
18.多数人如果说出自己的打算就一定会去实现					

续表

题目	评分				
	完全同意	部分同意	同意与不同意相等	部分不同意	完全不同意
19.在这个竞争的年代里,如果不保持警惕别人就可能占你的便宜					
20.多数理想主义者是诚恳的并按照他们自己所宣扬的信条行事					
21.多数推销人员在描述他们的产品时是诚实。					
22.多数学生即使在把握不会被发现时也不会作弊					
23.多数维修人员即使认为你不懂其专业知识也不会多收费					
24.对保险公司的控告有相当一部分是假的					
25.多数人诚实地回答民意测验中的问题					

评分标准:本量表共有13个条目为反向计分,它们是1、2、3、4、5、7、9、10、11、13、15、19和24题;如完全不同意则记5分,完全同意则记1分,以此类推。所以25个条目得分之和即为该量表的总分,反映了被试者人际信任的总体状况,得分高者人际信任度也高。

第八章　公职人员的幸福养成计划

内容简介

　　幸福是每个人追求的人生终极目标。谈起幸福,大多数人都认为这是一个抽象且复杂的名词,一般指人们的主观幸福感。目前,国内外很多研究都涉及幸福的概念、影响因素以及提升幸福的方法。2018年,《人民日报》提出了十个幸福标志,包括有一份理想的工作、安稳平和的睡眠、有几个可信赖的朋友、吃嘛嘛香的胃口、一颗童心、生生不息的信念、有健康的身体、一个教会你爱与被爱的人、品味细节美好的心情、自由的心态与宽广的胸襟。各行各业的人都在自己的岗位上追求幸福的体验,自然也包括为人民服务的公职人员。但目前的情况是,公职人员承受来自职业、家庭、生活等诸多方面的高压,更容易产生负面情绪,进而影响心理健康和幸福感。

　　本章主要由幸福的概述和心理应对方式构成,其中幸福的概述包括幸福的特点、人生的四种汉堡模型及影响幸福的主客观因素等内容,心理应对方式包括开发心理资本、追求自我实现和坚持健康的行为方式等内容。本章旨在帮助公职人员减少焦虑,提升幸福,获得蓬勃、丰盈的人生。

一、案例分析

　　小张本科毕业后入职了成都一家大型国有企业,她工作能力较强,对工作充满了热情,对公司的薪资福利也很满意。小张是四川人,以前在沿海城市上大学,考虑到工作与家庭的距离问题,便回到了离家更近的成都。但是,对于她而言,成都是一座极陌生的城市,在这里她没有亲朋好友,平常接触的也只有同事,因此就算在周末的休息时间她也选择一个人待着。在公司时,同事之间会互相攀比,比如用什么化妆品、穿什么衣服,最初小张对这些没什么兴趣,但渐渐地她受到了同事们的影响也开始关注这些时尚物品。同时,她觉得同事之间的一些交流方式也比较虚伪,比如有的时候不喜欢某个人,但因为工作原因,不得不去阿谀奉承。她在公司说话也小心谨慎,生怕得罪别人。她和同事之间没有过多的交流,有时候还要假装迎合。初入职场的她不喜欢这种工作氛围,感觉在公司很压抑,感受不到快乐。小张和公司领导一起合租,两人在家也不开火做饭,有时候在家里她的室友仍会以领导的口吻命令她去干点什么。她对此感到十分不满,但也没有理由搬出去住,就这样将就着生活。她觉得下班之后就是自己的自由时间,在这个时间段可以做些自己喜欢的事。她每天下班后几乎都在外随便吃点或者点外卖,虽然她觉得长期吃外面的食物对身体不好,但是也懒得做,久而久之,她的肠胃经常不舒服。尽管她也意识到自己饮食习惯不好,是一种不健康的生活方式,想着要改变自己的饮食,但总是不付诸行动,办了健身卡却从没去过。周末除了偶尔回家也不怎么出去,偶尔一个人望着天花板,她感到十分孤独,觉得这样的生活没什么意义,更谈不上幸福,但她仍希望可以过上快乐的生活。

从上面的案例可以看出,小张感到不幸福的原因主要是生活方式不健康和缺乏良好的人际关系。小张除了同事之外没有其他可以交流的伙伴,而且在公司中也不喜欢同事之间的交流方式,公司的工作氛围使她感到压抑、沉闷。再加上小张的性格内向,与室友(领导)一起居住也让她觉得家里的氛围好像和公司一样,因此很少与室友沟通交流。她喜欢宅,但又不满足于现状,可是也不去改变现状,这使她觉得生活索然无味。饮食不健康也让身体产生了很多小毛病,这更加剧了小张的烦躁,她感觉到痛苦和无助,甚至讨厌自己。

研究表明,人际关系可以影响人们的健康和幸福。无论是在家庭还是职场中,人人都期待良好的人际关系,获得更好的社会支持,但有时事与愿违,矛盾往往比想象中的要多。人可以通过尊重、真诚、第一印象的管理、改变自己不良的认知、调节情绪以及共情等途径来改善和提升自己的人际关系。例如,案例中的小张可以尝试先接纳自己,认识自身的情绪状态,明确自身的问题、需求,调整心态,不断地鼓励和激励自己,学会站在对方的角度换位思考,了解对方的性格和生活,接纳其和自身的不同之处,换一个使自己愉快的角度来看待身边人,慢慢培养和扩大自身的人际圈。此外,小张的健康问题也是值得关注的。健康的生活方式对人有着重要的意义,花点时间来定义健康生活对自己意味着什么,愿意做什么或者愿意放弃做什么来给自己的生活带来更好的健康,当下对健康的投资,在日后可以获得丰厚的回报。身心健康的秘诀不在于哀悼过去,不在于担心未来,也不在于预见麻烦,而在于明智而认真地活在当下,保持对生活的兴趣。

案例中的小张或许可以把每天遭遇的负面事件用纸笔记录下来,这些事以自己为中心,可以围绕着同事和自身情绪展开,不用记录同一件事,也不必把这个记录当成任务来完成;而是把自己当作研究者,只写自己所感所想,不用顾忌语病、错字、逻辑、标点等,连续四天每天至少写二十分钟。写作之后花点时间来反思所写的事,如在生活中注意到了什么、感觉如何、行为如何,然后和朋友分享自己的发现。

二、心理解读

伴随着社会经济的快速发展,人们也越来越多地关注自身的幸福。通常幸福可以理解为幸福感,又可称为主观幸福感,反映了个体对生活满意度的认知判断,以及以积极情感、消极情感为特征的情感评价。同莎士比亚(William Shakespeare)说的"一千个读者眼中就有一千个哈姆雷特"一样,不同的人对幸福的理解也不同,公职人员作为社会群体中的一部分,对生活满意度、情绪、心理健康、快乐感等有不同于其他群体的理解和自我感受。幸福也许是每次入账的薪资、一句领导的称赞、一顿自己制作的美食、爱人的一个拥抱、给孩子讲的一个小故事、一次酣畅淋漓的跑步、一场说走就走的旅行……总之,自我感觉越好(如自信和乐观),积累的积极情绪越多,主观幸福感就越强,从而形成一个相互促进的良性循环。我们或许会思考幸福到底是什么？有哪些特点？有哪些因素会影响幸福？

(一)幸福的概述

幸福一直是经久不衰的话题,以苏格拉底、柏拉图和亚里士多德为代表的理性主义幸福观,在人生道德与幸福问题上,强调理性的作用,贬低感性与情感的作用,主张抑制欲望,追求道德的完善或精神上的幸福。以德谟克利特、卢克莱修等为代表的感性主义幸福观,认为人的幸福就在于人的感性生活,在于感性欲望的满足与快乐,而这些满足与快乐本身就是道德的。而马克思主义幸福观认为幸福在本质上是物质和精神相统一的过程。积极心理学之父马丁·塞利格曼(Martin E.P.Seligman)认为幸福包括五个元素,即积极情绪、投入、人际关系、意义和目的、成就,幸福的目标是让生命变得更加丰盈、蓬勃。哈佛幸福课讲师泰勒·本-沙哈尔(Tal Ben-Shahar)把幸福定义为一种"快乐和意义的结合",其中快乐指当下利益,意义指未来利益,真正快乐的人,能够在自己觉得有意义的生活方式里享受它的点点滴滴。他认为幸福是一个需要长期持续追求的过程,与其问自己到底幸不幸福,还不如找方法来让自己更加幸福。作为公职人员,本职工作就是要为人民服务,不断满足人民群众日益提高的对美好生活的需求。在完成工作目标的过程中,公职人员也要思考,如何不断提高自身的满足感、幸福感、获得感。因为,只有当公职人员是健康的、幸福的状态时,才能更好地给群众提供温暖、细致的服务。

(二)幸福的特点

著名心理学家埃德·迪纳(Ed Diener)提出,主观幸福感有三个特点。

1.主观性

幸福的主观性是个体根据自己的标准对其生活质量所做的情感性和认知性的整体评价,是自我对幸福主观感受的一种表达,在这种意义上,决定人们是否幸福的并不是实际发生了什么,而是人们对所发生的事情在情绪上做出了何种解释,在认知上进行了怎样的加工。每位公职人员对幸福的看法也不尽相同,有人认为幸福是拥有很多金钱,有人认为幸福是拥有健康强健的身体、良好的人际关系、优秀的业绩、优越的职位、和谐的家庭等。人们总在不断地对生活事件、生活环境和他们自己进行评价,而对事物进行评价是人类的共性。也正是这些评价导致了人们产生愉快或不愉快的情绪反应。因此,一个人幸福与否,取决于自己主观上如何评价自己的生活,取决于自己的主观感觉。

2. 整体性

幸福的整体性是指一种综合评价,它不是将消极情感排除在外的评价,不是人们对某个生活领域的单一评估,而是对生活的主观与客观的整体评价。幸福是复杂的整体,不是单用"幸福感"或"幸福观"所能涵盖的。目前,心理学研究中的无论是"幸福感""主观幸福感""心理幸福感",还是"社会幸福感",都只是研究幸福心理的某个层面而不是全部。例如主观幸福感关注幸福体验方面,心理幸福感和社会幸福感关注幸福的资源方面,但这些都不能全面解释幸福心理,幸福更不是三者简单的相加或整合。幸福是文化传承过程中主观和客观的统一。心理学领域对幸福研究的主流,一直以西方的主观幸福感研究为概念模型,关注幸福的主观性而忽视幸福的客观性。因此,从幸福的整体性来看,想要提升更广泛的幸福感,不仅需要个人的主观学习,更需要国家政府机关深入了解广大人民群众的生活,提供良好的资源环境、服务政策,引导人民正确理解幸福,进而切实提升人民的整体幸福感。

3. 相对稳定性

幸福感不是固定不变的,它受主客观因素的影响而发生变化,即具有变化性。但主观幸福感的相对稳定性认为,从长期来看主观幸福感是一个相对稳定的值,它不会随着时间的流逝或环境的改变而发生重大变化,因此,主观幸福感是平衡波动的。设定点理论(set-point theory)认为人们在心理上能适应客观环境的起伏变化,客观环境对幸福感的影响可以忽略不计,个体的幸福感通常保持在由基因或人格决定的设定点水平上。已有很多证据表明,幸福感的稳定性主要归因于基因或人格。一项以老年人为被试的研究表明,人格可以预测主观幸福感,责任心、外向性和开放性是积极情感的最佳预测因子,神经质是消极情感的最佳预测因子,神经质和外向性是生活满意度的最佳预测因子。

人格特质通常难以改变,虽然有大量的证据支持设定点理论,但公职人员也应该以批判性的视角来看待,如果幸福感被单一地预设为与人格相关、无法撼动,那无论是个人改变还是公共政策的支持,都无法真正地提升幸福感。

(三)人生的汉堡模型

哈佛大学泰勒·本-沙哈尔(Tal Ben-Shahar)解读了人生的四种人生汉堡模型,如下。

1.享乐主义型

回想一下,作为一名公职人员,你是否有过作为享乐主义者的经历或者有过一段享受的生活,这种生活的好处和代价分别是什么。有的公职人员为了晋升不择手段,只注重眼前利益,利用职务之便,盲目地满足各种私欲,却忽视了自己的行为会带来的后果。有的公职人员则是不作为、懒政,注重及时行乐,如果工作、生活出现困难,他就会想着逃避。如果有人贿赂自己,他就会想着贪污。这类为及时行乐而出卖未来幸福人生的汉堡,虽然味道诱人,但全是垃圾食品,也就是"享乐主义型"的"汉堡"。享乐主义的格言就是"及时行乐,逃避痛苦",享乐主义型的公职人员的根本错误在于将努力与痛苦、快感与幸福同化。

2.忙碌奔波型

回想一下,作为一名公职人员,你是否在某一段时间内忙忙碌碌地生活,如果有,站在旁观者的角度给自己一些建议。有些公职人员是不快乐的忙碌奔波者,他们为了工作、家庭每天都在努力奋斗。完成任务指标、政绩考核成了他们工作的常态,一旦达到目标之后,就会把放松当成幸福,好像工作越忙碌,完成后的幸福感就越强。忙碌奔波型的人错误地认为成功就是幸福,坚信目标实现后的放松和解脱就是幸福,因此他们不停地从一个目标奔向另一个目标。这类只追求未来的快乐但承受着现在的痛苦的"汉堡"称为"忙碌奔波型"的"汉堡",这种"汉堡"虽然口味很差,可里面全是"蔬菜"和"蛋白质",食用这种"汉堡"可以确保日后的健康,但让食用者吃得很痛苦。

3.虚无主义型

回想一下,作为公职人员的你,在某件事件上或是某段时间里,是否也曾感觉掉入了虚无主义的悬崖,看不见任何希望。有的高层公职人员不作为、懒政、不思进取、浑浑噩噩,有的基层公职人员竞争压力大、晋升困难、安于现状、看不到未来希望,这就是"虚无主义型"的"汉堡"。这种"汉堡"最糟糕,既难吃也不健康，如果吃了它，不但现在无法享受美味，还会影响日后健康。"虚无主义型"的"汉堡"代表沉迷过去而放弃现在和未来的人，他们被过去的阴影所笼罩。这类已经放弃追求幸福的人，他们不再相信生活是有意义的。心理学家把这种心态称为习得性无助，具体指通过学习形成的一种对现实的无望和无可奈何的行为、心理状态。在当下，随着国家对公职人员的工作实行严管理、高标准等制度，有的公职人员在一项工作上失败后，或许就会放弃努力，甚至还会对自身产生怀疑，觉得自己是废物、无可救药。而事实上，此时此刻的他们并不是真的不行，而是陷入了习得性无助的心理状态中，这种心理让人们自设樊篱，把失败的原因归结为自身不可改变的因素，失去继续尝试的勇气和信心，甚至感到绝望。所以要想让自己远离绝望，公职人员必须学会客观理性地为自己的成功和失败进行正确的归因。

4.感悟幸福型

生活幸福的公职人员，不但能够享受当下所做的事情，而且通过当下的行为，他们也可以拥有更加满意的未来。当然，在有些时候，眼前和未来的利益是冲突的，但在大多数情况下，眼前和未来的幸福是可以平衡的。比如一个热衷于写文案的公职人员，可以在文案写作中享受创造的快乐，而这种快乐也可以帮助其提高写作能力，并且在未来受益。同时婚姻也一样，经营得好的公职人员可以享受婚姻的美好，帮助彼此互相成长，但是如果企图永远幸福，可能会导致失败与失望。就像为考试而学习，为晋升而努力，为完成工作而熬夜加班，这些都会带来些许不快，但确实可以帮助我们在未来获益，就算必须牺牲一些眼前的快乐，也不要忘记从生活的各方面挖掘能为当下和未来带来幸福的行动。这种既能享受当下又能追求未来幸福的"汉堡"，既好吃又健康，这就是"感悟幸福型"的"汉堡"。"感悟幸福型"的公职人员注重过程和结果的平衡，既能感受到当下的快乐，也能通过努力实现未来的目标。

在这四种模型中，"忙碌奔波型"的公职人员认为只有成功本身可以为他们带来快乐，他们感觉不到过程的重要性，是未来的奴隶。"享乐主义型"的公职人员认为只有过程是重要的，是现在的奴隶。"虚无主义型"的公职人员对生活已经无所谓了，同时放弃了过程和结果，是过去的奴隶。而"感悟幸福型"的公职人员既能享受当下的快乐又能追求未来幸福，是这四种人生模式中最好的一种。不妨试着描述一下自己人生中某个特别幸福的时期或者经历,发挥想象力,让自己再次回到那个时候,重温一下当时的感觉,感受那时属于自己的幸福。

(四)幸福的影响因素

人民网开展了一项关于公务员幸福感的调查,调查结果显示:88.58%的公务员认为自己不幸福,而觉得自己很幸福的只有11.42%。公务员普遍反映,作为公务员,工资低、压力大,还需要长期加班。虽然公务员报考热度不减,但是有的公务员也会发出"再也不想当公务员"的感慨。有网友总结道:"公务员就像一个围城,里面的人想出去,外面的人想进来。"影响公职人员幸福感的因素是多元化的,主要包括主观因素和客观因素两方面。

1.主观因素

(1)人格因素

在心理学界,大五人格模型的认可度最高,它是用于描述个体人格特征的五个最基本维度。保罗·科斯特(Paul Costa)和罗伯特·麦克雷(Robert McCrae)将这五个维度命名为神经质、开放性、外倾性、尽责性、宜人性。公职人员是外向还是内向、是宜人还是难处、是负责还是不负责、是稳定还是不稳定、是聪明还是笨拙等,这些问题基本上涉及了其人格的各个方面。神经质的公职人员具备的典型特点有紧张、沮丧、情绪化、不安全感;开放性的公职人员具备的典型特点有想象力、敏感、聪明、好奇心;外倾性的公职人员具备的典型特点有爱交际、健谈、主动、自信、积极;尽责性的公职人员具备的典型特点有自律、责任感、组织性、细心;宜人性的公职人员具备的典型特点有好脾气、信任、合作、充满希望等,这类人十分好相处。艾森克(Eysenck)指出,幸福可以称为稳定的外向性,幸福感中的积极情绪与易于社交的性格有关,这样的性格使个体容易与其他人自然、快乐相处。好交往、开放、信任、细心、自我约束的公职人员在人生成长道路上往往能获得更多正向的情绪,而具有神经质特点的公职人员可能会出现神经衰弱、焦虑、强迫等消极表现。

(2)积极情绪的影响

拉尔森(Larsen)和狄纳(Diener)认为积极情绪就是一种具有正向价值的情

绪。快乐、振奋、满足、爱、希望、骄傲、幸福、自信、乐观等都是积极情绪的一种表现。积极情绪同样是构成公职人员幸福结构的一个重要维度。积极情绪影响其心理和身体健康,如果公职人员时常保持良好的积极情绪,他们会更能感觉到生活的意义所在。公职人员也像其他职业群体一样,每天都有着自己不同的情绪,在繁忙的工作和生活中会出现压力、忧愁的情况,因此公职人员需要不断地去寻找、尝试并保持积极的情绪,调整心态,增强自我调节能力,提高生活满意度,促进心理健康。

2.客观因素

(1)物质的衡量

公职人员的收入主要来自工薪福利,生活中不能没有钱,但也不能把金钱看得过重,否则必将被金钱所累,成为金钱的奴隶。那些落马的腐败公务员,无不是在"钱"上栽了跟头、吃了大亏。幸福生活需要一定的物质基础,对于低收入的公职人员而言,拥有一定的金钱会感到幸福。金钱可以带来幸福,但来源于不正当途径的金钱或者不当消费,也会对幸福产生影响,所以金钱产生什么样的影响取决于人如何看待它。因此,作为公职人员,应树立健康的世界观和消费观,而不是陷入欲望膨胀的世界中。

(2)健康状况

一个健康的身体是从事生产活动的基础,健康是幸福的最初模样。由爱康集团联合今日头条共同发布的《2019中国公务员健康绿皮书》显示:血压增高、总胆固醇增高、甘油三酯增高、低密度脂蛋白胆固醇增高、空腹血糖增高、尿酸增高、脂肪肝、幽门螺杆菌阳性、前列腺异常、乳腺结节、宫颈异常、骨质疏松、眼底异常、颈椎异常、体重指数增高等严重影响公务员的身体健康。公职人员长期伏案工作,导致身体机能失调;或者饮食不规律、锻炼少、压力大,特别在少数地方物资匮乏,导致公职人员的健康受到影响,所以公职人员群体的健康状况亟待改善。因此,公职人员应树立健康意识,对自己的身体和心理健康负责,采取健康的生活方式,进行体育锻炼。同时,国家应对资源匮乏地区的公职人员提供一定的环境支持,从而有效保障公职人员的健康状态,增强公职人员的幸福指数。

(3)社会关系

社会关系是影响幸福感的主要因素之一,在工作、生活中营造和谐的社会关系,可以提高公职人员事业成功率和生活质量,从而促进其心理健康发展,增强其幸福感。当有人询问美国心理学家索尼娅·柳博米尔斯基关于幸福的建议时,她首先表明的是要拥有良好的人际关系。公职人员在社会生活中经常面临家庭、朋友、同事、领导等不同的社会关系,良好的社会关系有助于丰富其社会支持网络,增加生活中的积极情绪。

(4)婚姻家庭

2018年,《小康》杂志社联合新浪网,并与有关专家及机构开展了"2018婚姻家庭幸福感调查",结果显示,40%的受访者感到比较幸福,24%的人觉得非常幸福,16%的人则表示说不好,此外,感觉不太幸福和很不幸福的比例分别为12%和8%。可以看出,婚姻中幸福的人还是占了大多数。同样地,公职人员的婚姻家庭也会影响个人的性格、价值观、道德约束、自信心、胆量、与人相处的方式等。因此学会经营婚姻,学会与孩子相处,学会营造幸福温馨的家庭氛围是公职人员寻求幸福的必修课。

三、清除通往幸福道路上的障碍

人人皆想拥有幸福生活,但现今情况下,很多人都感觉自己不幸福,几乎每个群体都有自己的烦恼,有些烦恼没有明确诱因,但烦恼似乎无处不在,让人愈发难以忍受。不幸福的根源通常是个体本身错误的价值观或生活习惯,但观念与习惯都是个人可以掌控的事,可以通过改变自身观念,避免陷入消极的情绪困境中。那么作为公职人员,应怎样清除这些通往幸福道路上的障碍呢?

(一)避免无谓的自我内耗

有一种痛苦,是心灵上的折磨,是在真实事件发生之后,因为我们抗拒所发生的事情而产生的痛苦情绪,它源于我们对痛苦的抗拒,这种痛苦并不是必须承受的,是可以避免的。例如,当他人不友好时,我们会本能地感到不舒服,如果我们接受这个事实,并告诉自己"他人没有义务对我好",那么这种不舒服的情绪很快就会消失,但是如果我们总是不停地思考"他人为什么对我不友好?""是不是我不够好?"那么,这种不舒服的情绪就很可能演变成对对方的愤怒,或者是对自己的怀疑和否定。这种在头脑中反复琢磨也没有清晰答案的问题,只是自我精神的内耗,它不产生任何有效的行动,反而会不断强化我们的消极想法和负面情绪,让我们感觉更糟糕。那么,怎样避免无谓的自我内耗呢?

1.接纳痛苦

自我内耗之所以会发生,根源在于当现实和期待不一样时,我们用了一种错误的方式消除这种冲突,那就是想要操控和改变现实,但这根本消除不了冲突。实际上,对于这种类型的冲突,消除的办法只有一个,那就是接纳,不再抗拒,也不再执着于头脑中那些"不应该这样""不希望这样"的想法。当我们学会接纳,学会放下内心的控制欲,允许一切如其所是的时候,我们的精神能量就能从那些无止境的自我内耗,以及因此产生的负面情绪中释放出来,我们也就能把更多精力用在那些真正有意义的思考和行动上,去解决那些可以解决的实际问题,去实现那些可以实现的目标。

已经发生的事情无法更改,我们要做的就是不带任何主观意见去接受事实,以包容和开放的态度让自己跳出小我,用旁人的视角静观。当悲伤来临,我们无须抵抗,只要静观自己的感受,也无须逃避,要有意识地接纳正在经历痛苦的自己。不管是他人的行为和想法,还是未来没有发生的事情,或是过去已经发生的事情,都不是我们可以掌控的,即便我们在头脑中琢磨一万遍,也没有办法去改变什么,那就接纳既定事实,至少能让我们减少精神上的折磨。

2.与自我和解

我们人生中的很多痛苦和不开心实际上都是自己导致的,源于我们对自己无情的评判、指责和攻击,以及我们与自己的对抗。然而,这些痛苦是完全没有必要的,因为我们是有选择的,我们可以选择放弃评判和指责,然后学会接纳自己,与自己和解。当我们总是抓着自己的过错、不足和缺点不放,或者总是陷在"我不够好"的自卑情绪中,我们就会因为自我内耗太严重而无法专注于真正重要的事情。这个时候,假如我们能够选择宽容自己,选择接纳自己的缺点和不足,那么我们的精力就能从内耗中释放出来。

公职人员的担心和焦虑大多源于对失败和平凡的抗拒,当意识到这点,就应告诉自己"失败了又如何?""平凡又能怎样?"就算是平凡,就算是失败,那也只是世俗意义上的平凡和失败,只要能够把自己的潜能发挥出来,努力让自己具备真正的才华与实力,或者为社会创造一些价值,那么对自己来说也是有意义的。另外,不要经常和别人比较,过多的社会比较带给我们的可能是自卑与自怜,与自我和解就不应把他人作为评判自我价值的标准,而是要让目光回到自己身上,回到自己真正在意的目标上,然后踏踏实实地一步一步实现这些目标。

(二)摆脱坏习惯的困扰

幸福的源泉很大一部分与人自身的习惯有关,建立永久的新习惯可能是非常困难的,但是打破那些让我们不幸福的习惯却容易得多。拖延、抱怨和苛求完美等习惯给我们带来很多困扰,影响我们的幸福感,只要改正这些坏习惯,我们就能离幸福生活更近。

1.应对拖延

拖延者总喜欢把计划要做的事情往后推迟,常常伴随着很大的精神负担——事情未能及时完成,却都堆在心上,既不去做,又不敢忘,实在比多做事情更加受罪。因此,我们可以问问自己,在平时有哪些事情是我们总喜欢拖着不去做的,现在我们要下决心改变拖延的习惯,变被动为主动,把事情做得更好。①找到拖延的原因。很多人迟迟不敢开始,是因为害怕失败,如果是这一原因,那么,我们就应强迫自己去做,且非做不可。严格地要求自己,磨炼自身的意志,爱拖延的人多半都意志薄弱,当然,磨炼自己的意志并非一朝一夕就能做到的,需要我们从小事、简单的事做起,并长期坚持下去。另外,别总为自己找借口,例如"时间还早""现在做已经太迟了""准备工作还没有做好""这件事做完了又会给我其他的事"等。②持之以恒,找到成就感。反复拖延很容易让人对事情产生厌烦感,应该先做一些再停下来,让自己有一点成就感,激发对事情的兴趣。学习从日常点滴做起,列出自己立即可做的事,从最简单、用很少的时间就可完成的事开始;尝试每天做一件明确的事情,而不必等待别人的指示就能主动去完成;坚持每天至少找出一件对其他人有价值的事情去做,而且不期望获得报酬。

2.少点抱怨

抱怨是表达自己对人、事的哀伤、痛苦或不满的情绪,是在责怪或埋怨自己不想要、不喜欢的事情。在生活中,我们的身边充满了各种各样的抱怨:抱怨孩子不懂事,抱怨家人不体谅自己,抱怨付出多、薪水低……无尽的抱怨就像思维的慢性毒药,不仅没法改变事实,反而会打击精神意志,让事情越来越糟。

要做到少点抱怨,首先,就是要正视自己,找准自己的定位,在生活中演绎好自己的角色。其次,尝试改变我们的习惯用语,例如:不要说"我累坏了",可以说"忙了一天,现在真轻松";不要说"你们怎么不自己想想办法",可以说"我知道哪些事,我将怎么办";不要总是在集体或组织中抱怨不休,而是试着去赞扬每一个人;不要说"这个世界简直就是乱七八糟",可以说"我得先把自己家里收拾好"。再次,远离抱怨者,一个不好的环境,会让我们出现不好的心理状态,在快乐的环境中更容易快乐,在消沉的环境中更容易消沉,与抱怨者保持距离,可以让我们不受其影响、不被其伤害。最后,在烦恼产生时主动转移注意力,如看看有意义的电视节目或者电影,或是欣赏自然美景、参加体育活动等,关注一些美好的事物,而不去计较已发生的事情。

3.允许不完美

有些人对自己和他人的要求都非常高,凡事都要追求完美,这虽然可以是一种让人不断奋斗的动力,但也有可能成为一个沉重的包袱,让你自己甚至身边人都觉得痛苦。不完美才是世界的本质,只有允许生活中存在不完美,我们才能积极改变、享受生活。我们需要反思自己,是否存在过度苛求完美的习惯,只有先勇敢地直面并承认这个坏习惯,才可能逐步摆脱身心的沉重负担。

很多时候,我们不应该考虑如何完美地完成任务,而应该考虑如何在状态不佳时,也能顺利推进工作,达到80%的完美即可。允许不完美,就要求我们关注过程、看淡结果,将注意力放在眼前正在做的小任务上,不要陷入焦虑、纠结的情绪中。接受可能会发生的失误,不必过于担忧。现实世界本身就充满着不确定性,对于可能出现的任何负面结果,我们都不应该充满恐惧,而应主动接受失败并不畏惧失败。另外,必要时调整预期,准备多个工作计划。在任何时候,我们都不应该只有一个计划,而是要做好多个方案的准备。这是因为计划永远赶不上变化,我们不可能永远都顺利、有序、高效地推进工作,必要时实行标准稍低一些的替代方案，也不失为一个好的办法。最后，宽以待人。总是盯着他人的错误、要求他人完全按照我们的期待行事，只会引起他人的反感和紧张，是不可取的。

(三)警惕心理失衡

我们在感到心理不平衡时，会产生很多负面情绪，这些情绪会危害身心，影响工作和生活。心理失衡的常见表现有：看到别人比自己好就心生不平，总觉得有人在议论自己的不是，为一点小事耿耿于怀……这些心理失衡现象如果无法正确处理，个体就会产生很多心理问题，体验不到生活中的幸福。因此，当心中存在不平衡问题时，应学会及时进行调整。

1.防范嫉妒心理

在生活中，我们与别人总有差别，有差别便自然会有比较，有比较就难免会有嫉妒之心。我们可以羡慕，但不可以嫉妒，羡慕属于积极向上的精神，而嫉妒则是对比自己好的人怀有的一种贬低、排斥甚至是敌视的心理状态。嫉妒是社会生活的腐蚀剂，腐蚀人的品质，损害人的事业、形象和身心健康。该如何化解嫉妒心理呢？

(1)调整自我价值的确认方式

简单地与别人比较往往会导致片面的看法。研究表明，自我价值确认越是倾向于社会标准(以周围人、社会流行观念等为参照)，就越容易引发嫉妒；越是以自己的思考、内在的准则为参照，就越会减少嫉妒。能够体现出个人价值的社会标准很多，而每个人的优势和劣势又不尽相同，所以，用统一的标准衡量不同人的价值是不准确的。人生更重要的事是不断超越自己，而不是超越别人。

(2)祛除自己的嫉妒之心

嫉妒是一种突出自我的表现，无论什么事，最先考虑到的是自身的得失，因而引起一系列不良的后果。在出现嫉妒苗头时，应立即自我约束，摆正自身位置，努力祛除嫉妒心态。另外，人人总有不如意之事，如果处在愤怒、兴奋或消极的状态下，仍能较平静、客观地面对现实，就可以达到克服嫉妒的目标。

(3)避免激起他人心理失衡

防范自身嫉妒心理的同时，也应注意避免激起他人心理失衡，尤其在不如意者和不如自己的人面前,应采取谦虚、谨慎的态度,不要经常去谈自己得意的事情,可以有意识地暴露自己的一些不足和苦恼,让他人心理平衡,有效避免他人因为心理失衡而对我们做出过激行为。

2.收起强烈的猜疑心

猜疑心理是一种因主观推测而对他人产生不信任的复杂心理体验,猜疑心重的人往往容易无中生有,每每看到别人议论什么,就认为人家是在讲自己的坏话,其结果只能是自寻烦恼、害人害己,影响人际关系和家庭和睦。可以通过以下方法克服猜疑心理。

(1)培养理性思维,防止感情用事

猜疑者在消极的自我暗示心理下,会觉得自己的猜疑顺理成章、天衣无缝。消除猜疑的重要途径,就是遇事保持冷静,多观察、分析和思考,培养理性思维,防止感情用事,克服"当局者迷"的认知误区。

(2)加强交流,拉近心理距离

相互了解是信任的基础,信任是感情的纽带和猜疑的坟墓。和他人之间应该加强交流、相互了解、相互信任,在情感上产生共鸣,才能有效地消除猜疑。

(3)完善个性品质

加强个性品质的塑造,培养高尚的道德情操,净化心灵,拓宽胸怀,提高精神境界,冲破封闭思维的桎梏,消除不良品质的消极影响,从而有效消除猜疑。

(4)学会自我安慰

在生活中,一个人遭到别人的非议、与他人产生误会,这没有什么值得大惊小怪的。在一些生活小事上不必斤斤计较,可以"糊涂"些,这样就可以避免自己产生无用的烦恼。如果觉得别人怀疑自己,应当安慰自己不必为别人的闲言碎语苦恼,不要在意别人的非议。

3.别做虚荣心的俘虏

虚荣是指表面上的荣耀、虚假的荣名,是本身不存在的好的事物,是一种追求虚表的性格缺陷,是人们为了取得荣誉和引起普遍注意而表现出来的一种不正常的社会情感。具有虚荣心理的人,多存在自卑与心虚等心理缺陷,作为一种补偿,往往竭力追慕浮华以掩饰心理上的缺陷。虚荣心理的危害是显而易见的,属于自己给自己设置的内在陷阱,如果想获得个人幸福,必须将虚荣心从生命中消除,具体可以采用以下方法。

(1)端正自己的价值观念

自我价值的实现不能脱离社会现实的需要,必须把对自身价值的认识建立在社会责任感之上,正确理解权力、地位、荣誉的内涵和人格自尊的真实意义。

(2)摆脱从众的心理困境

从众行为既有积极的一面,也有消极的一面,虚荣心理可以说正是从众行为的消极作用所带来的恶化和扩展。例如,社会上流行吃喝讲排场、住房讲宽敞、玩乐讲高档,有些人为免遭他人讥讽,便不顾自己的客观实际情况,盲目跟随社会流行,打肿脸充胖子,这完全是一种自欺欺人的做法。所以我们要有清醒的头脑,敢于面对现实,实事求是,从自己的实际出发去处理问题,摆脱从众心理的负面效应。

(3)调整心理需要

需要是生理和社会的要求在人脑中的反映,是人活动的基本动力。人有饮食、睡眠、性等生理需要,有交往、劳动、道德、美等社会需要,有认识、创造、交际等精神需要。人的一生就是在不断满足需要中度过的,在某个时期或某种条件下,有些需要是合理的,有些需要是不合理的,要学会知足常乐,以实现自我的心理平衡。

四、开发心理资本

心理资本是指个体在成长和发展过程中表现出来的一种积极的心理状态,由心理学家弗雷德·鲁森斯(Fred Luthans)提出,源于积极心理学和组织行为学,由个体的自信水平、乐观水平、希望感和韧性程度决定。试想一下,如果一个人的心理资本水平很低,但他拥有极大的物质财富,你觉得他会过得幸福吗?答案是否定的。作为公职人员,长期面对高强度的工作与复杂的人际关系,难免会出现倦怠、烦躁等心理问题。当心理健康出现问题时,如何去开发自身的心理资本呢?公职人员可以接受和改变现状,并保持一种向往更好状态的信念,因为这一信念便代表了心理资本。心理资本让人在面对挑战和未知事情时敢于尝试,而不是一味担心,能以积极的态度看待自己现在和未来的成功程度,坚持实现目标并不断调整方法,即使身处逆境或遇到挫折也能尽快恢复。心理资本包含四个方面,即无条件接纳的自信、灵活的乐观、创造性的希望、反直觉的韧性。幸福不是结果,而是一种能力,我们可以从以下几个角度着手,提升自己幸福的能力与水平。

(一)树立自信心

1.走出自卑的阴影

说到自卑,先来了解一个小故事。阿尔弗雷德·阿德勒(Alfred Adler)是个体心理学的创始人,其提出的自卑与超越理论影响深远。该理论的提出离不开阿德勒本人的成长经历,他从小就很自卑,幼年身体虚弱,四岁才会走路,五岁时得了肺炎差点死去,后来还得了佝偻病,长得又瘦又小。并且,小时候的阿德勒,学习也很差,老师和同学们都不太喜欢他。在家里阿德勒排老二,上面有一个聪明能干的哥哥,所以他常被忽视,一直很自卑。后来,克服自卑成了阿德勒生活的目标,他通过不断努力最终得以超越自卑,在学术上有所成就。

那么,公职人员应该怎样应对自卑呢?自卑的出现代表着个体对自己缺陷的察觉和对改善自我的渴望,因此只要处理得当,自卑感就可以成为努力和成长的催化剂。摆脱自卑感主要有两种路径:直接解决让我们自卑的问题,向理想自我迈进;或是通过补偿的方法间接解决。但补偿有真假之分,真正的补偿能够解决问题,虚假的补偿则只是掩耳盗铃、自欺欺人。直接解决问题以及真实的补偿往往需要敏锐的自我觉察能力、坚定的勇气和严格的执行力。比如,一个因外貌自卑的人,可以直接选择改善外表来切断自卑的源头,或者通过努力工作,在事业上获得成就和认可来补偿外貌上的自卑。但事实上,很多人面对自卑时因为不愿花费时间和精力或是为了自我保护,会采取回避的态度,进行虚假的补偿,比如借口身体不适来逃避完成任务,由此减轻自卑,而这些虚假的补偿只能维持一时,从未真正让自卑消失,如果持续选择逃避,就会陷入程度更深、持续时间更长的自卑中。

2.拥有被讨厌的勇气

公职人员处在复杂的社交网络中,很多时候不得不活在别人的认可和期待中,忍受他人的抱怨与挑剔,但委屈、纠结、焦虑和愤怒也相伴而来。因此,不能纯粹地为别人而活而忽视了自我,我们需要有被讨厌的勇气。

(1)拒绝他人眼光的捆绑

我们可以在乎他人的感受,但无须在意他人的眼光。在乎别人的感受是一种善意和体贴,但过于在意别人的眼光只是脆弱和无能的体现。所有的被尊重都不是因为无条件地忍让,而是因为你值得被他人尊重。

(2)勇敢做自己

人生从来都是自己的,从来都是个人选择的结果,只有自己可以决定自己的生活。过去的痛苦,它可以是前进路上的垫脚石,也可以是绊脚石,这取决于自身态度。过去发生的事情无法改变,却可以改变自己对过去的看法。想要拥有幸福,就不要从过去找原因,而是改变现在的看法,才能达到幸福的目的。

(3)善用正向暗示

人是很容易受到自我暗示影响的,不要指望那些习惯于指责你的人给你鼓励,可以试着罗列自己做过的比较成功的事,总结出自己的能力特质,然后多去接触那些能给自己鼓励和认可的人。如果可以,试着改变自我,就不会再惧怕那些不友好。

3.发现自身闪光点

每个人都有闪光点,都有自身的独特性,这些独特之处也是个人价值所在。以往的教育环境和文化氛围,往往过于关注缺点,或者致力于改进不足,比如常常被提及的木桶效应,但这样的方式往往忽视了个人的特质和长处,只会造成痛苦。认识自己是一个长期的过程,持续的自我探索本身就是对自己的一种关注和关爱,发现自身闪光点也是发现自信的过程。公职人员要学会经营自己的长处、发现自身优势,这样可以帮助自己弥补不足,走上自我实现之路。

公职人员可以尝试向自己提问:我究竟有什么才干和天赋?什么东西我能做得最出色?与我所认识的人相比,我的长处是什么?我的激情在哪一方面?有什么东西特别使我激动向往,使我特别有激情去完成,而且干起来不仅不觉得累,反而乐在其中?我的经历有什么与众不同之处?我的不同之处能给我什么特别的洞察力、经验和能力？我的不同之处，能让我做出什么与众不同的事？

(二)培养乐观心态

乐观水平高的人倾向于对事物做出积极、正面的评价，乐观水平低的人则倾向于对事物做出消极、负面的评价。数百项研究表明，乐观的人可以感受到更多的快乐，并且经历更少的抑郁和焦虑，实现他们目标的次数更多，拥有更多的毅力面对挫折，甚至比不乐观的人能更好地应对身体疾病。乐观能对一个人的身心健康产生积极的影响，可以帮助一个人减轻压力，延长寿命。但不得不说，乐观不是一件容易的事。作为公职人员，想要乐观，单凭内心的渴望是远远不够的，还必须学会战胜心底的悲观。

1.避免悲观认知

形成乐观路上的一大挑战，就是惯性的悲观。常见的悲观认知有以偏概全、乱贴负性标签和内疚推理等。有以偏概全认知的人会把一次失败当成永远的失败，糟糕的事情只要发生一次，就认定它会反复发生。比如，一个人排队买吃的，终于轮到他，却卖完了，便觉得自己如此倒霉、生活总是充满不幸，但事实当然不是这样，他把一次的不顺利当成整个人生都不顺利，即以偏概全了。人不应被自己的想法打倒，不要把偶然当必然。乱贴负性标签，是指因为一点点失误就给自己一个绝对化的糟糕评价，比如"笨蛋""一事无成""注定失败""废物"等，可能是因为经常被别人评价或者指责，导致自己习惯性用负性眼光看待自己。通过评价知道自己的缺点本身是好事，但我们要做的是虚心听取，并加强学习来改正缺点、提高自己的工作能力，而不是给自己贴负性标签。内疚推理，就是不管发生什么事，总是从自己身上找问题，比如在办公室里有同事的重要物品不见了，另一同事小文就开始着急了"他会不会怀疑我，我用过吗"，小文就是擅长内疚推理的人，责任心易使之陷入痛苦和自责，不管发生什么，总能找到责怪自己的理由，但出现问题时，与不问青红皂白就自责相比，更重要的是坦然面对并设法解决问题。

2.认识乐观的真相

乐观包括两个方面，即对过程的乐观和对结果的乐观，或者说过程满意和结果满意。所谓过程满意,就是不管事情最终是成功还是失败,都能看到过程中的进步;结果满意,是只在乎结果是好还是坏,完全忽略过程。比如,一个人在垂钓,半天过去了,钓友都有所获,但自己却一条鱼都没上钩,要是只对结果满意,那么他将否定一切、垂头丧气,要是对过程满意,那么他就会想自己是不是尽力了、垂钓过程是不是很放松,而不会否定一切。因此,要从过程满意的角度来生活和工作,才能做到真正的乐观。另外,相关不等于因果,有些因素彼此是有关联的,但不是因果关系,只有减少因果判断,才能避免盲目的悲观或乐观。如果经常把相关的事情直接看作因果关系,就会遗漏其他因素。不管是正向因果关联,还是负向因果关联,若不能有效掌握所有因素,其结果只能是悲观的,问题的解决更是无从谈起。

3.做积极的乐观主义者

乐观,是对当前和未来的成功做积极的归因,它不只是一种认知特征,还包含内在的情绪和动机成分,做积极的乐观主义者,要善于平衡乐观和悲观的关系,用理性和客观的态度面对关系中的各种考验,做一个有弹性和有选择的人,可以采取积极主动回应的策略,进行乐观探索和换角度思考。在人际交往中,积极回应可以让双方调动自己的情绪、深化交流与感情,具体做法有:复述对方说的话,表达自己的感受,帮助对方回忆当时的感受和细节,回应对方你对此事的看法和行动。乐观探索,就是寻找日常生活中与悲观信念相反的事情,可以是他人关心你的话或者对你的善举。换角度思考,需要暂时让头脑冷静、启动理性脑的思考,从多角度客观看待事实,减少纯粹悲观念头的影响。

(三)提升希望感

希望可以让我们看到生活中光明的一面,减少无助感,缓冲焦虑、压力及各种负性事件的冲击,是一种积极的状态。

目标是希望感的核心,是一个人想要达到的境地和标准。目标制定的重点在于你清晰地知道自己想要什么,而不是应该要什么。路径,是实现目标的计划和方法,是获得希望感的指挥官,探索实现路径的重点在于探索所有能够实现目标的方法。在探索实现路径的过程中,我们最大的障碍就是只给自己一个选择,一旦这个方法不奏效,就认为事情一定不会成功。动机,好比保持希望的发动机,是一个人制定目标和探索实现路径的动力系统。只有找到那个真正能够激发我们的动机,我们才会去执行目标和探索路径,才有可能收获希望。希望不是凭空产生的,需要在目标、路径和动机三个因素的合作下才能产生。想要提升希望感,就要区分目标和欲望、探索可行路径、跳出框架效应。

1.区分目标和欲望

只有放弃想要的,得到更想要的,才能实现身心满意的目标。关于目标和欲望,有两个要点:①目标是你想要达到的东西,而欲望是阻止你实现目标的东西,比如你的目标是减肥,但你的欲望是享受;②从动机的角度说,欲望是人的本能反应,如果不加以控制,它就没有底线。要想有一个有效、合理的目标,必须学会管理欲望。要是在运动时想吃晚餐而对运动敷衍了事,却在吃晚餐时自责运动没做好,这样只会身心俱疲,毫无幸福感。所以,合理的目标一定要做减法,如果什么都要,注定什么都得不到,可以问自己想要什么、更想要什么,一旦找到这个答案,就知道自己怎么做才最具有可操作性。想要制定一个切实有效的目标,可以参考在本章拓展阅读中提到的PE-SMART原则,帮自己找到更想要的事物。

2.探索可行路径

路径是达成目标的方法,但并不意味着方法越多,目标达成的概率越大或希望感越强。想要提升希望感,诀窍就是从我们最能掌控的部分入手。人是特别需要反馈的,如果反馈一直是负向的,就会容易放弃。但如果我们不断从小事中获得快乐,那我们就更愿意去做这件事。所以,在探索可行路径时,一定要先从自己最能掌控的部分入手,这样,我们才会积累更多"我可以"的感觉,也才能做得更好、坚持得更久。如果选择很多,请不要选择最好的那一个,而要选择我们最能掌控的那一个。

3.跳出框架效应

框架效应,就是指人们对一个客观上相同问题的不同描述导致了不同的决策判断。心理学家丹尼尔·卡尼曼(Daniel Kahneman)说,理性的人是那些最不容易受框架效应影响的人。这就告诉我们,很多时候我们认为自己在规避风险,或者选择去冒险,并不是基于现实考虑的,而仅仅是感受使然。

所以,每当做决定时,试着变换一下角度,用不同的参照点来检查自己的行为,客观地看待数据和事实,就能减少框架效应的影响,做出最明智的决定。

(四)加强心理韧性

韧性是身处逆境或被问题困扰时,能够持之以恒、迅速复原并超越自我的能力。心理韧性高的人能够从经验中进行学习,在困难面前从不躲闪,也不会在挑战面前退缩。当挑战来临时,具有强大心理韧性的人可以愈战愈勇,不会抱怨时局艰难,也不会对可能出现的问题及其带来的可怕后果感到恐慌,而是会选择将情境进行重构,使之变成对自己能力的考验。那么,如何加强心理韧性呢?

1.接纳创伤

心理学家塞利格曼针对创伤事件是这样说的,创伤可以化为成长,虽然带着痛的影子。那要怎么做才能将创伤化为成长呢? 首先,接纳创伤带来的情绪反应,尝试讲述创伤经历。试着将其表达出来,当我们随意讲述创伤时,其带来的影响就在降低,就像当一个人讲述自己童年的不幸遭遇,刚开始,可能是回避的,讲述都会流泪,慢慢地,当他接受了事实,就能够坦然讲述,以积极的面貌看待过去的经历。其次,反驳悲观信念。很多时候,让一个人陷入痛苦的不是事情本身,而是对事情的解释。当一些糟糕的经历发生时,当事人会说:"如果我当时没有……就好了。""为什么那么多人,受伤的人偏偏是我?"这些都是悲观信念在作祟。可以尝试找证据,也就是找那些可以支撑自己想法的事实,但这些证据一定要是客观事实。这样一来,我们就会发现这些悲观信念并不都是基于事实的,大多是自己的想象。最后,在描述创伤后积极地改变。每个经历了创伤的人都会有一些变化,可能是更懂得保护自己,也可能是更懂得珍惜眼前的人,还可能是变得更加温和。无论是哪一种,我们都可以找到创伤带给自己的提醒和成长。只要完成这一步,复原力就开始慢慢形成,人也得以从应激的情绪反应中慢慢恢复。

2.积极的心理建设

积极的心理建设让我们在遇到问题时能勇敢面对、积极解决,具体可以通过积极意象和自我肯定两个方法来建设心理、提升韧性。积极意象,从改造自我形象开始,去创造一个与自己担心的形象相反的画面。比如,我们担心自己这不好那不好,那就用积极意象的方法,想象自己很完美的样子,另外,还可以为自己创造一个榜样。在生活或者工作中,总有些人是我们认同和喜欢的,那我们就可以学习这个人的优势从而提高自己的能力。自我肯定同样是积极心理建设的有效方法之一,人之所以沉浸在痛苦中,很多时候是因为自己只关注不好的一面。比如拿了1000块钱奖金,就会想"怎么没拿到1500块钱"。要想让个人的心理更有韧性,就要学会肯定自己已经做到的那一面。这不是自我麻痹,是因为任何事情都有两面,如果只关注糟糕的一面,人就会越来越没有动力,越来越无助,问题还没发生,就已经被自己吓倒了。

拓展阅读

PE-SMART原则

制定出正确且有效的目标是获得幸福的重要一步。不少人经过不懈努力、几经辛苦,在成功后才察觉到目标不是自己真正想要的,有些人更因为目标制定得不正确而一生都在忙碌、辛苦,这都是令人十分惋惜的事情。

一个正确且有效的目标必须具备以下七项元素,合起来是英文字PE-SMART。

P是positive的缩写,是指制定目标时,要用积极与正向的语言,简单来说,就是用"我要什么"而不是"我不要什么"。只有我们的目标足够正向且清晰,潜意识才会帮助我们达成目标。

E是ecological的缩写,是指目标要符合整体的平衡。我们的目标不以牺牲他人利益或者破坏周围环境为代价,要努力达成共赢,这样一来,我们的目标更容易得到身边人的支持,也更有利于达成。

S是specific的缩写,是指目标要具体。一旦目标不具体,它很容易只是一个想法,仅仅停留在口号上,所以,制定目标时要将时间、地点、共事的人都写进去,越具体的目标越容易执行。

M是measurable的缩写,是指目标要有可衡量的标准。一定要将目标量化,要清楚地知道测评的方式及完成的准确数据。

A是achievable的缩写,是指目标的可实现性,制定目标时,一定要符合"靠自己的努力的确可以达成"的标准。

R是rewarding的缩写,是指目标达成会给你带来的满足感,有两个小标准,第一个是要能够提前想象到完成时的满足感,第二个是这个目标一定是自己期待的,而不是逼迫自己达成的。

T是time-bound的缩写,是指有时间限制。从何时开始,到什么时候结束,具体的目标量是多少,要求目标要有明确的时间数据。

当然,并不是所有的目标都要完全符合PE-SMART原则,但越符合这个标准的目标,实现的可能性就越大。如果我们感觉目标总是达不成,可以用这个原则检查一下。

五、追求自我实现

幸福不局限于获得金钱或者地位,而更多是一个人的自我实现、自我突破,在逆境中完成自我救赎、自我成长。自我实现,指个体的各种才能和潜能在适宜的社会环境中得以充分发挥,实现个人理想和抱负的过程,亦指个体身心潜能得到充分发挥的境界。美国心理学家马斯洛认为自我实现是个体对追求未来最高成就的人格倾向性,是人的最高层次的需要。作为国家建设领头军的公职人员,积极追求自我实现,既可以不断提升自我能力,以更高的水平服务社会和民众,还可以充实自身精神世界,获得更强的幸福感受。

(一)增强自我效能感

追求自我实现,首先应树立"我可以"的积极信念,这不仅是喜欢上某件事情的重要前提,它对任何需要长期持续的行为来说,都是极为关键的一步。这种积极的自我信念在心理学上叫作自我效能,诸多研究表明,自我效能是成功和幸福的最佳预测因素。这是因为一个人的自我效能感,在很大程度上决定了他面对挫折和困难的态度——遇到困难时,如果我们相信自己一定可以做好,那么我们就会想尽办法去克服困难。因此,拥有较高自我效能感的人通常其行动力和自控力都更强,能够把一件事情长久地坚持下去,也会在学习和工作中获得更高的成就。不仅如此,高自我效能感还能给人带来掌控感,会让人觉得生活和工作中的大部分问题都是可控的和可以解决的,这种掌控感会大大削弱焦虑情绪,提升幸福感。

那么,这种"我可以"的自我效能感到底从何而来呢?为什么面对困难和挑战,有的人会坚定地相信"我可以",而有的人会陷入自我否定之中呢?心理学家发现,自我效能感很大程度与个人过去的成功经验有关,毫无疑问,一个人经历的成功体验越多,他对自己的能力就越有信心,特别是当这种成功是通过自己艰辛的努力才换来的时候。另外,自我效能感还与个人的底层思维模式有关,拥有成长型思维模式的个体通常自我效能感更高,而拥有僵固型思维模式的个体自我效能感则偏低,比较缺乏自信。比如,面对困难和挑战时,有的人会十分焦虑,选择逃避而不愿尝试,这便属于僵固型思维模式。有的人不但不会焦虑,反而会很享受探索、解决问题的过程,这便属于成长型思维模式。

(二)提高行动力

停留在精神层面的抽象思考往往让人激动,因为它们会让我们想象一个可能的美好未来,但问题是,如果思考只停留在这个层面,那么这个未来就永远只存在于想象之中。要把头脑中的想法变成现实,我们还得依靠内在的行动力,让自我实现不落于虚空。提高行动力的前提是要想清楚为什么,然后再向内寻找动力,并把抽象想法落地。

1.想清楚为什么

在追求某个目标、实施某个计划之前,一定要秉持"为什么"式思维和"是什么"式思维。"为什么"式思维是一种抽象思维,它关乎的是目标背后的动机。这样的抽象式思维是非常必要的,它能够帮我们把要做的事情与一个更大的目标或者一个我们想要的未来连接起来,赋予目标以意义。同时,要把头脑中的想法变成现实,我们还得依靠"是什么"式思维的帮助。与"为什么"式思维完全相反,"是什么"式思维是一种具象思维,它关乎的是具体的东西,比如具体的结果,具体的行动,等等。这样的具象思考同样非常重要,因为它能帮助我们把抽象的思考逐步具体化,直至具体到当下可以执行的任务。秉持这两种思维,不仅能让我们提高行动力,还能为我们的行动提供具体指导。

2.寻找内在动力

追求自我实现时设定的目标,应与自我发展和内在价值观和谐一致,不存在冲突,若该目标只能通过外部奖励使我们被迫去完成,那么在追求成功的过程中,我们会缺乏活力和动力,没有任何幸福感可言。寻找内在动机,需要自我挖掘出藏在潜意识中的内在动力,把潜意识层面那些自己意识不到的东西带到意识层面,想清楚自己为什么想要做这件事情,是因为这个目标真的很重要、很有意义,还是因为想追求一种优越感或让自己看上去更成功。后者很难让我们在追求的过程中获得精神上的满足感,但事实上,不少动机属于后者,那么就需要我们从内心对动机进行调整,调整的关键在于重新为这件事情赋予意义,将它与真实的自我发展或者自己真正看重的一些东西连接起来。当我们想清楚了自己为什么要做这件事情,并从中找到了意义之后,我们便有了战胜困难的力量和勇气。

3.把抽象想法落地

这里先说个小例子:公职人员张某想学一个全新领域的知识——中医养生,希望提升自己中医养生方面的技巧,于是他兴冲冲地买了相关书籍开始学习,不过,热度只持续了几天,随后学习的时间越来越少,最后干脆放弃。生活中类似的例子屡见不鲜,梦想总是很远大,现实执行起来却很难,问题就在于目标太抽象,不能为行动提供具体指导。因此,我们应使抽象想法落地,把目标变得具体可衡量,把事情变成一个有截止日期和明确产出结果的项目,因为只要完成了这个项目,与之相关的目标自然也就实现了。以张某来说,他不应只给自己设定提高养生能力这样的目标,而应给自己定具体的学习任务,相应的技巧和能力就能在一项项学习任务的完成中自然提高。只有把抽象想法落实到具体的计划,才可能逐步增强自身行动的能力。

(三)发掘自身优势

成功心理学创始人之一,盖洛普名誉董事长唐纳德·克利夫顿(Donald O. Clifton)认为,在成功心理学看来,判断一个人是不是成功的,最主要的是看他是否最大限度地发挥了自己的优势。所谓的优势就是盖洛普公司认为的"做一件事持续的、近乎完美的表现",也就是你毫不费力地做一件事,却比其他人都做得更好。泰格·伍兹,举世闻名的顶尖高尔夫球手,具有超凡的长射优势和卓越的进洞技术,但与其他顶级专业球手相比,他的障碍技能是弊端。为了有效防止这一劣势削弱他的优点,他进行了适当的努力。在他稍微改进了自己的障碍技术后,他和他的团队就把注意力转移到他的进球优势上,改进和完善他的挥杆优势。这就相当于一个学生语文学科差,但英语学科特别好,这个学生只需把自己的语文达到及格水平,然后努力地学习自己的英语,充分发挥英语的特长。因此尝试找出自我优势,并在头脑中形成清晰的认识,然后努力保持或扩大自己的优势。那么作为公职人员,怎样找出隐藏的自身优势呢?可以按照下面的标准去找出自己突出的优势。

(1)真实感及拥有感(这是真正的我),挖掘内心真实的自我;(2)当你展现某个优势时,有快速上升的学习曲线;(3)会不断学习新方法来加强你的优势;(4)渴望用别的方式去展现自己的优势;(5)在展现优势时有一种必然如此的感觉;(6)运用这个优势时,越用情绪越高昂,而不是越用情绪越疲倦;(7)当你使用自己的优势时,会产生积极情绪,反过来,积极情绪又会作用于你的优势,可以说优势和积极情绪是正相关的;(8)个人追求的目标都是围绕这个优势的,强调目标与优势的一致性;(9)在运用这个优势时,你会感到欢乐,甚至是狂喜。

如果你的优势符合一个以上的标准,那这就是你突出的优势了,请尽量在不同的场合使用这些优势。如果这些标准没有一个适用于你的优势,那么你可能就不应该在工作、爱情、游戏与教养孩子中展现这些优势。每一天,在不同场合尽量展现你的突出优势,以获得最多的满足感与真正的幸福感。

(四)成为会学习的人

公职人员虽已步入职场,但仍需通过不断学习来提升自己的理论水平和实践能力。学习也是一种能力,单纯被动地接受知识,只会浪费精力和时间,收效甚微,公职人员只有让自己成为一个会学习的人,提高学习的"质",才能在有限的时间里真正充实和提升自己,为自我实现创造条件。

1.洞察未来

在学习开始前,我们应以未来视角探索所学内容的价值与意义,先要回答这样一个问题：这件事情和我的未来有什么关系，我怎样将它和我认为重要的人生目标连接起来？如果我们能够将要学习的东西，与自己的未来以及重要的人生目标连接起来，我们就会觉得这件事情是有意义的、有价值的，值得我们为之努力。但如果我们不知道它与自己的未来有什么关系，也不知道它能给自己带来怎样的好处，那么我们就会缺乏动力，也会很容易放弃。

不过，我们需要明白的是，一件事情的意义不会自己主动找上门来，而需要我们积极主动地去发现，也就是说，我们要主动去思考这件事情与我和我的未来有什么关系。比如，一个人可能最初对瑜伽完全没有任何兴趣，但当她看到瑜伽老师身姿优美、气质优雅，想象自己经过学习也可以像老师那样，便会明白练习瑜伽的意义，付诸实际行动。不过，很多人都缺乏发现所学内容的价值和意义的能力，这种能力的缺乏会让人经常半途而废，没有办法把某项技能的学习长期坚持下去。

2.循序渐进

学习是一个循序渐进的过程，需要从零散的知识和技能的积累开始。要想一下子学很多，或者想很快弄明白，这几乎是不可能的事情，因为大脑认知的局限和知识的复杂性，决定了学习只能是一个循序渐进的过程，如果一次学习的信息太多，就会出现信息超载的情况。一旦信息量超出了工作记忆的处理范围，我们就会出现焦虑情绪。焦虑情绪又会限制记忆的容量，当感到有压力或恐惧害怕的时候，我们就没有办法集中注意力，这是因为我们的情绪占据了记忆空间。

为了确保学习的有效性，我们需要把知识分解成大脑能够消化吸收的片段，并按照恰当的进度循序渐进地去学习，所以千万不要一下子学太多新内容，也不要一下子学习太长时间，因为过长时间的学习会让大脑产生疲劳，这个时候信息处理效率是非常低的。我们应先掌握那些最基础的知识，然后再以此为基础逐步增添新的学习内容。

3.启动元认知

元认知就是关于思考的思考。认知能够帮助我们理解、思考问题，总结规律，得出结论和做出判断，而当我们反思自己是如何思考问题、得出结论和做出判断的时候，我们就是在使用自己的元认知功能。比如，很多人在写作的时候，会习惯性地跟着自己头脑中的想法写,脑子里有什么想法就把它直接写下来,这样的文章写出来通常是缺乏条理和逻辑的,这是因为我们的思维往往是跳跃和发散的,想要让文章具有清晰的内在逻辑,那么我们就需要在写作的过程中启动元认知,也就是要在写作过程中,不断问自己:我想要通过这篇文章解决一个怎样的问题?我的核心观点是什么?谁是我的目标读者?我是怎么得出这个观点的?等等。

学习也是同样的道理,需要我们深入理解所学的内容,思考如何将这些内容与之前所学的知识关联起来,以及有怎样的应用场景等。只有完成了这些思考之后,这个知识点才算是真正掌握了。但是,这个过程是不会自动发生的,它需要元认知的引导,就像上面提到的写作过程中的自我反思一样。

六、坚持健康的行为方式

哈佛大学曾做过一次问卷调查,在被调查的5000名居民中,有近90%的被调查者认为"拥有健康人生是最大的幸福"。大多数公职人员长时间面对电脑办公,常常产生一些和职业相关的疾病。因此,在高效工作的同时也要注意自己的身体健康,践行健康行为模式,以预防和减少疾病的产生。

健康行为是预防性和保护性的行为,是一种和健康有关的行为习惯,如不抽烟、合理饮食、经常运动及接种疫苗等。有学者认为健康行为包括所有与健康促进、健康维持等相关的行为,比如做出促进健康的行为(如健身锻炼、体重控制、口腔卫生、自我检查等)与抑制危害健康的行为(如不吸烟、不过度饮酒、不滥用药物、不做无保护性行为等)。

(一)保证科学运动

运动可以提高我们的注意力和工作效率,还可以改善情绪,提高我们的心理健康水平。研究表明,人的寿命和端粒酶(指在细胞中负责端粒延长的一种酶,是基本的核蛋白逆转录酶)的长短有关。有氧运动和高强度间歇性训练是两种已被研究证实的有助于减缓端粒酶缩短的运动方式。有氧运动时的心率达到最大心率的50%~90%,这时我们的感觉介于有点累到比较累之间。有氧运动包括我们熟知的慢跑、自行车、游泳等,最低的运动量为每周3~4次,每次30分钟。高强度间歇性训练(Hiit)即进行多次短时间、高强度的训练,两次高强度训练之间进行较低强度的运动或休息,比如快跑一会儿再慢跑一会儿。随着运动越来越被国家、各级政府以及个人所重视,公职人员的工作单位几乎都设有专门的运动场所,并会定期举办运动会。公职人员要利用好各种运动资源,积极参与单位组织的运动会和锻炼活动,每天在完成工作任务后坚持运动,以获得强健的体魄,预防和远离疾病,进而提升个人幸福感。运动对身心健康的益处不言而喻,那么我们可以通过哪些方式来保证科学有效的运动呢?

1.坚持健康的自我评估

自我评估必须基于现实,这样我们就能把握自己的进度,并根据需要和期望做出调整。健康的自我评估是一项特别重要的技能,因为它让我们能够以最有益、最健康的方式评估自己的进步;关注什么能够激励我们、什么无法激励我们,以及什么会阻碍我们前进;克服那些阻碍我们甚至让我们放弃的消极的、自我打击式的想法和感觉。具体的做法是可以每周自我审视一次,这样就能掌握自己每周的进度,看看哪些行为是有效的,哪些是无效的,从而保持运动的动力,并根据需要重新评估目标,也可以用写日记的方式来记录每周的进度,并写下自己的经历。写日记可以帮助我们切入问题的核心,更好地理解所遇到的障碍和问题,当我们感到沮丧或不知所措时,写日记也是一种宣泄方式。

另外,我们在运动前后应进行自我监控练习。体会当下的感觉,然后散会儿步,再体会自己的感受:感觉好些了吗?还是更糟?或者没什么变化?为什么会变得更好或更坏了?多做这样的练习,只要找到适合自己的运动计划,即便缺乏运动动力,这个练习也会帮助我们看到运动的益处,从而让自己动起来。

2.合理安排运动时间

首先,做好计划并合理安排运动时间。不要等到早上醒来才决定今天是否要锻炼,要及时确定明确的运动时间,并将其放在个人周计划中。其次,不要把运动的时间安排得太晚。先去做那些对自己来说最重要的事情,如果必须早点去上班,可以把运动安排在晚些时候,但越早越好。这样即使你很忙,也有时间去运动。最后,将运动融入日常生活中。如果你要开车送孩子们去参加课外活动,那么你就在那边散散步等待孩子活动结束,不要来回折腾。打扫房间时,试着20分钟不休息,这样你的心率会加快,也能感受运动的效果。把运动融入日常生活中,还可以节约时间。

3.打造科学的运动计划

一个科学的运动计划有利于预防运动带来的伤害,帮助个体实现最好的运动效果,对此,可以参考美国疾控中心公布的FITT锻炼指南,再根据自身实际情况进行调整。FITT四个字母分别代表频率(frequency)、强度(intensity)、时长(time)和类型(type)。频率取决于个人的健康水平以及心理健康需求和目标,一般来说,建议每周安排3~4天的有氧运动。运动强度应该适当超越个人舒适区,做好运动准备之后,一点点增加强度,逐渐提高自己的力量和耐力。时长方面,每次30分钟中等强度的运动,就会对心理健康产生益处,每次的运动不必是连续的,3次10分钟的运动和一次30分钟的运动同样有效。类型方面,可以根据自身的兴趣选择运动方式,最好是有氧运动、无氧运动和柔韧训练这三种主要的类型都有涉及。

(二)提升睡眠质量

优质的睡眠有助于放松身心,增强个体的幸福感。优质的睡眠体现:入睡速度适宜,能在10~30分钟内入睡;睡眠过程中不容易醒来,或者偶尔醒来,即便醒来也能快速入睡;不怎么做梦,或者醒来之后很快就会忘记梦的内容;睡醒之后能感觉到情绪良好、精力得到补充。那么,怎样获得高质量的睡眠呢?

1.要保证睡眠时间

睡眠时长通常是衡量睡眠质量的指标之一,中国睡眠研究会调查显示,目前中国人每天的平均睡眠时间是6.8小时。而睡眠研究显示,成人每天需要7~8小时的睡眠时间。睡眠不足不仅会影响精力,长期睡眠不足还会增加心脏病、高血压、抑郁症等疾病的患病风险,并且缺乏睡眠也是精神类疾病发病率增高的风险因素之一。睡眠不足和精神障碍相互影响,容易形成恶性循环,睡不好会引发精神障碍,精神障碍又会使人睡不好。

中国医科大学航空总医院的两位医生给出一个建议:养成规律的作息时

间,通过一个健康的作息时间来保证睡眠质量。中国睡眠研究会建议的作息时间表是:7:00起床,8:00之前吃早餐,12:00午餐,19:00是一天之中最适宜运动的时间,22:30上床睡觉。当然还有一些其他方法可以提高睡眠质量,比如睡前不喝咖啡等刺激性饮料,以及洗热水澡等。

2.警惕失眠症状

公职人员在每年的几个特定时期需要处理繁重的工作任务,甚至需要加班、熬夜,这时候心理压力变大,容易出现失眠。对于很多人来说,失眠是一件极其痛苦又急需要解决的事,可以怎么应对呢?

(1)养成良好的睡眠习惯,合理安排作息时间。白天打瞌睡的时间不要太长,除非那是个人的天然节律。日落之后不要做太过激烈的事情,那有可能让神经一直兴奋下去。夜深以后即使饿了也不要吃太多,稍稍吃一点便可以了,睡前不要喝兴奋性的药物或饮料,更不能依赖药物促进睡眠。养成按时作息的生活习惯,每日按时上床入睡及起床。参加适宜的娱乐、休闲活动,有利于夜间正常睡眠。

(2)创造良好的睡眠环境。睡前听轻柔的催眠乐曲,有利于安定情绪。保持舒适的睡眠环境,适宜的床垫,适宜的室温,把灯关掉,保持环境安静(但如果个人习惯有噪声才能够睡着,可以使用一个噪声发生器)。避免使床或卧房成为其他活动的场所,如看电视、打电话、讨论事情。

(3)不必强迫自己入睡。如果躺在床上超过30分钟仍然睡不着,就起床做些温和的活动,直到想睡了再上床。养成慢慢轻松入睡的习惯,尽量多睡一会儿。睡眠应该尽量适合自己的生理节奏,而不是一直与它斗争。睡前做些事情让自己缓慢下来,使情绪得到舒缓。找到符合自己天性的睡眠方式是解决睡眠问题的最好办法。

(4)利用日常活动辅助睡眠。平时,可以多做一些放松活动,如甩手操、放松训练等,可使肌肉放松、精神放松从而促进睡眠。睡前可以有意识地翻阅无故事情节的理论书,引发疲倦,使心理产生放松感,可缓解烦恼情绪而有利于入眠。另外,适当的饮食结构有助于提高睡眠质量,在日常的饮食中有些食物具有安神、镇静功效,常吃可以对神经系统有安抚作用,如莲藕茶、玫瑰花茶、龙眼百合茶和一些钙质丰富的食物等,有助于睡眠、安心养神。

公职人员可以对自己的睡眠情况进行评估,重视自己的睡眠质量,并根据需求对自己的睡眠情况进行调整,保证每天的睡眠时长和睡眠质量。在工作繁忙的阶段,若缺少睡眠可以灵活地补充睡眠,比如午睡或者小憩十分钟,短暂的休息也可以让我们快速恢复状态。

(三)合理饮食

不规律、不合理的饮食,是健康的隐形杀手,没有健康的身体,何来幸福。公职人员应重视健康饮食,检查自己的饮食结构是否合理,保证自身拥有健康的体魄,如此才能以更好的身心状态工作和生活。当前,不少公职人员的工作内容并不轻松,可能在脑力或体力方面耗费不少精力,难以兼顾个人饮食健康。以下将从几个方面为公职人员合理饮食提供建议。

1.确保规律饮食

很多人可能为节省时间而不吃早餐,但这易导致血糖低、注意力不集中,且空腹时分泌胃酸,长此以往,会造成胃炎和胃溃疡等疾病,因此早餐对健康身体是必需的。另外,熬夜成了不少人的生活常态,吃夜宵也十分常见,但是,经常过晚进食可能会影响肠胃功能的正常休息,以致胃肠功能紊乱,出现肠胃疾病,因此,尽量不要吃夜宵,如果实在饥饿可以适量地吃一些健康食品。

人体消化、吸收食物的时间,决定了一日需要三餐,且决定了三餐的间隔时间。因为各种原因,每个人的用餐时间不太一样,但每餐之间的间隔时间应该相对固定。早餐和午餐的间隔时间为4~6小时,午餐和晚餐的间隔时间为6小时左右;扣除睡眠时间,晚餐到第二天早餐的时间是5~6小时。每日每餐按计划用餐,尽量严格执行,保障饮食的规律性。

2.平衡营养摄入

参考中国居民膳食指南,成年人的每天膳食应包括谷薯类、蔬菜水果、畜禽鱼蛋奶和豆类食物;平均每天摄入12种以上的食物,每周25种以上,合理搭配;坚持以谷类为主的平衡膳食模式;每天摄入谷类食物200~300克,其中包含全谷物和杂豆类50~150克,薯类50~100克。增加全谷物摄入可降低全因死亡风险、2型糖尿病和心血管疾病的发病风险,有助于维持正常体重。

人体需要的六大营养素是:糖类(碳水化合物)、脂肪、蛋白质、水、维生素和无机盐,营养摄入均衡才能保持人体健康。就蛋白质而言,每人每公斤体重需蛋白质1.0~1.5克,占总热量的12%~14%,主要由瘦肉、蛋、乳、大豆与豆制品供给,且动物蛋白应占1/3,一个人每天摄入瘦肉的量最好维持在75~100克,约一副扑克牌大小。就饮水而言,身体每日需水量为2700~3100毫升,因身体会产生新陈代谢水,且其他的食材也带有水,所以每日的饮水量应当为1300~1700毫升,工作温度高、劳动效率大时需要多饮水。就脂肪而言,每个人每日摄入的食用油不要超过25克,肉食尽量选择蛋白含量高而脂肪比较少的鱼类和禽类,每天可吃30克左右的坚果。此外,糖可以保障机体运作,但糖摄入过多会危害身体健康。世界卫生组织对于人类每天摄入糖的标准是男性27.5克(上限55克),女性22.5克(上限45克)。关于糖的摄入给出以下几点建议:少喝含糖饮料;喝果汁不如吃水果,水果也不要过量;蛋糕、糕点、冰激凌等零食要少吃;大米白面适量摄入。另外,饮食应配合新鲜蔬果、海产品和鲜牛奶等补充维生素和无机盐,做到合理饮食、均衡营养。

3.主动戒烟限酒

有些公职人员可能因工作劳累,企图借烟酒解乏,或者因社交活动多,接触烟酒的机会多,造成烟不离手、经常饮酒的问题。吸烟、过度饮酒肯定对健康有害,因而公职人员在此方面应尤其注意。

吸烟方面。香烟中的有害物质有2000多种,最主要的有害物质是焦油和一氧化碳,其中的成瘾物质是尼古丁。焦油由好几种物质混合而成,在肺中会浓缩成一种黏性物质;尼古丁是一种会使人成瘾的物质,由肺部吸收,主要是对神经系统起作用;一氧化碳有降低红细胞将氧输送到全身的能力。有资料表明,一个每天吸15~20支香烟的人,其死于肺癌、口腔癌或喉癌的概率要比不吸烟的人高14倍;死于食管癌的概率比不吸烟的人高4倍;死于膀胱癌和心脏病的概率要比不吸烟的人高2倍。

戒烟可以从以下几个方面着手:(1)在开始戒烟之前,要制定一个计划,详细计划自己将如何对付诱惑并找出自己的弱点是什么,从每一小时和每一天开始严格控制抽烟的数量、时间和地点,可以控制每次出门携带香烟的数量,在家中不要存放香烟,并设法先在一些场所不要抽烟。(2)坚持自我监督,可以列出戒烟的种种益处,将清单随身携带,想吸烟时就看看;不要放弃,彻底的胜利可能会在故态复萌之后。(3)定期反省自己的近期情况,适当给予强化。(4)如果可以,尽量在没有人吸烟的环境中工作,提醒自己戒烟的原因。另外,有意识地培养兴趣,作为替代吸烟的活动,适当给自己安排闲暇的机会,放松情绪。在想吸烟时做些简单的运动,如散步、做体操和收紧肌肉等,哪怕只有短短几分钟,也可暂时克服对香烟的渴望。(5)一定要注意预防复吸。许多人都尝试过戒烟,但总是复发。复发的主要原因是个人意志力薄弱和社会的影响。再次戒烟后,烟民必须制定一个明确的针对以前复发情况的计划。朋友让烟、劝烟是吸烟复发的主要原因,因此呼吁社会应支持戒烟者,不要强劝别人吸烟。

饮酒方面,《柳叶刀》上的一篇研究论文显示,2016年全球大约有280万人死于喝酒,具体原因有肺结核、饮酒后的交通事故或者自我伤害行为。而中国因为饮酒而导致死亡的人数是全球最多的,这可能和我国的酒桌文化有关。该论文还表明,每天喝超过500毫升的啤酒,男性寿命减少5年,女性寿命减少4.5年。那是不是就不能喝酒呢?喝酒需要掌握一个度,研究显示只要每天摄入酒精不超过8克,也就是不超过300毫升的啤酒就不会影响健康。

避免过度饮酒首先应主动避开诱因,特别是尽量少和原来的酒友见面,少去原来常喝酒的饭店就餐,不要为自己喝酒找借口。另外,可以寻求家人、好友的支持和理解,亲朋好友的鼓励和支持对减少饮酒至关重要。比如,一个人在每天晚餐喜欢喝很多酒,那么可以把酒杯收起来并将喝酒改为吃点新鲜水果,然后和家人一起看看电视、去室外散散步,总之要把与酒有关的心思转移到其他事情上,并且用另外一个内容替代。不管是个人就餐还是与朋友、同事小聚,时刻提醒自己尽量不要饮酒,可以以茶或鲜榨果汁代替酒类。

七、掌握提升幸福的小技巧

由于公职人员群体具有特殊的职业特性、管理标准、职责要求,以及要面对来自生活各方面的压力,因此公职人员极易产生消极情绪。特别是在社区、乡镇以及偏远地区的基层公职人员,经常奋战在一线,更易产生消极情绪和职业倦怠,严重影响身心健康,甚至有的公职人员还产生了抑郁或自杀的倾向。在日常生活中,公职人员可以运用一些小技巧帮助自己排解负面情绪、提升幸福感。

(一)借助纸笔提升幸福

1.表达性写作

表达性写作将健康和写作相联系。它具有时空限制小、可操作性强的特点,对消除消极情绪有一定的应用价值。山东中医药大学的研究表明表达性写作能有效降低乳腺癌患者焦虑抑郁水平,改善躯体症状,对缓解创伤性应激障碍症状有一定的作用。

表达性写作实际上发自个人的内心。表达性写作是一种表达个人情感的写作,不用考虑形式或文笔等因素。和叙事性写作一样,表达性写作也有开头、中间和结尾,但是比叙事内容中的事件、记忆、对象或人物更注重情感。表达性写作实质上是个人对发生了或正在发生的事情的感觉。

为了更好地理解表达性写作,公职人员可以将每天发生的事情,按照以下要求进行写作练习:时间,连续四天每天至少写20分钟。主题,选择写的内容对个人来说是非常私人的和重要的事情。比如不顺利的一次家访,单位里和同事之间的矛盾,想要晋升就得面对的一些困难,等等。持续写作,不要担心标点、拼写和语法。如果没什么想写的,画条线或者重复已经写过的东西;若只为写作而写,可能会毁掉或隐藏自己真实想写的东西,请记住不要把这个练习当作任务;观察翻转规则,如果你在开始写作时,觉得不能写某件事,因为它会把你推向边缘,那么停止写作;沉重的感觉,许多人在写完富有表现力的文章后,会有一段时间感到有点悲伤或沮丧,尤其是在第一天,通常这种感觉会在一两个小时内完全消失。

写作之后给自己一些时间来反思所写的内容,并对自己充满同情。如果你担心别人看到你写的东西,可把你写的东西放在一个安全的地方,或者干脆把它撕成碎片。但是如果你不担心有人会读你写的东西,想继续写下去,就可以在完成四天的练习后再回过头来看看这几天自己写的东西。在你完成了四天的表达性写作后的一两周,你可能要反思一下你在生活中注意到了什么,你的感觉如何,你的行为如何,也许你会和你的朋友分享你的发现。

2.感恩拜访练习

相别于其他行业,公职人员群体拥有较高的社会地位,稳定的职业道路,优渥的福利待遇和畅通的晋升渠道。这个偌大的群体在这个充满压力和竞争的世界,依然被世界温柔以待。因此可以说公职人员都应该学会感恩。感恩可以让生活更幸福、更满足。在感恩的时候,回想那些美好回忆能让我们身心获益。同时,表达感激之情也会加深我们与别人之间的联系。在日常工作中公职人员可以感恩领导,因为领导认可你的工作,肯定你的价值或者教会你怎么正确处理事情等。可以感恩你的同事,因为你们相互帮助、相互鼓励,共同完成工作任务,共同应对工作中无处不在的挑战。在生活中公职人员可以感恩父母,感谢他们给予你生命。感谢爱人,作为灵魂伴侣,不仅支持你的事业,还照顾你的生活,给了你一个温暖而幸福的家。感恩朋友,陪着你度过那些阴暗岁月,时刻分享着你的点滴。同时,还可以感恩你的孩子,是他们让你可以享受为人父母的乐趣,甚至教会你责任感的重要性等。不过,"谢谢"说得太过随意,会使感谢变得毫无意义。那么公职人员应该怎么进行感恩呢?

在感恩拜访练习中,可以用一种周到、明确的方式,体验如何表达你的感激之情。

首先,请闭上眼睛,在脑海中想象出一个依然健在的人,他曾经的一句话或者一个行为改变了你,让你的人生变得更美好。你从来没有充分地感谢过他,但下个星期你就会去见他,想到谁了吗?

其次,你可以给这个人写一封感恩信,并亲自递送给他。这封信的内容要具体,大约400字。在信中,你要明确地回顾他为你做过的事,以及这件事如何影响到你的人生。让他知道你的现状,并提到你是如何经常想到他的言行的。

最后,在你写完这封感谢信后,打电话给这个人,告诉他你想要拜访他,但是先不要告诉他这次见面的目的。当一切都在意料之外时,这个练习会格外奏效。见到他后,慢慢地念你的信,并注意他和你自己的反应。如果在你念信的过程中,他打断了你,那就告诉他,你真的希望他先听你念完。在你念完这封信后,你们可以讨论信的内容,并交流彼此的感受。

如果你觉得见面会不好意思,也可以通过邮寄或者网络等方式将你的感恩信传递给他,或许会收到意想不到的回复哟!

3.三件好事练习

要想获得幸福感,可以尝试三件好事练习。选择一个开始的时间,在每天晚上睡觉之前花10分钟写下当天发生的三件好事,以及它们发生的原因。你可以选择用日记本或手机来记录你每天遇到的三件好事。这三件事可以是生活或工作上的小事(今天妻子在下班回家的路上,买了我最喜欢的菜),也可以是很重要的事情(我刚刚完成了一项有难度的工作汇报)等等,并且在每件好事的下面,都记得写清楚"它为什么会发生"。

你在最初开始这个练习的时候,可能会觉得很难凑够三件好事,慢慢地你就会发现三件好事根本不够写。写下生活中的好事以及它们发生的原因,在一开始也许会让你觉得有点儿别扭,但请你一定要坚持一个星期,这个练习就会逐渐变得容易。坚持每天写三件好事,六个月后,你会更少抑郁、更幸福,并会喜欢上这个练习。

(二)尝试正念冥想训练

正念是当个人把注意力有意地、不加评判地放在当下时所产生或者涌现的那份觉知。正念练习需要全身心地投入其中,打破对正念练习的结果期待,真正关注练习本身应秉持的态度,包括非评判、耐心、初心、信任、无争、接纳及放下。正念练习有助于改善个体的心理社会功能,公职人员可以通过正念练习提升专注力,激发内在的潜能,找到和压力相处的方式,提高生活满意度和幸福感。

1.身体正念

通过扫描身体将意识指向身体,管理内在的愤怒、悲伤等情绪。对每次扫描身体的用时并无规定,长的话,可以花一个小时将精力集中在感觉上。正念扫描时,闭上眼睛,先把意识移至头顶,让意识从头顶下降,直到扫描完身体,之后把意识调整到呼吸上,然后进行三次深呼吸,最后慢慢睁开眼睛。没有时间的人也可以只扫描肚子或脚等身体的某一部位。在扫描身体的过程中,虽然有的人将意识指向了身体,却没有感觉,此时,没必要自己进行评判,而应接受这一事实,然后继续扫描下去。通过扫描身体,使自己对身体的感觉变得敏感,进而对自己的情绪也变得敏感。让自己养成不被愤怒或悲伤等平常让人束手无策的情绪所左右的习惯,使自己更容易地同心情达成和解。同时,对之前并未察觉到的身体变化变得敏感,也有助于我们调节身体状况。

2. 饮食正念

通过饮食正念,可以感知饮食所带来的喜悦,让身体知道它真正需要的食物数量,而不是单纯评判食物的味道。饮食正念要求就餐时仔细观察眼前的菜,享受蔬菜的配色和肉的光泽,再用筷子或勺子取食物,试着闻一下食物的气味,再吃到嘴里,不要立刻咀嚼,用舌头享受食物的触感,感受食物在口中蔓延的味道以及在鼻中的微弱香味,再慢慢地咀嚼,享受食物的味道。同时,将精神集中在食物口感的变化和咀嚼的声音上,感受气味和声音的变化,咀嚼30次左右后,咽下食物并感受食物通过喉咙的感觉。

3. 行走正念

行走正念,首先要放慢脚步,用比平时更慢的步伐行走,先吸气再呼气,注意慢慢吸气,呼吸的同时向前迈步。这时,让呼吸和步伐协调一致,手自然摆动,一边呼吸一边感知走路中的身体,注意抬起的脚、即将触碰地面的脚、慢慢贴近地面的脚的感觉和身体重心变动的感觉等。在行走中,为了避免注意力分散,可以不用在意手的摆动方式。不要总考虑那些其他必须做的事,要注意此刻脚的动作。从家到车站的路上就可以试一试行走正念。

4. 关怀冥想

如果你因工作或生活中的人际关系而心烦意乱,感觉心情正被自己讨厌的人所支配时,可以试着进行关怀冥想,这将有助于调整心情。关怀冥想首先要自然地调整姿势,并多次呼吸,同时慢慢地将意识朝向自己,让自己、重要的人、周围的人依次在头脑中闪现。不管是对家人、朋友,还是对难对付的人,都要在内心给予关怀,回忆一下对方平时的样子,从寻常小事中,找出实际上只有对方才具备的、富有魅力的特质,让自己心中的厌恶感平静下来。全部思考完毕后,慢慢地让意识回到呼吸上,再睁开眼睛结束冥想。这一方法不仅能培养自己洞察力,而且也是一种可以更理性地看待和理解事物的练习。

正念冥想几乎可以随时随地进行,在洗漱、睡前、等红绿灯的间隙等时候,都可以利用正念改善心境,因为正念就是把精力集中在此时此刻的状态。正念的效果未必立竿见影,它与个人注意力的强弱有关,一般而言,每天进行5~10

分钟的冥想,且坚持一周左右,就可以体会到内心的变化。对于有些人来说,每天坚持10分钟冥想可能很难,但正念冥想甚至不需要专门进行,可以把它安排在某个习惯上,如前文提到的行走、饮食时,这样更容易坚持下去,渐渐察觉生活中更多的"此时此刻",锻炼内在心智。

(三)利用兴趣陶冶身心

公职人员忙于处理公务和经营家庭,时间精力有限,因而很少有人重视发展自己的兴趣。但事实上,兴趣爱好是工作、生活疲乏后的润滑剂,可以帮助缓解压力,如果缺乏兴趣,那么时间久了便会难以感知生活的意义。因此,培养兴趣爱好对公职人员尤其重要。音乐和绘画都可以成为个人的兴趣爱好,能帮助大家陶冶身心、体悟生活的乐趣。

1.音乐的作用

音乐可以让人安静,通过聆听音乐,个人可以沉浸在优美的音乐当中,从而身心放松,让自己心灵安静,缓解过度焦虑、紧张、压抑的负面情绪。音乐还有助于让人停止一些负面的思考,尤其是停止过度思考令人焦虑的事情、灾难化的念头,以及停止反复思考悲伤的往事等。聆听音乐,可以让人把注意力集中到自己的生活上,抑制那些反复出现的使人痛苦和伤心的念头。音乐能让人感受到美好,获得温暖的感觉和对未来生活的希望感,因为美好的音乐可以激发人对生活的热情、动力,也可以让人通过想象来感受音乐当中的美好场景,也能让人对音乐中的感情产生共鸣,从而获得很多的力量。

早在20世纪40年代,音乐就开始作为一种医疗手段,包括被动聆听音乐和主动参与,如简单乐器操作训练、乐曲赏析、演唱歌曲、音乐游戏、音乐舞蹈等音乐活动。音乐疗法的疗程一般定为1~2个月,有的也以3个月为一疗程,每周5~6次,每次1~2小时,音乐在调动和激活潜在的情绪功能、发展兴趣爱好的同时也在改善身心健康。在实施音乐疗法时,如何选择音乐是一个亟待进一步解决的问题,不同人适合不同类型的音乐,每个人应根据自身特质选择适合自己的音乐。

性情急躁的人宜听节奏慢、让人思考的乐曲,这可以调整心绪,克服急躁情绪,以一些古典交响乐曲中的慢板部分为好。悲观、消极的人宜多听宏伟、粗犷和令人振奋的音乐,这些乐曲对缺乏自信的人很有帮助,这类乐曲中充满坚定的力量,会随着飞溢的旋律洒向听者"软弱"的灵魂。久而久之,悲观、消极的人会树立起信心,振奋起精神,认真地考虑和对待自己的人生道路。

2.绘画的益处

绘画能够帮助公职人员的生活变得年轻、有活力。在绘画的过程中,也可能找到潜藏的艺术细胞,将过往的人生经历通过各种好玩的具有创意的方式表达出来,创作出属于自己的作品。另外,在绘画的过程中大脑会产生多巴胺,多巴胺是一种正向的情绪物质,人要快乐,大脑中就一定要有多巴胺,人的快乐中心伏隔核里面都是多巴胺的受体。所以,绘画虽然没有交流,但是在整个绘画的过程心情都会很愉快,从而让人精神亢奋、脾气更好。

绘画包括不作任何要求的自由涂鸦、规定主题的画(如房子、树木、人物等)和团体作画,或者对未完成的绘画进行增补的完形绘画(如添加人物、绘画接力等)。在绘画的过程中,将潜意识内压抑的感情与冲突呈现出来,同时绘画者可以释放自己的负能量、压力,宣泄情绪,调整心态,修复心灵上的创伤,填补内心世界的空白,获得满足感、成就感、自信感。画画需要安静和独处,可以增强记忆力和专注力。

除了音乐和绘画,阅读、垂钓和旅游等都是愉悦身心的好方法。平时可以忙里偷闲,读本书或者去垂钓,如果放长假,或时间允许的情况下,还可以选择去远足,这些既不会让人过于劳累,还能消除紧张的精神状态,帮助人恢复良好的心态。通过阅读可以感受书中的另一番天地,体会书中所表达的思想、感情与智慧,学习作者的毕生经验。远足,可以让人暂时抛开生活琐事,让节奏放缓,感受世间万物的美好,洗涤心灵。

❈ 心灵小结

1.价值观念和生活习惯会影响个体幸福水平,想要拥有幸福感就应减少自我内耗、改变坏习惯、及时调整心态。

2.幸福感需要积极心理资源的支撑,而心理资源离不开强大的心理资本和对自我实现的追求。只有提升自信、乐观、希望和韧性的水平,并不断发掘自身优势、增强行动力,才能在提高个人能力的过程中获得更强的幸福感。

3.身体健康是心理幸福的基石,坚持健康促进行为、避免吸烟和过度饮酒,能帮助我们保持良好的身体和精神状态。

4.在日常生活中,我们可以学习一些小技巧来提升幸福感,如写作、冥想等。

❋ 心理自测

自我关怀量表(SCS)

问卷介绍:自我关怀,又称自我怜悯(self-compassion scale,简称SCS),克里斯廷·内夫(Kristin D.Neff)在2003年提出的自我关怀指的是当个体面临重大事故或重大挫折时,会以关怀或宽容的方式对待自己。

自我关怀量表(SCS)

题项	几乎从不这样	很少这样	有时这样	经常这样	几乎总是这样
1.对自己的缺点和不足,我持不满和批判的态度					
2.当我情绪低落时,我容易纠结于不顺心的事情					
3.遇到困难时,我会把困难看成生活的一部分,是每个人都会经历的					
4.当我想到自己的缺点时,我会感到更加孤立与孤单					
5.当我心情不好时,我会更关爱自己					
6.当我在一些对自己来说重要的事情上失败后,我会不断地想自己的不足					
7.当我倒霉的时候,我会提醒自己:其实这世上有很多人和我一样不走运					
8.处境艰难时,我通常会对自己很苛刻					
9.遇到烦心事时,我会尽量让自己的情绪保持稳定					
10.当我感到自己在某些方面不足时,我尽量提醒自己:大部分人和我一样,都不完美					

续表

题项	几乎从不这样	很少这样	有时这样	经常这样	几乎总是这样
11.对于我性格中那些自己不喜欢的方面,我不能容忍					
12.当我经历艰难困苦时,我会关心自己、善待自己					
13.当情绪低落时,我会觉得大多数人可能比我快乐					
14.当一些令人痛苦的事情发生时,我尽量用平和的心态来面对					
15.我尽量把自己的失败看成人生经历的一部分					
16.当我意识到自己的缺点时,我会对自己失去信心					
17.当我在一些对自己重要的事情上失败时,我会尽量全面、客观地看待这些事情					
18.当我很努力去争取某样东西时,我觉得其他人得到同样的东西一定会比我轻松些					
19.经历困苦时,我会善待自己					
20.当某些事使我心烦时,我容易受情绪控制而失去理智					
21.经历困苦时,我对自己有点冷酷无情					
22.当情绪低落时,我尽量用好奇与开放的心态去面对					
23.对自己的缺点和不足,我持宽容态度					
24.当一些痛苦的事情发生时,我会夸大它对我的影响					
25.在一些对自己重要的事情上失败时,我容易觉得是自己一个人在承受失败,感到孤独					
26.我尽量去理解和包容自己性格中自己不喜欢的方面					

量表包含26个条目，分为6个维度：善待自己，5个条目；自我评判，5个条目；共通人性，4个条目；孤立感，4个条目；正念，4个条目；过度认同，4个条目。条目采用1~5级评分（1表示几乎从不这样；2表示很少这样；3表示有时这样；4表示经常这样；5表示几乎总是这样），总分越高表明自我关怀水平越高。

分值计算方法：

善待自己（self-kindness）得分：计算第5、12、19、23、26题的平均分；

自我评判（self-judgement）得分：计算第1、8、11、16、21题的平均分；

共通人性（common humanity）得分：计算第3、7、10、15题的平均分；

孤立感（isolation）得分：计算第4、13、18、25题的平均分；

正念（mindfulness）得分：计算第9、14、17、22题的平均分；

过度认同（over-identification）得分：计算第2、6、20、24题的平均分。

总得分=[善待自己的平均分+共通人性的平均分+正念的平均分+(6-自我评判的平均分)+(6-孤立感的平均分)+(6-过度认同的平均分)]/6

总得分在3.0左右属正常范围，1.0~2.5提示自我关怀度低，3.5~5.0提示自我关怀度高。

善待自己、共通人性、正念3项分值低提示自我关怀度低，分值高提示自我关怀度高。自我评判、孤立感、过度认同3项分值高提示自我关怀度低。

主要参考文献

中文文献

[1]毕淑敏.毕淑敏散文[M].北京:中央编译出版社,2005.

[2]毕淑敏.世上千寒,心中永暖[M].武汉:长江文艺出版社,2017.

[3]蔡芸,文荣金.创新能力[M].北京:人民出版社,2005.

[4]陈雪峰.公职人员心理建设指南[M].北京:科学出版社,2021.

[5]狄敏,黄希庭,张志杰.试论职业自我效能感[J].西南师范大学学报(人文社会科学版),2003,(5):22-26.

[6]段文杰,张永红,李婷婷,等.父母养育方式、性格优势对心理和谐的影响[J].心理学探新,2012,32(2):183-187.

[7]董晶晶,姚本先.威廉·詹姆斯与具身认知心理学[J].心理学探新,2017,37(3):200-203.

[8]傅小兰,张侃,陈雪峰,等.中国国民心理健康发展报告(2017~2018)[M].北京:社会科学文献出版社,2019.

[9]高伟.心理调适能力[M].北京:人民出版社,2005.

[10]胡月星.机关干部心理健康与调适[J].秘书工作,2016,(5):77-79.

[11]贾庆玲,尚天星.机关干部心理疏导工作初探[J].党建研究,2011,(2):45-46.

[12]贾红秋.论大学生性格优势的培养[J].中国成人教育,2016,(23):69-72.

[13]刘建榕,刘金花.《颜氏家训·教子》的家庭教育心理学思想探析[J].心理科学,1998,(4):369-370.

[14]李春波,马宝和,昂秋青,等.上海市某区警察人群心理卫生服务需求的时点调查[J].中国健康心理学杂志,2005,(5):350-352.

[15]梁海萍.对公务员心理健康状况的调查分析——以上海市公务员为例[J].领导科学,2009,(35):23-25.

[16]李文涛,薛云珍.公安民警睡眠状况与其心理健康以及生活幸福感的关系[J].中国健康教育,2013,29(11):991-994.

[17]马歇尔·卢森堡.非暴力沟通[M].阮胤华,译.北京:华夏出版社,2018.

[18]年艳娟,袁道波.基层公务员心理压力现状研究及对策[J].经济与社会发展,2010,8(12):78-80.

[19]马丁·塞利格曼.持续的幸福[M].赵昱鲲,译.杭州:浙江人民出版社,2012.

[20]钱铭怡,Gerda Methorst.合理情绪疗法:Ⅰ.理论与方法[J].中国心理卫生杂志,1988,(3):104-108.

[21]斯金纳.成功心理学[J].现代外国哲学社会科学文摘,1994,(12):37-39.

[22]谭旭运,屈青青.爱情心理学的四大理论建构集成——兼评《爱情心理学(最新版)》[J].心理研究,2016,9(2):92-96.

[23]徐岫茹,王文祥.公务员心理健康快读[M].北京:中国长安出版社,2004.

[24]王阳.公务员职业心理健康的影响因素与干预机制[J].中国行政管理,2008,(9):61-64.

[25]王玮,陈雪峰.社会心理服务研究的发展态势及启示[J].心理学通讯,2021,4(3):146-154.

[26]理查德·L.达夫特,雷蒙德·A.诺伊.组织行为学[M].杨宇,阎鲜宁,于维佳,译.北京:机械工业出版社,2004.

[27]阳泽.心理健康观的审视与再建[J].西南大学学报(社会科学版),2010,36(3):146-151.

[28]尤蕾.2018婚姻家庭幸福感报告 什么样的婚姻更幸福[J].小康,2018,(6):60-62.

[29]杨利华.在职场中创造幸福——读马丁·塞利格曼的《持续的幸福》[J].江苏教育,2022,(14):75-77.

[30]俞国良,何妍.幸福感:新时代心理健康的新诠释[J].中小学心理健康教育,2022,(19):4-8.

[31]曾文星.婚姻心理问题[J].中国心理卫生杂志,1989,(6):282-284.

[32]周文霞,郭桂萍.自我效能感:概念、理论和应用[J].中国人民大学学报,2006,(1):91-97.

[33]仲理峰.心理资本研究评述与展望[J].心理科学进展,2007,(3):482-487.

[34]张陆,佐斌.自我实现的幸福——心理幸福感研究述评[J].心理科学进展,2007,(1):134-139.

[35]赵必华,郭俊俏,张鑫,等.沃里克-爱丁堡积极心理健康量表中文版在中学生群体中的信效度[J].中国临床心理学杂志,2019,27(2):286-289,423.

外文文献

[1]ANDERSON A. Maslow's hierarchy of needs[J]. The prairie light review, 2014, 36(2):7.

[2]CHIANG H M, MASLOW A H. The healthy personality readings[M]. New York: Van Nostrand Reinhold Company, 1969.

[3]COHEN S. Social relationships and health[J]. American psychologist, 2004, 59(8): 676-684.

[4]COSTA P T, MCCRAE R R. Hypochondriasis, neuroticism, and aging: when are somatic complaints unfounded?[J]. American psychologist, 1985, 40(1): 19-28.

[5]FREUD A.The ego and the mechanisms of defence[M].New York: International Universities Press, 1938.

[6]GRENNY J, MCMILLAN R, SWITZLER A, et al. Crucial conversations: tools for talking when stakes are high[M]. 2nd ed. Washington, D. C. : Brilliance Audio, 2013.

[7] HABERMA J. The theory of communicative action [M]. Boston: Beacon Press, 1984.

[8] HORNEY K. Our inner conflicts: a constructive theory of neurosis [M]. New York: W. W. Norton & Company, 1992.

[9] KAMMANN R, FLETT R. Affectometer 2: a scale to measure current level of general happiness[J]. Australian journal of psychology, 1983, 35(2): 259-265.

[10] KAMMANN R. Objective circumstances, life satisfactions and sense of well-being: consistencies across time and place[J]. New zealand journal of psychology, 1983, 12(1): 14-22.

[11] LARSEN R J, DIENER E. Promises and problems with the circumplex model of emotion[M]//CLARK M S. Emotion: review of personality and social psychology. California: Sage Publications, 1992: 25-59.

[12] LUCIANI J J. The power of self-coaching: the five essential steps to creating the life you want[M]. New York: Wiley, 2004.

[13] LUNDQVIST C, SANDIN F. Well-Being in elite sport: dimensions of hedonic and eudaimonic well-being among elite orienteers[J]. The sport psychologist, 2014, 28(3): 245-254.

[14] LUTHANS F, NORMAN S M, AVOLIO B J, et al. The mediating role of psychological capital in the supportive organizational climate—employee performance relationship[J]. Journal of organizational behavior, 2008, 29: 219-238.

[15] MASLOW A H. The farther reaches of human nature [J]. Journal of transpersonal psychology, 1969, 1(1): 1-9.

[16] MASTEN A S. Ordinary magic: resilience processes in development[J]. American psychologist, 2001, 56(3): 227-238.

[17] MCEWEN B S. Mood disorders and medical illness: mood disorders and allostatic load[J]. Biological psychiatry, 2003, 54(3): 200-207.

[18] MEYERS M C, VAN WOERKOM M. Effects of a strengths intervention on general and work-related well-being: the mediating role of positive affect[J]. Journal of happiness studies, 2017, 18(3): 671-689.

[19]NEFF K D. The development and validation of a scale to measure self-compassion[J]. Self and identity, 2003, 2: 223-250.

[20]O'CONNOR M F. On the etiology and effective management of professional distress and impairment among psychologists[J]. Professional psychology: research and practice, 2001, 32(4): 345-350.

[21]PARK N, PETERSON C, SELIGMAN M E P. Strengths of character and well-being: a closer look at hope and modesty[J]. Journal of social and clinical psychology, 2004, 23(5): 628-634.

[22]PARSONS F. Choosing a vocation[M]. Boston: Houghton Mifflin, 1909.

[23]PETERSON C, SELIGMAN M E P. Character strengths and virtues: a handbook and classification[M]. Washington, D. C. : American Psychological Association, 2004.

[24]PETERSON G W, Sampson J P, Jr, Reardon R C. Career development and services: a cognitive approach[M]. California: Brooks/Cole Publishing Company, 1991.

[25]PETRIČ M, ZUPANČIČ M. Personality traits predicting different aspects of subjective well-being in elderly adults[J]. Horizons of psychology, 2021, 30: 15-25.

[26]PONDY L R. Reflections on organizational conflict[J]. Journal of organizational change management, 1989, 2(2): 94-98.

[27]RAHIM M A. Managing conflict: an interdisciplinary approach[M]. New York: Praeger, 1989.

[28]RUBLE T L, THOMAS K W. Support for a two-dimensional model of conflict behavior[J]. Organizational behavior and human performance, 1976, 16(1): 143-155.

[29]SEEMAN T E, LUSIGNOLO T M, ALBERT M, et al. Social relationships, social support, and patterns of cognitive aging in healthy, high-functioning older adults: macarthur studies of successful aging[J]. Health psychology, 2001, 20(4): 243-255.

[30]SELIGMAN L, REICHENBERG L W. Selecting effective treatments: a comprehensive, systematic guide to treating mental disorders[M]. 4th ed. New York: Wiley, 2013.

[31]SELIGMAN L, WEINSTOCK L, HEFLIN E N. The career development of 10 year olds[J]. Elementary school guidance & counseling, 1991, 25(3): 172-181.

[32]SELIGMAN M E P. Flourish: a visionary new understanding of happiness and well-being[M]. New York: Free Press, 2011.

[33]ZANDER A, CURTIS T. Social support and rejection of organizational standards[J]. Journal of educational psychology, 1965, 56(2): 87-95.

[34]ZHANG Y H, CHEN M Y. Character strengths, strengths use, future self-continuity and subjective well-being among chinese university students[J]. Frontiers in psychology, 2018, 9: 1040.